Dietrich Senftleben
Programmieren mit Logo

CHIPWISSEN

Dr. Dietrich Senftleben

Programmieren mit Logo

Einstieg · Praxis · Arbeitshilfen

VOGEL-BUCHVERLAG
WÜRZBURG

DR. DIETRICH SENFTLEBEN

Jahrgang 1941. Studium des Wirtschaftsingenieurwesens und Promotion an der TH Darmstadt. Nach mehreren Berufsjahren in der Groß-EDV Wechsel in den Schuldienst. Unterricht in Mathematik und EDV an kaufmännischen beruflichen Schulen und beruflichen Gymnasien, Tätigkeiten in der Lehrerausbildung, -fortbildung und Bildungsplanung. Gegenwärtiger Schwerpunkt sind Bildschirmtextsysteme unter Einschluß von intelligenten Endgeräten (Personalcomputern).

CIP-Kurztitelaufnahme der Deutschen Bibliothek

Senftleben, Dietrich:
Programmieren mit Logo: Einstieg, Praxis, Arbeitshilfen /
Dietrich Senftleben. – 1. Aufl. – Würzburg: Vogel, 1983.
(CHIP-Wissen: Software)
ISBN 3-8023-0744-5

ISBN 3-8023-0744-5
1. Auflage. 1983
Printed in Germany
Copyright 1983 by Vogel-Buchverlag Würzburg
Herstellung: Alois Erdl KG, Trostberg

Inhaltsverzeichnis

Vorwort

Logo kommt ins Gespräch. Seitdem Personalcomputerhersteller wie Apple, IBM, Tandy und TI Logoversionen auf ihren Mikros implementieren, wird dieses Programmiersystem verfügbar. Seit etwa zehn Jahren wird mit Logo schon im Bildungsbereich experimentiert. Logo ist keine kommerzielle Sprache, sondern wird im Ausbildungs- und Freizeitbereich weitere Freunde gewinnen.

Die Bezeichnung «Logo» ist eine Anlehnung ans altgriechische «Logos», was das Wort, die Vernunft oder sinnvolle Rede bedeutet. Die Logophilosophie ist einer geistigen Werkstatt oder Gedankenschmiede vergleichbar, die jedem erlaubt, eigene Werkzeuge und Instrumente für Aufgabenstellungen zur Lösung und Bearbeitung von Aufgaben mit dem Computer herzustellen. In Verbindung mit der Turtlegrafik werden neue Ideen zum mathematisch-naturwissenschaftlichen Unterricht mit Kindern verwirklicht. Logo ist damit aber keine simple Kindersprache. Auf allen Stufen eines Unterrichts mit und über Computer bietet Logo zahlreiche Möglichkeiten. Selbst einem Informatikunterricht mit höchsten Ansprüchen wird Logo gerecht. Logo bedeutet funktionsorientiertes Programmieren und unterstützt damit in idealer Form das Top-down- oder Bottom-up-Prinzip. Daten und Programme sind jederzeit interaktiv oder programmgesteuert manipulierbar. Dynamische und komplexe Datenstrukturen lassen sich über strukturierte Listen in Logo beschreiben und verarbeiten. Wer Logo in Deutsch mit deutschsprachigen Funktionen und Fehlermeldungen wünscht, kann das System nach seinen Vorstellungen umfunktionieren.

Da Logo beim zweiten Hinsehen keine Kindersprache ist, entstehen Fragen und Wünsche. Das Referenzmaterial der Hersteller bietet zu wenig Erklärungen und Beispiele. Die meist sehr schönen elementaren Einführungen mittels Turtlegrafik sind einmal zu Ende. Es fehlt dann ein weiterführendes Arbeitsbuch mit fortgeschrittenen Beispielen und Projekten, die die Lücke zwischen Einführung und dem Referenzmanual schließen. Erst eine gewisse Fülle nachvollzogener Aufgaben ermöglicht eigene kreative Wege. Doch ein Arbeitsbuch für Logo ohne Einführung wäre ein Mangel gewesen. Somit ist ein dreigeteilter Aufbau des Buches entstanden. Der Einführungsteil beinhaltet bereits eine Fülle von Aufgabenbeispielen. Die Gliederung entspricht dem Aufbau von Programmierkursen über Logo in der gymnasialen Oberstufe. Da die Hersteller Einführungen über die Turtlegrafik mitliefern, wird dieser Teil nicht hervorgehoben, sondern nur in Kapitel 5 grundlegend nachgestellt.

Hat man die Einführung durchgearbeitet, kennt man den Basiswortschatz von Logo und die Logogrammatik. Der Mittelteil bietet gezielt die Besprechung fortgeschrittener Funktionen an. Im letzten Teil werden umfangreiche Aufgaben dargestellt, die belegen, daß Logo vor keiner Aufgabe zurückschreckt. Fehlende Datentypen und hierauf operierende Funktionen werden als eigene Spracherweiterung in Logo definiert, um dann erst mit den neuen Werkzeugen die eigentlichen Aufgaben zu lösen (beispielsweise die Arrays und Sortierverfahren in Kapitel 28). Gleiches gilt für die Dateiverarbeitung. Die Turtlegrafik wird zum Zeichnen von Funktionen und im Telespiel «Bombardieren» erneut eingesetzt. Dennoch kann und will das Buch keine «Logobibel» sein und kann auch nicht das Herstellerhandbuch ersetzen. Als Arbeitsbuch bietet es Beispiele und Aufgaben, mit denen sich der Leser beschäftigen soll.

Alle Beispiele sind mit der LCSI-Version (Logo Computer Systems Incorporated) auf einem Apple IIe erstellt worden. Eine Übertragung auf andere Logoversionen bietet der Anhang, in dem, einem Vokabelheft gleich, die abweichenden Funktionsnamen anderer Versionen nachgesehen werden können. Die Beschreibung des Editierens und die Nennung bestimmter Kontrolltasten soll nur grundsätzlich mit dem Logo-Editor bekannt machen, da der Leser natürlich mit seiner Version arbeiten lernen muß.

Wer sich ernsthaft mit Logo beschäftigt, wird schnell unbestreitbare Vorzüge dieses Systems schätzen lernen. Leser mit BASIC-Erfahrungen sollten eine Empfehlung beherzigen: Vergessen Sie für einen Augenblick vertraute BASIC-Erfahrungen. Übertragen Sie auch nicht einfach alte Programme direkt in Logo. Der GO-Befehl und die Wertzuweisung für Variable sind untypisch für Logo. Beschränken Sie den Sprungbefehl GO auf einen Sprung je Benutzerfunktion, und lassen Sie Teilprogramme nie mehr als vier Anweisungszeilen haben. Benutzen Sie Funktionsnamen und Namen für Eingaben mit vollem Namen und nicht nur einen Buchstaben;

Logo erkennt das, und Sie lassen damit Programme sich selbst dokumentieren. Anderenfalls würden Sie Logo sprechen, aber nicht Logo verstehen. Im Anhang wird ein Glossar der Logofunktionen nach Anwendungsbereichen aufgelistet. Nachfolgend wird der Wortschatz den Wörtern anderer Logoversionen tabellarisch gegenübergestellt. Ein Verzeichnis definierter Benutzerfunktionen soll das schnelle Aufsuchen nützlich erscheinender Funktionen ermöglichen.

Heusenstamm   Dietrich Senftleben

TEIL A

Eine Einführung in Logo

1
Direktanweisungen

1.1 Der Computer als Taschenrechner

Jeden Personalcomputer können wir letztlich wie einen Taschenrechner benutzen. Wir müssen nur dessen grundsätzliche Bedienungsweise kennen. Anhand der Grundrechenarten wollen wir das zeigen.

$$\boxed{4} \ \boxed{\times} \ \boxed{2} \ \boxed{7} \ \boxed{=}$$

Drücken wir die abgebildeten fünf Tasten eines Taschenrechners, so erscheint nach dem Auslösen der Taste $\boxed{=}$ das Ergebnis 108.

Bei einem Personalcomputer müssen wir statt der $\boxed{=}$-Taste in der Regel immer die $\boxed{\text{RETURN}}$-Taste drücken. Diese Taste signalisiert dem Computer, daß die eingegebene Zeile beendet ist und ausgeführt werden soll. Darüber hinaus müssen wir in Logo ausdrücklich sagen, daß das Ergebnis auch noch ausgedruckt werden soll. Logo würde es zwar rechnen, aber von einem Ausdrucken war ja nichts gesagt worden! Ohne weitere Vorreden probieren wir jetzt kleine Rechenaufgaben aus. Berechnet und ausgedruckt werden soll:

$$4 + 27$$
$$4 \times 27$$
$$4 - 27$$
$$4 : 27$$

Das jeweilige Fragezeichen fordert uns zum Eingeben auf. Das Fragezeichen bezeichnet man auch als Promptzeichen. Erscheint also das Promptzeichen, so wissen wir, daß Logo eine Aufgabe beendet hat und auf neue Eingaben wartet.

Der Personalcomputer ist eingeschaltet, und wir werden von Logo nach dem Startvorgang begrüßt.

Das Blinkzeichen (Cursor) auf dem Schirm zeigt die Stelle an, an der unser nächstes einzutippendes Zeichen erscheinen wird. Das Blinkzeichen soll die Arbeit auf dem Bildschirm erleichtern.

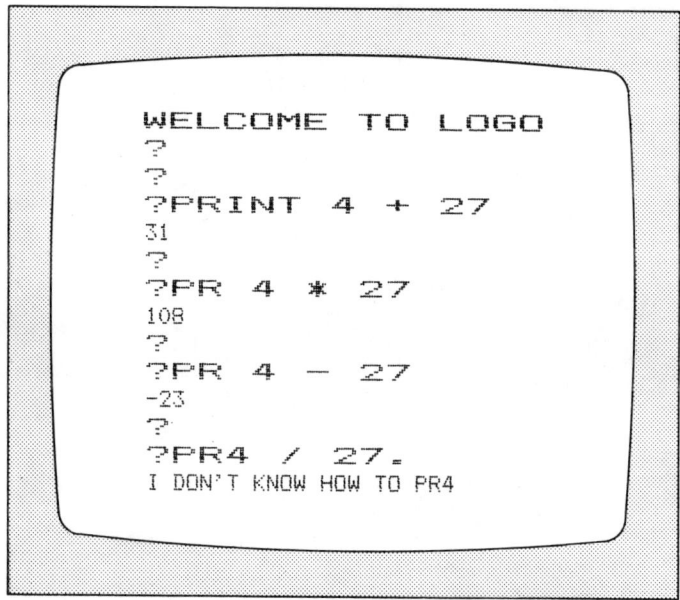

```
WELCOME  TO  LOGO
?
?
?PRINT  4  +  27
31
?
?PR  4  *  27
108
?
?PR  4  -  27
-23
?
?PR4  /  27.
I DON'T KNOW HOW TO PR4
```

Das Kleingedruckte auf dem Bildschirm kennzeichnet jeweils die Antwort des Computers auf unsere Eingabe.

Bereits diese ersten Beispiele zeigen Unterschiede, und wir sehen, daß unser Personalcomputer im letzten Beispiel etwas nicht versteht und sofort «meckert». An diesen Fehlermeldungen und vielen anderen Meldungen erkennen wir unsere eigenen kleinen Bedienungs- und später Programmfehler. Wir müssen nur die Meldungen genau lesen und wissen, was sie bedeuten.

Was ist hier passiert? Im Gegensatz zu den vorangehenden Zeilen wurde zwischen PR und 4 kein Leerzeichen (auch Blank genannt) durch Drücken der Leerzeichentaste gesetzt. Doch Leerzeichen sind für Logo lebenswichtig. Am Leerzeichen erkennt Logo, daß ein Befehl oder eine Zahl beim Eintippen abgeschlossen worden ist. Logo kennt nur den Druckbefehl PRINT oder seine Kurzform PR. Aber ein PR4 ist ihm vollkommen unbekannt. Logo kann diesen Befehl PR4 nicht ausführen. («Ich weiß nicht, wie PR4 gemacht wird» bedeutet die ausgedruckte Fehlermeldung.)

In Logo sehen die Rechenzeichen für die Grundrechenarten anders aus. Bei Kommazahlen muß ebenso wie beim Taschenrechner ein Punkt gesetzt werden, oder die nächste Fehlermeldung ist fällig...

```
?
?
?PR  4  /  27.
.148148
?PR  4  /  27
.148148
?PR  4  =  27
FALSE
?PR  4  <  27
TRUE
?PR  4  >  27
FALSE
?-4  *  ( 4 - 27 )
I DON'T KNOW WHAT TO DO WITH 92
```

Unser Fehler ist korrigiert, und wir haben ein Leerzeichen eingefügt. Die Division führt zu einer Dezimalzahl. Das Gleichheitszeichen hat für Logo eine andere Bedeutung als für den Taschenrechner. Er ist ein Vergleichsoperator, ebenso wie die Zeichen < (kleiner als) und > (größer als).

Nach solchen Vergleichen ist immer nur eines von zwei möglichen Ergebnissen fällig. Das Ergebnis des Vergleichs ist TRUE (wahr) oder FALSE (falsch). Der Fehlerkommentar zum Schluß ist entstanden, weil der Druckbefehl vergessen worden ist. Wie schon gesagt, Logo will ausdrücklich informiert sein, wenn ein Ergebnis ausgedruckt werden soll. Logo führt also die Rechenoperation aus und meldet dann: «Ich weiß nicht, was ich mit dem Ergebnis 92 machen soll.»

1.2 Was ein Taschenrechner nicht kann

Die Zahlenvergleiche im vorangegangenen Kapitel sind Möglichkeiten, die ein einfacher Taschenrechner nicht hat. Doch Logo kann auch einzelne Zeichen, Wörter oder Sätze drucken.

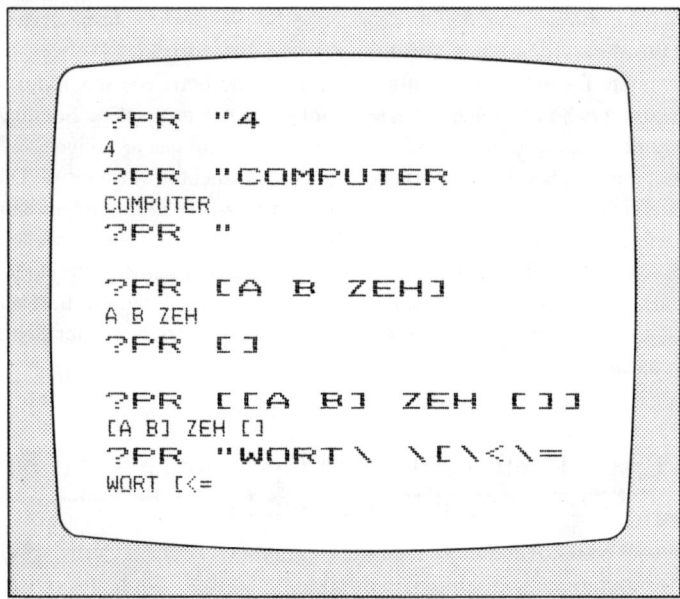

```
?PR "4
4
?PR "COMPUTER
COMPUTER
?PR "

?PR [A B ZEH]
A B ZEH
?PR [ ]

?PR [[A B] ZEH [ ]]
[A B] ZEH [ ]
?PR "WORT\ \[\<\=
WORT [<=
```

Ein einzelnes Wort ist immer am Anführungsstrich erkenntlich. Solch ein Wort besteht aus einem oder mehreren Zeichen. Zahlen sind ebenfalls Wörter. Man kann Zahlen mit oder ohne Anführungsstriche eingeben. Mehrere Wörter bilden einen Satz. Ein Satz steht immer in rechteckigen Klammern. Ein Satz besteht aus einem oder mehreren Wörtern. Der Satz kann auch aus weiteren Teilsätzen bestehen. Solch ein Satz wird in Logo auch als Liste bezeichnet. Stellen wir uns eine Merkliste mit seinen einzelnen Teilen vor, wobei ja auch auf andere Merkzettel hingewiesen werden kann. Sonderfälle von Wörtern und Sätzen sind solche, die keinen Buchstaben oder keine Wörter oder Teilsätze haben.

Tippen wir einmal ein Wort ohne die Anführungsstriche ein. Wir erhalten einen schon bekannten Fehlerkommentar. Geben wir also ein Wort ohne Anführungsstriche ein, so hält Logo dieses Wort zuerst für einen Befehl (so wie PRINT oder PR), muß dann aber feststellen, daß ihm solch ein Befehl oder Arbeitsauftrag nicht bekannt ist, er also nicht weiß, wie... Beim Ausdrucken der Sätze (Listen) werden die beiden äußeren Klammern nicht gedruckt. Der Satz (Liste) [[A B] ZEH[]] besteht aus drei Teilen: Der Liste [A B], dem Wort "ZEH und der leeren Liste []. Innerhalb von Sätzen müssen die Anführungsstriche bei Wörtern nicht gesetzt werden. Wörter werden ohne Anführungsstriche ausgedruckt. Die letzte Bildschirmzeile enthält eine Besonderheit. Wir sehen dort ein Wort, das aus Sonderzeichen besteht. Sollen in Wörtern solche Sonderzeichen vorkommen, so müssen wir Logo mitteilen, daß das jeweilige Sonderzeichen ausnahmsweise als normales Zeichen betrachtet werden soll. Diese Sonderzeichen haben wie das Leerzeichen für Logo die Trennereigenschaft. Das Aufheben der Trennereigenschaft erfolgt beim Eintippen jeweils mit CTRL-Q (die CTRL-Taste und die Q-Taste müssen beide gedrückt werden, also CTRL gedrückt halten und dann Q tippen). Logo quittiert jedes CTRL-Q mit einem Schrägstrich. Bei der Ausgabe erscheint der Schrägstrich natürlich nicht.

1.3 Erstes Kennenlernen von Operationen – Wir bearbeiten Wörter und Listen

Bereits im ersten Abschnitt haben wir Operationen kennengelernt, nämlich Rechenoperationen. Addition, Subtraktion, Multiplikation und Division sind Operationen mit Zahlen. Erinnern wir uns auch, daß Operationen ein Ergebnis liefern und dieses Ergebnis vom Computer weiterverarbeitet werden kann. Wir haben das Ergebnis der Operation durch den Befehl PRINT ausdrucken lassen.

Die folgenden Beispiele zeigen vier Operationen auf Wörter und Listen, deren Ergebnis durch den Druckbefehl ausgegeben wird.

Betrachten wir diese Beispiele etwas genauer.

```
?PR FIRST "LOGO
L
?PR FIRST [[A B] C]
A B
?PR BUTFIRST "LOGO
OGO
?PR BF [A B ZEH]
B ZEH
?PR BF [[A B] ZEH]
ZEH
?PR COUNT [A B ZEH]
3
?PR EMPTYP []
TRUE
```

Die Operation FIRST liefert jeweils das erste Element seiner Eingabe: den ersten Buchstaben eines Wortes oder das erste Element einer Liste. Die Operation BUTFIRST (Kurzform BF) liefert von der Eingabe alles ohne das erste Element. Die Operation COUNT zählt die Elemente einer Liste und liefert als Ergebnis eine Zahl. Die Operation EMPTYP untersucht seine Eingabe, ob sie eine leere Liste oder ein leeres Wort ist, und liefert als Ergebnis entweder TRUE (wahr) oder FALSE (falsch).

Untersuchen wir jetzt mit FIRST, BF und COUNT jeweils eine einelementige Liste und ein Wort aus einem einzigen Zeichen. FIRST liefert als Ergebnis jeweils den Buchstaben oder den Inhalt der Liste. BUTFIRST führt zum leeren Wort oder zur leeren Menge. COUNT liefert bei der einelementigen Liste die Zahl 1. Doch wird ein Wort als Eingabe für COUNT verwendet, kommt die Fehlermeldung «COUNT DOESN'T LIKE...AS INPUT». Die Fehlermeldung besagt, daß für die Operation COUNT die Eingabe... unzulässig ist.

Untersuchen wir die vier Operationen auch noch auf ihr Verhalten bei leeren Wörtern und Listen. In allen Fällen wird «gemeckert»; das heißt, die Eingaben sind unzulässig. Logo wäre ja ein Zauberer, wenn das erste

Element von Nichts (leere Liste) etwas Konkretes wäre. Doch die Operation COUNT mit einer leeren Liste liefert die Zahl 0; das heißt, diese Liste enthält keine Elemente.

Bisher haben wir das Ergebnis einer Operation sofort ausdrucken lassen. Doch wie gesagt, kann das Ergebnis einer Operation selbst zur Eingabe einer weiteren Operation werden usw. Wir können also, solange es sinnvoll ist, beliebig viele Operationen miteinander verketten. Die folgenden Beispiele verdeutlichen es:

```
?PR BF BF "LOGO
GO
?PR FIRST BF BF "LOGO
G
?PR EMPTYP FIRST BF BF "LOGO
FALSE
?PR BF BF [A B [ZEH]]
[ZEH]
?PR FIRST BF BF [A B [ZEH]]
ZEH
?PR FIRST FIRST BF BF [A B [ZEH]]
ZEH
?PR BF FIRST BF BF [A B [ZEH]]
?PR BF FIRST FIRST BF BF [A B [ZEH]]
EH
?PR COUNT BF BF [A B [ZEH]]
1
?PR BF EMPTYP []
RUE
?PR FIRST BF BF EMPTYP []
U
?PR BF EMPTYP COUNT [A B ZEH]
ALSE
?
?
?
```

Dieses Aneinanderreihen von Operationen ist anfangs schon verwirrend. Man muß sich einmal damit genau auseinandersetzen und sich verdeutlichen, daß Operationen als Eingaben die gelieferten Ergebnisse anderer Operationen haben können.

Anfänglich kann man sich einfach helfen. Jede Operation wird als ein Kästchen dargestellt. Das Kästchen hat eine (oder mehrere) Eingaben und liefert als Ausgabe sein Ergebnis ab. Das Ergebnis wird zur Eingabe des nachfolgenden Kästchens.

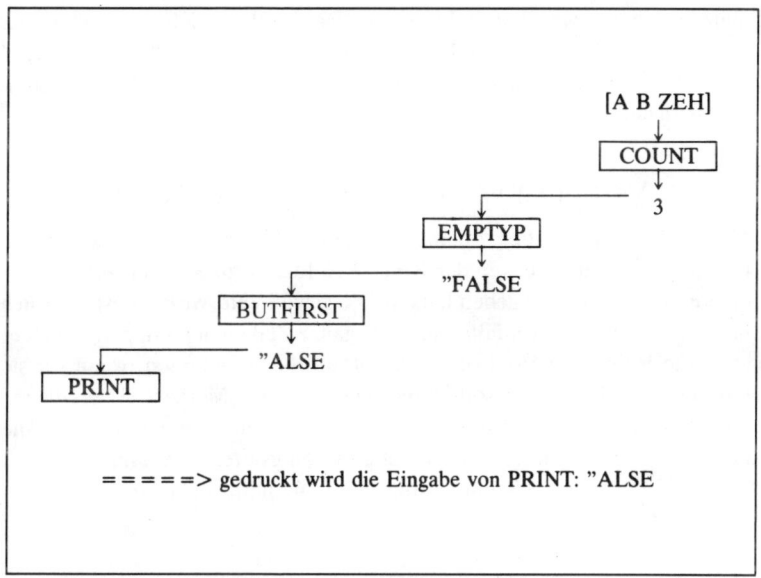

[A B ZEH]
↓
COUNT
↓
3

EMPTYP
↓
"FALSE

BUTFIRST
↓
"ALSE

PRINT

= = = = => gedruckt wird die Eingabe von PRINT: "ALSE

Mit dieser Darstellung könnte man meinen, daß so eine Logozeile mit verketteten Operationen von rechts nach links gelesen werden müßte. Wir sollten trotzdem bei unserer alten Gewohnheit bleiben und Zeilen von links nach rechts lesen. In unserem Beispiel heißt das, daß alles rechts von dem Befehl PRINT seine Eingabe ist. Die Eingabe vom PRINT-Befehl ist die Operation BUTFIRST von irgend etwas. Ja, und das Irgendetwas ist die Operation EMPTYP mit der Eingabe COUNT [A B [ZEH]].

Untersuchen wir jetzt noch einmal aus den obigen Beispielen:

PRINT BF BF [A B [ZEH]]
PR FIRST BF BF [A B [ZEH]]
PR FIRST FIRST BF BF [A B [ZEH]]

Alle drei Logozeilen liefern uns irgendein ZEH. In der ersten Zeile werden aus der dreielementigen Liste die ersten beiden Elemente entfernt. Übrig bleibt eine Liste mit einem Element, nämlich [[ZEH]].

In der zweiten Logozeile wird mit FIRST das erste Element der Liste ermittelt, nämlich [ZEH].

In der dritten Logozeile ermittelt das zusätzliche FIRST das erste Ele-

ment der ihm eingegebenen Liste, nämlich das Wort "ZEH. Erinnern wir
uns an Abschnitt 1.2. Von Listen werden beim Ausdrucken die beiden
äußersten Klammern nicht mitgedruckt und bei Wörtern nicht die Anführungsstriche.

1.4 Vertippen ist menschlich – Fehler verbessern

Mit Sicherheit wird jeder von uns bereits mehr als einen Tippfehler gemacht
haben. Nach dem Drücken der RETURN-Taste wird es dann wohl jeweils
eine Fehlermeldung gegeben haben. Die gewünschte Wirkung ist natürlich
nicht eingetreten. Wir müßten also die ganze Zeile neu eintippen. Doch es
gibt eine Reihe von Kontrolltasten, die uns helfen könnten, wenn wir sie
nur kennen würden. Wir sollten uns gleich unseren Merkzettel bereitlegen
und diese Kleinigkeiten notieren. Der Zettel sollte immer in der Nähe
unseres Computers liegen, um wichtige Kleinigkeiten sofort im Zugriff zu
haben. Tippen wir doch einmal folgende fehlerhafte Zeile ein:

```
?PRINT  BFBF  "GESTERN
 I  DON'T  KNOW  HOW  TO  BFBF
```

Der Computer meckert. Natürlich kennt er kein Programm mit Namen
BFBF. Wir haben das Leerzeichen vergessen. Wir müssen aber nicht die
Zeile neu eingeben, obwohl die RETURN-Taste gedrückt worden ist.
Drücken wir CTRL-Y (die CTRL-Taste gedrückt halten und dann die Y-
Taste drücken). Die fehlerhafte Eingabezeile erscheint. Drücken wir RE-
TURN. Und noch einmal CTRL-Y. Gar nicht schlecht, dieses CTRL-Y, das
die letzte Anweisungszeile aus dem Eingabespeicher zurückholt.
     Beschäftigen wir uns jetzt mit CTRL-B und der →-Taste. Genau, mit
CTRL-B können wir zeichenweise die Zeile bis zum Zeilenanfang zurück-
wandern. Mit der →-Taste wandern wir zeichenweise nach rechts, sofern
noch Zeichen in der Eingabezeile stehen. Wandern wir noch einmal mit
CTRL-B an den Zeilenanfang zurück. Mit CTRL-E können wir direkt an
das Zeilenende springen und uns das mehrfache Drücken der →-Taste
ersparen, wenn wir die Eingabezeile sofort mit RETURN hätten beenden
wollen. Mit CTRL-A springen wir direkt an den Zeilenanfang.
     Wir können jetzt den Cursor an beliebigen Stellen der Eingabezeile
positionieren. Doch wie fügen wir ein Zeichen ein? Wandern wir mit dem
Cursor zurück und setzen wir ihn genau über das zweite B von BFBF. Jetzt

die Leertaste drücken. Fügen wir zum Üben gleich noch das Wort HEUTE nach der Silbe GE im Wort GESTERN ein. Haben wir alles richtig gemacht, so blinkt der Cursor genau über dem Buchstaben S. Drücken wir ein paarmal die ←-Taste. HEUTE ist gelöscht worden. Notieren wir uns am besten diese Kontrolltasten zum bequemen Verbessern von Tippfehlern.

1.5 Unterschiedlich sind die Druckbefehle TYPE und PRINT

In einer Eingabezeile können in Logo mehrere Befehle nebeneinander stehen. Das wollen wir nutzen, um den Unterschied zwischen TYPE und PRINT zu demonstrieren.

```
?
?
?
?PR BF "ER PR "RICH PR "TIG
R
RICH
TIG
?
,
?
?TYPE BF "ER TYPE "RICH TYPE
"TIG
RRICHTIG?
```

Die erste Eingabezeile mit den drei PRINT-Befehlen zeigt, daß nach Ausführung des Druckvorgangs in der Folgezeile mit dem Zeilenanfang fortgefahren wird. Ein Drucker wird also veranlaßt, eine Zeilenschaltung zu machen und den Druckkopf ganz nach links zu bewegen. Beim Bildschirm wird entsprechend der Cursor eine Zeile tiefer an den Anfang gesetzt. Dies sieht man auch deutlich am Fragezeichen, das nach dem Drucken von "TIG eine Zeile tiefer links erscheint. Das Beispiel mit TYPE zeigt, daß der Cursor oder Druckkopf nach dem Druckvorgang neben dem letzten ausgegebenen Buchstaben stehenbleibt.

```
?
?
?
?( PR "A "B "C 1 2 )
A B C 1 2
```

```
?
?
?
?
?< TYPE "A "B "C 1 2 > PR
"HA TYPE "HU
ABC12HA
HU?
```

Die Beispiele mit den runden Klammern zeigen, daß auf diese Weise
PRINT und TYPE mehrere Eingaben haben können. PRINT macht dabei
zwischen seinen Eigaben beim Ausgeben ein Leerzeichen. TYPE zieht alle
Wörter bei der Ausgabe vom Erscheinungsbild her zusammen.

1.6 Immer wieder Guten Tag mit dem REPEAT-Befehl

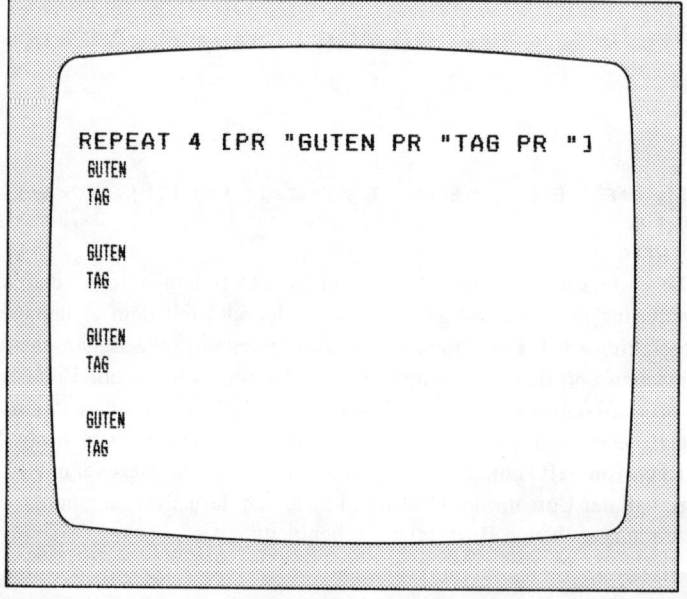

Mit dem REPEAT-Befehl können wir unseren Personalcomputer so richtig
rund laufen lassen. Die bisher vorgestellten Druckbefehle haben im Normalfall eine Eingabe. Der REPEAT-Befehl verlangt genau zwei Eingaben:

Als erstes die Anzahl der Wiederholungen und anschließend eine Liste, die irgendwelche Anweisungen enthalten kann. Zwischen der Zahl und der Liste muß natürlich ein Leerzeichen als Trenner eingegeben werden.

1.7 Zusammenfassung und Übungen

Das erste Kapitel hat schon einen Großteil der Grammatik von Logo abgehandelt, und wir kennen bereits eine gute Handvoll Vokabeln aus dem Wortschatz von Logo. Stellen wir das Wichtigste zusammen:

1. Logo hat Befehle und Operationen, die ihrerseits die Objekte Wort und/oder Liste als Eingabe haben können.
2. Ein Wort wird durch Anführungsstriche gekennzeichnet und besteht aus einem oder mehreren Zeichen. Ein Wort bildet also eine zusammenhängende Zeichenkette aus Ziffern, Buchstaben und Sonderzeichen. Der Sonderfall ist das leere Wort. Zahlen sind ebenfalls Wörter und können ohne Anführungsstriche eingegeben werden.
3. Eine Liste (Satz) ist alles, was mit eckigen Klammern eingerahmt wird. Die Elemente der Liste (Satzteile) können Wörter und/oder weitere Listen sein. Der Sonderfall ist eine leere Liste.
4. Beim Ausdrucken von Wörtern und Listen werden die Anführungsstriche und die beiden äußeren Klammern einer Liste nicht ausgedruckt. Innerhalb von Listen werden Wörter ohne Anführungsstriche eingegeben.
5. Eine vollständige Anweisungszeile für Logo beginnt mit einem Befehl (z. B. PR, TYPE, REPEAT...) und seinen Eingaben (Wörter, Listen, Operationen). Eine Eingabezeile wird mit der RETURN-Taste abgeschlossen.
6. Das Leerzeichen ist ein Trennzeichen. Leerzeichen grenzen in den Eingabezeilen Befehle, Operationen, Wörter und Listen gegeneinander ab. Werden Leerzeichen vergessen, kann Logo die einzelnen Teile nicht mehr unterscheiden. Diese Trennzeichenfunktion haben noch einige andere Sonderzeichen (beispielsweise die Rechenzeichen +, −, * und /). Sollen Leerzeichen oder andere Zeichen mit Trennereigenschaft als Zeichen in Wörtern vorkommen, so muß bei der Eingabe vorher CTRL-Q eingegeben werden, damit für das nachfolgende Zeichen die Trennereigenschaft aufgehoben wird.
7. Mehrere Druckbefehle können in einer Eingabezeile nebeneinander eingegeben werden.

8. Die Druckbefehle PRINT und TYPE haben eine Eingabe oder beliebig viele Eingaben, wenn runde Klammern gesetzt werden.
9. Operationen können miteinander verkettet werden, indem als Eingabe der Operation die gelieferten Ergebnisse anderer Operationen stehen.
10. Unzulässige Werte für Operationen, vergessene Leerzeichen oder Anführungsstriche und vergessene Druckbefehle führen zu den häufigsten Fehlermeldungen:

    «I DON'T KNOW HOW TO...»
    «I DON'T KNOW WHAT TO DO WITH..»
    «...DOESN'T LIKE...AS INPUT»
11. REPEAT ist ein mächtiger Befehl. Die erste Eingabe ist eine Zahl, die zweite eine Liste mit Anweisungen. Die Anweisungen werden so oft wiederholt, wie es die eingegebene Zahl vorschreibt.
12. Mit Kontrolltasten lassen sich beliebige Buchstaben in Eingabezeilen ansteuern. Zeichen können gelöscht und neu eingefügt werden.

Neue Logovokabeln

PRINT	COUNT
PR	EMPTYP
+	TYPE
−	(PRINT)
+	(TYPE)
/	REPEAT
>	CTRL-A
<	CTRL-B
=	CTRL-E
CTRL-Q	CTRL-Y
FIRST	→-Taste
BUTFIRST	←-Taste
BF	

Aufgaben

1. Gib eine vierteilige Liste ein, die aus zwei Wörtern, einer leeren Liste und einer Liste mit drei Wörtern besteht.
2. Überprüfe die Aufgabe 1 durch Voranstellen der Operation COUNT.
3. Lasse vom Wort "COMPUTER das fünfte Zeichen ausdrucken.

4. Gib ein Wort ein, das aus zehn Sonderzeichen besteht (Blanks, runden und eckigen Klammern, Rechenzeichen).

5. Suche aus dem Anhang drei weitere Operationen für Wörter und Listen heraus und teste sie.

6. Erzeuge willkürlich durch falsche oder unzulässige Eingaben die nunmehr bekannten drei Fehlermeldungen.

7. Gib eine Zeile ein, die aus mehreren PRINT- und TYPE-Befehlen besteht. Sage vor dem Drücken der RETURN-Taste das Ergebnis voraus.

8. Was druckt PRINT (COUNT [[1 2 3] [] [ICH DU]])* (COUNT [A B ZEH])?

9. Die Anweisung gemäß Aufgabe 8 soll dreimal nacheinander ausgeführt werden.

2
Einfache Druckprogramme

2.1 Ein kleiner Vers

Im ersten Kapitel haben wir Logovokabeln und deren Zusammensetzung zu Anweisungen kennengelernt. Jedesmal, wenn wir mit der RETURN-Taste dann eine Eingabezeile beendet hatten, ging diese Zeile (und natürlich auch die vorangegangenen Zeilen) verloren, das heißt, um eine der Zeilen erneut ablaufen zu lassen, müßten wir sie neu eintippen. Mit den beiden neuen Logovokabeln TO und END können wir beliebig viele Anweisungszeilen zu einem Programm zusammenfassen. Dieses Programm kann dann immer

wieder nach Belieben aufgerufen werden, und die einzelnen Anweisungszeilen werden ausgeführt. Auf dem Bildschirm haben wir ein kleines Druckprogramm abgebildet.
Der Inhalt besteht aus PRINT-Befehlen. Um das Programm ablaufen zu
lassen, brauchen wir nur den Namen des Programms einzutippen und die
RETURN-Taste zu drücken.

```
?
?
?VERS
DIE DONAU IST SO SCHOEN
DRUM WOLLEN WIR SIE SEH'N
?
```

Solche vom Benutzer selbstdefinierten Funktionen (Programme) werden
genauso gehandhabt wie die Logosystemfunktionen (z. B. PRINT, TYPE,
FIRST usw.). Beim Aufruf der Funktionen wird einfach der Name eingege-
ben, ohne daß etwa ein Anführungszeichen vorangestellt wird.
Wie definieren wir also eigene Programme? Zuerst müssen wir dem
Computer mit TO signalisieren, daß ihm jetzt ein Programm mit allen
Einzelheiten erklärt wird, und zwar so lange, bis wir ihm das END
eintippen.

```
?
?
?TO
NOT ENOUGH INPUTS TO TO
?
```

Wir haben schon unseren ersten Fehler gemacht. Nach dem TO dürfen
wir nicht gleich RETURN eingeben, sondern erst noch den von uns frei
gewählten Namen unseres Programms. TO fordert das Logosystem auf zu
lernen, was sich hinter dem Programmnamen an Anweisungen verbirgt.

```
?
?TO VERS
>
```

Jetzt haben wir's richtig gemacht. Nach der Eingabe von TO, dem
Programmnamen und RETURN wechselt das Promptzeichen. Statt ? erscheint jetzt >. Das Logosystem befindet sich im lernfähigen Zustand, dem
sogenannten Editiermodus. Jetzt geben wir zeilenweise das Gewünschte
ein.

```
?
?TO VERS
>PRINT [DIE DONAU IST SO SCHOEN]
>PRINT [DRUM WOLLEN WIR SIE SEH'N]
>
```

Der Definitionsvorgang muß mit END abgeschlossen werden. Logo quittiert uns dann, daß ihm das Programm VERS erklärt worden ist.

```
?
?TO VERS
>PRINT [DIE DONAU IST SO SCHOEN]
>PRINT [DRUM WOLLEN WIR SIE SEH'N]
>END
VERS DEFINED
?
?
```

Haben wir keine Tippfehler gemacht, wird nach dem Programmaufruf (Eintippen des Namens und Drücken der RETURN-Taste) unser erstes kleines Druckprogramm ablaufen.

Wer sich, zur Freude des Tippfehlerteufels, vertan hat, sollte notgedrungen den Abschnitt 2.5 durcharbeiten und lernen, nachträglich Fehler in Programmen zu korrigieren. Vorbei kommt daran keiner.

2.2   Unsere Anschrift

Wir haben jetzt die Möglichkeit, beliebige Druckprogramme zu entwerfen. Definieren wir eine Funktion, die unsere Adresse ausdruckt. Am Anfang und Ende des Druckvorgangs soll jeweils eine Leerzeile ausgegeben werden.

```
?
?
TO ADRESSE
PR []
PR [IGNATZ KNAATZ]
PR [BIEBERER WEG 32]
PR [6050 OFFENBACH]
PR "
END

?
?
```

```
?
?
?
?
?
?ADRESSE ADRESSE ADRESSE
```

Um unser kleines Anschriftenprogramm zu testen, geben wir gleich einmal die folgende Anweisungszeile ein und sehen, was passiert.

```
IGNATZ KNAATZ
BIEBERER WEG 32
6050 OFFENBACH

IGNATZ KNAATZ
BIEBERER WEG 32
6050 OFFENBACH

IGNATZ KNAATZ
BIEBERER WEG 32
6050 OFFENBACH
```

2.3 Geometrische Figuren und Druckbilder

Genauso wie die beiden vorigen Programme lassen sich natürlich ebenso Dreiecke, Quadrate, Rechtecke, Figuren, Bilder ... zeilenweise definieren.

Lassen wir jetzt mal mehrere solcher Druckprogramme nacheinander ablaufen:

```
?
?
?
?PYRAMIDE QUADRAT KIRCHE TANNE FINGER PLAYBOY

      3
     333
    33333
   3333333

   XXXX
   XXXX
   XXXX
   XXXX

       #
     #   #
    #      ###
    #      #  #
    #      #   #
    #      #   #
    #########

       #
     #   #
    #     #
    #####
      I
      I

      a
      a
      a
      a
     aaa
    aaaaa   a
    aaaaa  a
    aaaaaa
     aaaa
     aaa


           X
    X      XX
   XXX     XX
    XXX   XX
     XXXXXX
     XXXXXX
   XXXaXXX
    XXXXXX
      XXXX
    ZZXZZ
```

Die zugehörigen Druckprogramme lassen wir uns mit dem Befehl PO-
ALL (Print Out ALL) auflisten.

```
?POALL
TO PLAYBOY
PR []
PR [      X]
PR [X    XX]
PR [XXX  XX]
PR [ XXX XX]
PR [  XXXXX]
PR [ XXXXXX]
PR [XXXƏXXX]
PR [ XXXXXX]
PR [   XXXX]
PR [  ZZXZZ]
END

TO FINGER
PR "
PR "   ə
PR "   ə
PR "   ə
PR "  ə
PR " əəə
PR "əəəəə   ə
PR "əəəəə  ə
PR "əəəəəə
PR " əəəə
PR "  əəə
END

TO KIRCHE
PR "
PR "   #
PR "  # #
PR "#     ###
PR "#    #   #
PR "#    #     #
PR "#    #     #
PR "#########
END

TO TANNE
PR "
PR "    #
PR "   # #
PR "  #   #
PR "#####
PR "    I
PR "    I
END
```

```
TO QUADRAT
PR "
PR "XXXX
PR "XXXX
PR "XXXX
PR "XXXX
END
TO PYRAMIDE
PR "
PR "   3
PR "  333
PR " 33333
PR "3333333
END
```

In den meisten Programmen benutzen wir auch das Leerzeichen. Damit
es nicht als Trenner wirkt, müssen wir jedesmal mit CTRL-Q diese
Trennereigenschaften aufheben (vgl. auch Abschnitt 1.2). Am besten wird
dies beim Editieren selbst deutlich. Beim Ausdrucken mit PO werden die
Schrägstriche nicht mit abgebildet.

```
?
?
?TO PYRAMIDE
>PR "\ \ \ 3
>PR "\ \ 333
>PR "\ 33333
>PR "3333333
>END
PYRAMIDE DEFINED
?
?
```

2.4   Und alles läßt sich mehrfach wiederholen

Erinnern wir uns an Abschnitt 1.5 und den vorgestellten REPEAT-Befehl.
Beispielsweise könnten wir uns beliebig viele Selbstklebeetiketten ausdruk-
ken. Wir müßten nur ein entsprechendes Endlosformular in den Drucker
einspannen und den Drucker dazuschalten. Die Anweisungszeile für beispielsweise drei Etiketten lautet:

```
?
?
REPEAT 3 [ADRESSE]

IGNATZ KNAATZ
BIEBERER WEG 32
6050 OFFENBACH
```

```
IGNATZ KNAATZ
BIEBERER WEG 32
6050 OFFENBACH

IGNATZ KNAATZ
BIEBERER WEG 32
6050 OFFENBACH
```

Wir könnten auch eine beliebige Figuren- und Bildermischung beliebig oft ausdrucken.

```
?
?
REPEAT 4 [TANNE HAND KIRCHE]
```

2.5 Korrekturen an Programmen mit Logo-Editor

In Kapitel 1 haben wir bereits eine Handvoll Korrekturtasten kennenge-lernt. Doch diese arbeiten nur innerhalb einer noch nicht mit RETURN abgeschlossenen Eingabezeile. Wie kommen wir also an eine beliebige

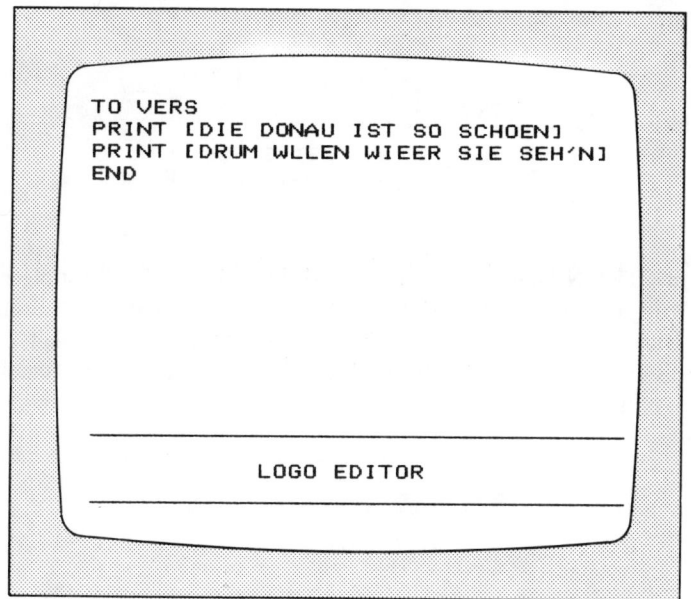

```
TO VERS
PRINT [DIE DONAU IST SO SCHOEN]
PRINT [DRUM WLLEN WIEER SIE SEH'N]
END




                LOGO EDITOR
```

Zeile eines bereits definierten Programms heran, das leider Fehler hat?
Hierzu muß der Befehl EDIT (abgekürzt ED) verwendet werden. Nach
dem Befehl EDIT muß der gewünschte Programmname mit Anführungs-
strichen eingegeben werden, dann die Eingabezeile mit RETURN beenden. Der Bildschirm wird gelöscht, und der Logo-Editor ist aktiviert. Unsere
zu ändernde Funktion wird komplett auf dem Bildschirm gezeigt.

Wir müssen jetzt nur noch einige Steuertasten in Erfahrung bringen, um
mit dem Blinkzeichen zu beliebigen Zeilen wandern zu können und dann
mit den bereits bekannten Korrekturtasten zu ändern oder auch Neues
einzufügen. Im Prinzip reichen zwei Steuertasten. Mit der →-Taste –
einfach dauernd gedrückt halten – können wir von links oben bis zum END
durchwandern. Die ganze Tour zurück geht mit CTRL-B. Hätten wir statt
dessen die ←-Taste benutzt, hätten wir den ganzen Text gelöscht. Ändern
wir jetzt unsere Fehler. Wandern wir mit dem Cursor an die fehlerhaften
Stellen und machen die Korrekturen. Mit CTRL-C verlassen wir den Logo-
Editor. Kontrollieren wir vielleicht doch noch einmal das Programm und
lassen es uns auf dem Bildschirm mit dem Befehl PO (für Print Out)
auflisten.

```
?
?
?PO "VERS
TO VERS
PRINT [DIE DONAU IST SO SCHOEN]
PRINT [DRUM WOLLEN WIR SIE SEH'N]
END
```

Mit CTRL-N können wir beim Logo-Editor immer die nächstfolgende
Zeile in der gleichen Schreibstelle des Cursors ansteuern. Zeilenweises
Zurückgehen wird mit CTRL-P ermöglicht. Mit CTRL-E springt man
jeweils an das Zeilenende. Weitere Editierbefehle sollten in den Handbü-
chern nachgelesen werden.

2.6 Zusammenfassung und Übungen

1. In Logo können selbstdefinierte Funktionen (Programme) einen beliebigen Namen in Form eines Logowortes erhalten.
2. Dem Logosystem werden Arbeitsaufträge (Programme) «beigebracht», indem der Editormodus aktiviert wird.
3. Der Editormodus wird durch Eingeben von TO und dem nachfolgenden Programmnamen eingeschaltet.
4. Im Editormodus wechselt das Promptzeichen von ? nach >.
5. Eine benutzerdefinierte Funktion kann beliebig viele Anweisungszeilen haben. Jede Anweisungszeile wird mit RETURN beendet. Ein Editiervorgang wird mit END abgeschlossen. Das alte Promptzeichen erscheint wieder.
6. Nach dem Beenden des Editiervorgangs quittiert Logo, daß es unter dem Namen ... gerade eine Benutzerfunktion «gelernt» hat.
7. Benutzerfunktionen werden zur Ausführung gebracht, indem der Name der Benutzerfunktion eingegeben wird (ohne Anführungszeichen, genauso wie Logofunktionen).

Neue Logovokabeln:

TO
END
PO
POALL
EDIT
ED
CTRL-C
CTRL-N
CTRL-P

Aufgaben

1. Erstelle ein Druckprogramm, das einen beliebigen Text ausdruckt (Strophe eines Gedichts, Lied, Kommentar zu ...).
2. Lasse den Computer in einem Adreßprogramm die eigene Anschrift zuzüglich der Telefonnummer ausgeben.
3. Erstelle einen viereckigen Rahmen aus lauter X.
4. Lasse in vergrößerter Form das Wort ok ausgeben.

3
Programme rufen Programme

3.1 Ein Gedicht mit Versen

Wir wollen im folgenden die Möglichkeit kennenlernen, den Ablauf mehrerer Druckprogramme von einem einzigen Leitprogramm aus zu bestimmen. Angenommen, wir haben drei Strophen eines Gedichts als Programme unter den Namen VERS, VERS3 und VERS4 formuliert, so müßten wir im einfachsten Falle in einer Zeile diese Namen und zum Schluß noch RETURN eintippen, um alle drei Druckprogramme nacheinander zur Ausführung zu bringen.

Geschickter ist es da natürlich, auch für diese Eingabezeile ein kleines Programm zu definieren. Dieses übergeordnete Leitprogramm könnte wie folgt aussehen:

```
TO GEDICHT
SCHIRMLOESCHEN
VERS
STROPHE
ZIEGE
VERS4
VERS3
END
```

Die erste Anweisungszeile von GEDICHT beinhaltet SCHIRMLOE-SCHEN. Unser selbstdefinierter Befehl soll den Bildschirm löschen. Sehen wir uns diesen Befehl an, indem wir ihn mit dem Befehl PO (für Print Out) ausdrucken lassen. Mit PO kann im Gegensatz zu POALL ein einziges gewünschtes Programm aufgelistet werden.

```
?PO "SCHIRMLOESCHEN
TO SCHIRMLOESCHEN
CLEARTEXT
END
```

In unserem Leitprogramm GEDICHT hätten wir natürlich auch direkt den Logobefehl CLEARTEXT eingeben können. Doch SCHIRMLOE-SCHEN versteht man besser, und es ist gleich ein gutes Beispiel, daß man bei Bildschirmausgaben sinnvollerweise zuerst den Schirm löscht. Die nächsten Anweisungszeilen von GEDICHT rufen jetzt jeweils ein Druck-programm auf. Ist das aufgerufene Programm STROPHE vollständig aus-geführt worden so kommt die nachfolgende Anweisungszeile mit dem Programmaufruf ZIEGE zur Ausführung. Damit beim Ablauf vom Gedicht die einzelnen Verse besser zu erkennen sind, ist jeweils am Ende jedes Druckprogramms noch eine Leerzeile vorgesehen.

```
?
?PO "VERS3
TO VERS3
PR [DER DIETMAR IST SO AETZEND]
PR [UND DAZU NOCH FETZEND.]
PR []
END
```

Lassen wir nun endlich unser Gedicht zum Zuge kommen und rufen das Programm GEDICHT auf:

```
?
?
?GEDICHT
DIE DONAU IST SO SCHOEN,
DRUM WOLLEN WIR SIE SEH'N.

PRUEFE BEVOR DU DICH EWIG BINDEST,
OB DU WAS BESSERES FINDEST.

ES WAR EINMAL EINE ZIEGE,
DIE WIEGTE SICH GERB IN DER WIEGE.
UND JEDESMAL WENN ES KRACHTE,
SCHRIE SIE VOR FREUDE UND LACHTE.

SO WOLLEN WIR NUN HIN,
DANN HAT ALLES WIEDER SINN.

DER DIETMAR IST SO AETZEND
UND DAZU NOCH FETZEND.
```

Abschließend wollen wir noch den nützlichen Befehl POTS (Print Out Procedures) anführen. Tippen wir einmal POTS und dann RETURN als Abschluß der Anweisungszeile: Alle Namen der im Arbeitsspeicher vor-handenen benutzerdefinierten Funktionen (Programme) werden unterein-ander angeführt.

```
?
?
?POTS
TO VERS3
TO VERS4
TO ZIEGE
TO STROPHE
TO VERS
TO GEDICHT
TO SCHIRMLOESCHEN
?
```

3.2 Tausendmal unsere Anschrift

In Abschnitt 2.2 haben wir unsere Anschrift als Druckprogramm ADRES-
SE definiert. Jetzt wollen wir ein Programm definieren, in dem das schon
erstellte Anschriftenprogramm ADRESSE tausendmal aufgerufen wird:

```
TO ETIKETTEN
REPEAT 1000 [ADRESSE]
END
```

ETIKETTEN besteht nur aus einer Anweisungszeile unter Benutzung
des schon bekannten Logobefehls REPEAT. Testen wir doch gleich das
neue Programm. Ja, und es läuft und läuft. Wie lange dauern denn 1000
auszudruckende Anschriften? Wer nicht bis zum Ende abwarten will,
müßte jetzt den Netzstecker ziehen oder eleganter CTRL-G (CTRL-Taste
gedrückt halten und dann die G-Taste drücken) eintippen.

```
?
?
?ETIKETTEN

IGNATZ KNAATZ
BIEBERER WEG
6050 OFFENBACH


IGNATZ KNAATZ
BIEBERER WEG
6050 OFFENBACH


IGNATZ KNAATZ
BIEBERER STOPPED! IN ADRESSE:
PR [BIEBERER WEG]
```

Sollte sich irgendwann einmal das Logosystem im Kreise drehen oder wollen wir einen Programmablauf abbrechen, so geschieht dies mit CTRL-G. Nach dem Programmabbruch wird auch noch mitgeteilt, welche Anweisungszeile in welchem Programm gerade in Ausführung war.

3.3 Bildkarussell

Ähnlich wie in GEDICHT könnten wir den Ablauf von Ausdrucken geometrischer Figuren und Bilder aus Abschnitt 2.3 steuern. Lernen wir die Möglichkeit kennen, daß sich Programme auch selbst aufrufen können.

```
TO BILDKARUSSEL
TANNE
FINGER
PYRAMIDE
KIRCHE
PLAYBOY
BILDKARUSSEL
END
```

Starten wir BILDKARUSSEL, werden TANNE, FINGER, PYRAMIDE, KIRCHE, PLAYBOY und wieder TANNE, FINGER, ... und ... und immer wieder TANNE, FINGER, ... ausgedruckt. Den gleichen Effekt von ETIKETTEN hätte man dann auch einfacher haben können:

```
TO ADRESSE
PR [ ]
PR [IGNATZ KNAATZ]
PR [BIEBERER WEG]
PR [6050 OFFENBACH]
PR "
ADRESSE
END
```

Hier kann nur noch CTRL-G helfen und Schluß machen.

3.4 Zusammenfassung und Übungen

1. In Programmen können beliebige Funktionen aufgerufen werden, das heißt Logofunktionen und Benutzerfunktionen.
2. Benutzerfunktionen werden innerhalb eines Programms aufgerufen, indem in der entsprechenden Anweisungszeile der Name der Benutzerfunktion angegeben wird (ohne das TO!).
3. In Verbindung mit dem REPEAT-Befehl können wir jedes Programm eine vorgegebene Anzahl mal wiederholen.
4. Benutzerfunktionen können sich auch selber aufrufen. Das führt zu einer unendlichen Wiederholung des Ablaufs dieser Funktion.
5. Ein Programmdreher wird mit CTRL-G angehalten.

Neue Logovokabeln:

> PO
> POALL
> CLEARTEXT
> CTRL-G
> POTS

Aufgaben

1. Erstelle ein eigenes Gedicht mit mehreren Versen.
2. Erstelle einen rechteckigen Rahmen. Für die jeweiligen Druckzeilen sollen eigene kleine Benutzerfunktionen erstellt werden, die jeweils nur eine Druckzeile ausführen. Mit dem REPEAT-Befehl sollen Mehrfachwiederholungen gleicher Zeilen gesteuert werden.
3. Erstelle ein Adreßprogramm mit eigenen Daten, das sich selbst aufruft.

4
Programme mit Eingabewerten

4.1 Guten Tag, Herr Nachbar

```
GUTEN TAG
EIN SCHOENER TAG HEUTE
JA, WIRKLICH
WEITERHIN EINEN GUTEN TAG
AUF WIEDERSEHEN
```

Wir kennen solche Begrüßungen oder Kurzgespräche. Täglich finden sie vielfach statt. Nicht gleich, immer irgendwie variiert. Wir wollen ein entsprechendes Programm erstellen, das die erste und letzte Zeile nach unseren Wünschen variiert. Als Programmnamen wählen wir das Wort Begrüßung. Dieses Druckprogramm besteht aus vier Druckanweisungen, von denen zwei Anweisungen variable Sätze drucken sollen. Das obige unveränderte Druckprogramm sieht wie folgt aus:

```
TO BEGRUESSUNG
PR [GUTEN TAG]
PR [EIN SCHOENER TAG HEUTE]
PR [JA, WIRKLICH]
PR [WEITERHIN EINEN GUTEN TAG]
PR [AUF WIEDERSEHEN]
END
```

Wie müssen wir es ändern, damit die erste und vierte Druckanweisung veränderbar werden? Logo liefert uns eine elegante Möglichkeit. Sehen wir uns erst einmal das geänderte Programm an.

```
TO BEGRUESSUNG :GRUSS :ABSCHIED
PR :GRUSS
PR [EIN SCHOENER TAG HEUTE]
PR [JA, WIRKLICH]
< PR [WEITERHIN EINEN] :GRUSS >
PR :ABSCHIED
END

?
```

Beim Festlegen des Funktionsnamens werden einfach in derselben Eingabezeile zusätzlich mögliche Bezeichnungen für Funktionseingaben aufgezählt. Man könnte sich diese Bezeichnung als Container oder Transportbehälter vorstellen, die später erst mit aktuellen Inhalten gefüllt werden. Der Name eines solchen Containers (Parameter)* beginnt immer mit einem Doppelpunkt. Innerhalb der nachfolgenden Anweisungszeilen unseres Programmes können die Parameter beliebig oft verwendet werden. Die Container innerhalb des Programms dürfen nicht mit einem einzigen Zeichen vom Aussehen in der Bezeichnung der obersten Zeile abweichen!

Testen wir nunmehr BEGRUESSUNG und füllen die Container mit verschiedenen Inhalten:

```
?
?
?BEGRUESSUNG [GUTEN ABEND] [BIS BALD]
GUTEN ABEND
EIN SCHOENER TAG HEUTE
JA, WIRKLICH
WEITERHIN EINEN GUTEN ABEND
BIS BALD
?
?BEGRUESSUNG [GUTEN] [TSCHUESS]
GUTEN
EIN SCHOENER TAG HEUTE
JA, WIRKLICH
WEITERHIN EINEN GUTEN
TSCHUESS
?
?BEGRUESSUNG [GUTEN MORGEN] [UND GUTEN TAG]
GUTEN MORGEN
EIN SCHOENER TAG HEUTE
JA, WIRKLICH
WEITERHIN EINEN GUTEN MORGEN
UND GUTEN TAG
?
```

---

* In der Informatik werden solche Einrichtungen zum Übergeben von Werten an Funktionen als Parameter bezeichnet.

4.2 Adressen für jeden

Unser Adreßprogramm aus Abschnitt 2.2 könnten wir jetzt ändern.

```
TO ADRESSE :NAME :PLZ :ORT :STRASSE
PR "
PR :NAME
PR :STRASSE
< PR :PLZ :ORT >
PR [ ]
END
```

Jetzt ist ADRESSE für beliebige Anschriften verwendbar.

```
?
?
?ADRESSE [KLAUS MAUS] "6070 [HAUSEN] [WEGERICH 12]

KLAUS MAUS
WEGERICH 12
6070 HAUSEN

?ADRESSE [FRAU MEIER] [HAUPTSTR.10] "2000 "HAMBURG

FRAU MEIER
HAMBURG
HAUPTSTR.10 2000
```

Bei der «Frau Meier» stimmt natürlich etwas nicht. Nicht der Computer spinnt, sondern wir haben einen Eingabefehler gemacht. Die vorgesehene logische Reihenfolge der Eingabedaten haben wir nicht eingehalten. In den Container für den Transport des Straßennamens ist der Ortsname eingegeben worden, für die Postleitzahl die Straße und für die Ortsbezeichnung die Postleitzahl. Der Computer merkt so etwas nicht. Stur druckt er die Werte der Parameter gemäß Anweisung aus. Das nächste Beispiel zeigt, daß Logo ein guter Buchhalter ist und seinen Auftrag ADRESSE gut gelernt hat. Das Programm ADRESSE erwartet zwingend vier Eingaben. Wird davon nach unten abgewichen, gibt es einen entsprechenden Fehlerhinweis.

```
?ADRESSE [GERD MEIER] [1000 BERLIN] [BAHNSTR. 12]
NOT ENOUGH INPUTS TO ADRESSE
```

Weichen die Bezeichnungen der Variablen in Kopfzeile und Anweisungszeile voneinander ab, entsteht folgender Fehlerhinweis:

```
TO ADRESSE :NAME :PLZ :ORT :STRASSE
PR "
PR :NAMEN
PR :STRASSE
( PR :PLZ :ORT )
PR []
END

?ADRESSE [DIEDELICH] [HAUPTSTR.10] 6056 "HEUSENSTAM

NAMEN HAS NO VALUE IN ADRESSE:
PR :NAMEN
```

4.3 Nicht nur die Donau ist schön

Das Beispiel VERS aus Abschnitt 2.1 könnte ähnlich umgeschrieben werden, um den jeweils gewünschten Flußnamen statt der Donau auszudrukken. Im folgenden geänderten VERS haben wir den PRINT-Befehl nicht in Klammern gesetzt. Die Eingabe für PRINT soll die für uns neue Logofunktion SENTENCE (Satz) und deren Eingaben sein. SENTENCE (abgekürzt SE) bildet aus seinen Eingaben einen Satz. Dieser Satz ist eine Liste. Bei mehr als zwei Eingaben für SENTENCE müssen runde Klammern gesetzt werden. Die Eingaben für SENTENCE können Wörter oder Listen (Sätze) sein.

```
TO VERS :FLUSS
PR ( SENTENCE "DIE :FLUSS [IST SO SCHOEN] )
PR SE [DRUM WOLLEN WIR DIE] :FLUSS [SEH'N] )
END
```

Probieren wir VERS aus und geben für die Programmvariable «Fluß» einmal das Wort "MOSEL und dann den Satz [MOSEL AN DER SAAR] ein. Wir sehen, daß SENTENCE Wörter und/oder Listen als Eingaben verarbeitet.

```
?
?
?VERS "MOSEL
DIE MOSEL IST SO SCHOEN
DRUM WOLLEN WIR DIE MOSEL SEH'N
?
?
?
?VERS [MOSEL AN DER SAAR]
DIE MOSEL AN DER SAAR IST SO SCHOEN
DRUM WOLLEN WIR DIE MOSEL AN DER SAAR SEH'N
?
```

4.4 Gebäude aus verschiedenen Steinen

Abschließend wollen wir in Anlehnung an Abschnitt 2.3 die dortigen Beispiele so umgestalten, daß beim Programmaufruf jeweils noch der gewünschte Buchstabe oder Baustein angegeben werden muß. Das umdefinierte Programm KIRCHE lautet dann:

```
?PO "KIRCHE
TO KIRCHE :STEIN
PR "
PR (WORD "   :STEIN)
PR (WORD "   :STEIN "   :STEIN)
PR (WORD :STEIN "   :STEIN :STEIN :STEIN)
PR (WORD :STEIN "   :STEIN "   :STEIN)
PR (WORD :STEIN "   :STEIN "   :STEIN)
PR (WORD :STEIN "   :STEIN "   :STEIN)
PR (WORD :STEIN :STEIN :STEIN :STEIN :STEIN :STEIN
:STEIN :STEIN :STEIN)
END
```

Wir benutzen die Logofunktion WORD. Die Operation WORD hat zwei oder mehrere Eingaben. Bei mehr als zwei Eingaben müssen runde Klammern gesetzt werden. Die Eingaben für WORD dürfen nur Wörter sein. Der einzelne Buchstabe ist ebenfalls ein Wort. WORD macht aus seinen eingegebenen Wörtern eine einzige zusammenhängende Zeichenkette. Sehen wir, was KIRCHE macht und wie WORD arbeitet.

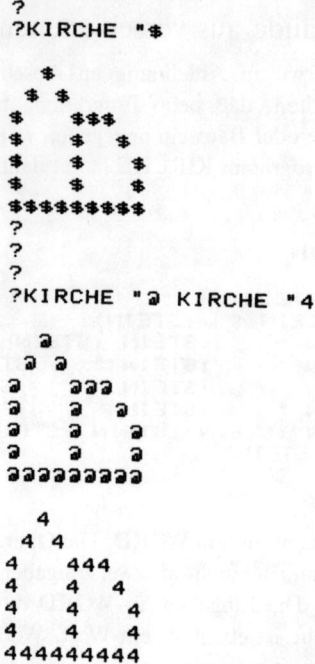

Natürlich können wir unsere Kirche besonders stabil bauen und die Mauer mit zwei Ziegelsteinen hochziehen.

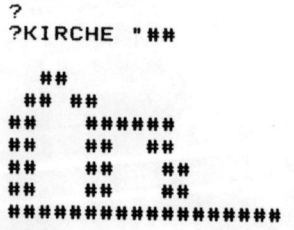

Das folgende Beispiel ist sicher übertrieben, zeigt aber, daß das Programm auch damit fertig wird, solange die Eingabe ein Wort ist.

```
?KIRCHE "ZIEGEL

  ZIEGEL
  ZIEGEL ZIEGEL
  ZIEGEL    ZIEGELZIEGELZIEGEL
  ZIEGEL    ZIEGEL  ZIEGEL
  ZIEGEL    ZIEGEL    ZIEGEL
  ZIEGEL    ZIEGEL    ZIEGEL
  ZIEGELZIEGELZIEGELZIEGELZIEGELZIEGELZIEGELZIEGELZIEGEL
```

Geben wir für die Variable statt eines Wortes eine Liste ein, so erhalten
wir den Fehlerkommentar und auch noch die Programmzeile ausgedruckt,
in der unser Programm kläglich versagte.

```
?
?
?KIRCHE [ZIEGEL]

WORD DOESN'T LIKE [ZIEGEL] AS INPUT IN KIRCHE:
PR (WORD "   :STEIN)
```

An dieser Stelle sei noch einmal daran erinnert, daß Leerzeichen mit
CTRL-Q eingegeben werden müssen. Die erste Druckzeile besteht aus zwei
Leerzeichen und dem :STEIN. Eintippen müssen wir nach WORD die
Anführungsstriche, CTRL-Q, Leerzeichen, CTRL-Q, Leerzeichen, jetzt
das Leerzeichen als Trenner (!), dann :STEIN.

4.5 Clubkarte für den KCTHS

Schule ist meistens langweilig. Der letzte EDV-Kurs wollte nicht mehr an
dem Adreßprogramm weitermachen, sondern unbedingt ein Programm für
einen Mitgliedsausweis schreiben. Das Aussehen der Clubkarte wurde
schnell als Entwurf an der Tafel skizziert. Man einigte sich über die Anzahl
der Druckzeilen und wie viele Schreibstellen jede Druckzeilen haben sollte.
Der Ausweis sollte einen Rahmen aus lauter X erhalten. Das Endprodukt
soll gleich einmal gezeigt werden.

```
XXXXXXXXXXXXXXXXXXXXXXXXXXX
X        MITGLIEDSAUSWEIS      X
X                             X
X            K.C.T.H.S.        X
X                             X
X    HEINRICH WILHELM          X
X                             X
X    BERLINER STRASSE 132      X
X                             X
X    6050 OFFENBACH            X
X                             X
X       KOTZCLUBTHEODOR        X
XXXXXXXXXXXXXXXXXXXXXXXXXXX
```

T.H.S. soll Theodor-Heuss-Schule bedeuten. Und die Abkürzung K.C. beweist, wie beliebt diese Schule ist (siehe Ausweis unten). Ganz klar, das Programm hat drei Variable für Name, Straße und Ort. Und natürlich entpuppte sich der erste Programmtest als reines Versagen des Computers. Soviel Blödheit wollte man ihm eben nicht zutrauen. Vergessen wurden die Trennzeichen zwischen den einzelnen Elementen einer Anweisungszeile, und von CTRL-Q und seiner Bedeutung redete keiner mehr. Ja, und der Randausgleich wollte überhaupt nicht funktionieren.

```
?AUSWEIS "GERHARD "SCHILLERSTR.10 "UNNA
XXXXXXXXXXXXXXXXXXXXXXXXXXX
X        MITGLIEDSAUSWEIS      X
X                             X
X            K.C.T.H.S.        X
X                             X
X  GERHARD X
X                             X
X  SCHILLERSTR.10 X
X                             X
X  UNNA X
X                             X
X       KOTZCLUBTHEODOR        X
XXXXXXXXXXXXXXXXXXXXXXXXXXX
```

Um den Randausgleich zu erreichen, einigte man sich darauf, daß jedes Datum genau mit einer Länge von 20 Zeichen eingegeben werden muß. Der Programmtest zeigte dann, daß das Ausweisprogramm endlich klappte.

```
?AUSWEIS  "01234567890123456789 "01234567
890123456789  "01234567890123456789
XXXXXXXXXXXXXXXXXXXXXXXXXX
X       MITGLIEDSAUSWEIS   X
X                         X
X          K.C.T.H.S.     X
X                         X
X    01234567890123456789 X
X                         X
X    01234567890123456789 X
X                         X
X    01234567890123456789 X
X                         X
X       KOTZCLUBTHEODOR    X
XXXXXXXXXXXXXXXXXXXXXXXXXX

?AUSWEIS  "GERHARD\ \ \ \ \ \ \ \ \ \ \ \
      \  "SCHILLERSTR.10\ \ \ \ \ \ \   "UNNA\ \
      \ \ \ \ \ \ \ \ \ \ \
XXXXXXXXXXXXXXXXXXXXXXXXXX
X       MITGLIEDSAUSWEIS   X
X                         X
X          K.C.T.H.S.     X
X                         X
X  GERHARD                X
X                         X
X  SCHILLERSTR.10         X
X                         X
X  UNNA                   X
X                         X
X       KOTZCLUBTHEODOR    X
XXXXXXXXXXXXXXXXXXXXXXXXXX
```

Abschließend erwärmte man sich für die Herstellung eines Clubkarten-vordrucks, der erst später vom Schriftführer des KCTHS für die Mitglieder ausgefüllt werden sollte.

```
?AUSWEIS  "....................  ".........
.........." ...................
XXXXXXXXXXXXXXXXXXXXXXXXXX
X       MITGLIEDSAUSWEIS   X
X                         X
X          K.C.T.H.S.     X
X                         X
X  ...................    X
X                         X
X  ...................    X
X                         X
X  ...................    X
X                         X
X       KOTZCLUBTHEODOR    X
XXXXXXXXXXXXXXXXXXXXXXXXXX
```

Natürlich benutzte man dann die REPEAT-Funktion, um zwanzig Formulare als Edelkopie zu erzeugen. Abschließend folgt der Programmausdruck. Das Leerzeichenproblem mit CTRL-Q und die Trennfunktion des Leerzeichens muß ja wohl nicht mehr erwähnt werden, oder?

```
TO AUSWEIS :NAME :STR :ORT
PR [XXXXXXXXXXXXXXXXXXXXXXXXX]
PR [X      MITGLIEDSAUSWEIS    X]
PR [X                          X]
PR [X          K.C.T.H.S.      X]
PR [X                          X]
PR <WORD "X     :NAME " X>
PR [X                          X]
PR <WORD "X     :STR " X>
PR [X                          X]
PR <WORD "X     :ORT " X>
PR [X                          X]
PR [X       KOTZCLUBTHEODOR    X]
PR [XXXXXXXXXXXXXXXXXXXXXXXXX]
END
```

4.6 Zusammenfassung und Übungen

1. Druckprogramme und beliebige Funktionen können jeweils beliebig vorgegebene Daten verarbeiten, ohne daß das Programm geändert werden muß. Dies wird durch Funktionseingaben (Parameter, Variable) erreicht.

2. Beim Programmstart werden nach dem Programmnamen eine oder mehrere Daten (Wörter oder Listen) eingegeben. Diese Daten werden zum Inhalt entsprechend vorgesehener Datenbehälter in der Programmkopfzeile, die dann innerhalb der nachfolgenden Anweisungszeilen wie angegeben verarbeitet werden.

3. Parameter sind mit Containern (Behältern) vergleichbar, die erst beim Programmaufruf mit einem aktuellen Inhalt gefüllt werden. Bei der Programmerstellung werden mit den Bezeichnungen für diese Container Logoanweisungen zusammengestellt. Solch ein Parameter wird in der Kopfzeile und den nachfolgenden Anweisungszeilen äußerlich identisch benutzt. Solch ein Parameter hat zuerst einen Doppelpunkt und unmittelbar danach die Bezeichnung in Form einer beliebigen Zeichenkette.

4. Nach dem Eingeben von TO und dem nachfolgenden Programmnamen (Funktionsnamen) können beliebig viele Parameter angegeben werden.

5. Wird beim Aufruf einer Funktion mit Parametern einer der Container nicht mit Inhalten gefüllt, so wird dieses Programm nicht ausgeführt, gefolgt vom Fehlerkommentar «...NEEDS MORE INPUTS» (benötigt weitere Eingaben).

6. Weichen die Containerbezeichnungen in Kopfzeile und Anweisungszeile voneinander ab, meldet Logo, daß ihm unter dieser Bezeichnung kein Inhalt vorliegt (...HAS NO VALUE).

Neue Logovokabeln:

SENTENCE (SE)
(SENTENCE...)
(SE...)
(WORD...)

Aufgaben

1. Erstelle ein Adreßschreibprogramm mit Namen ETIKETT, das neben der Anschrift noch eine Variable für die Telefonnummer und die Anzahl der zu wiederholenden Etiketten vorsieht. Benutze hierzu das geänderte Programm ADRESSE. Dieses Programm soll innerhalb von ETIKETT in Verbindung mit dem REPEAT-Befehl aufgerufen werden.

2. Entwerfe einen standardisierten Kurzbrief, der beliebige Personen zu einer beliebigen Veranstaltung einlädt. Das Programm soll folgende Variable enthalten: Briefdatum, Adreßdaten, Veranstaltungsbezeichnung (Einladung). Die angeschriebenen Teilnehmer sollen im Brief jeweils mit «Sehr geehrter Herr...» oder «Sehr geehrte Frau...» angeredet werden. Hierfür muß ebenfalls eine Variable vorgesehen werden.

3. Erstelle eine Kirche, die aus drei verschiedenen Baumaterialien zusammengesetzt wird. Unterschiedliche Baumaterialien sollen für das Turmkreuz, das Mauerwerk und die Fenster verwendet werden.

5
Ein Ausflug ins Grafische

Die Broschüren der Logohersteller bieten alle eine kleine Einführung in Logo mittels der Turtlegrafik. Diese Beschreibungen sind recht anschaulich und bieten viele einfache und interessante Beispiele. Daher wollen wir uns mit einem Abschnitt über Grafik begnügen und unbefangen einfach loslegen. Wir sind fast schon im Grafikland der Turtle eingetroffen. Nur noch eine Erklärung. Die Turtle (Schildkröte) ist ein Cursor in Form eines Dreiecks. Dieses Dreieck ist in allen Richtungen verschiebbar und beliebig drehbar.

5.1 Erster Spaziergang über den Bildschirm

Wir finden hier eine willkürliche Auswahl und Abfolge von Grafikbefehlen, die wir einfach ablesen und eintippen. Wir sehen dann schon, was passiert. Es muß nicht groß erklärt werden. Neben den einzelnen Befehlen stehen kleingedruckt kurze Erklärungen. Wir sollten jederzeit nach Lust und Laune von den Vorgaben abweichen und den vorgegebenen Wanderweg verlassen.

?FD 40	....	VORWAERTS UM 40 SCHRITTE
?RT 45	....	NACH RECHTS UM 45 GRAD DREHEN
?FD 60	....	VORWAERTS UM 60 SCHRITTE
?BK 30	....	ZURUECK UM 30 SCHRITTE
?LT 90	....	NACH LINKS UM 90 GRAD DREHEN
?FD 40	....	VORWAERTS UM 40 SCHRITTE
?BK 100	....	ZURUECK UM 100 SCHRITTE
?CIRCLER 30	....	RECHTSKREIS MIT RADIUS VON 30
?SETPOS [0 0]	....	GEH ZUM PUNKT (X=0; Y=0)
?BK 30	....	ZURUECK UM 30 SCHRITTE
?LT 90	....	NACH LINKS UM 90 GRAD DREHEN
?FD 40	....	VORWAERTS UM 40 SCHRITTE
?ARCR 50 40	....	RECHTSKURVE (R=50; 40 GRAD)
?ARCR 20 180	....	RECHTSKURVE (R=20; 180 GRAD)

```
?LT 130         .......  NACH LINKS UM 130 GRAD DREHEN
?FD 60          .......  VORWAERTS UM 60 SCHRITTE
?CIRCLEL 20     .......  LINKSKREIS MIT RADIUS VON 20
?ARCL 100 40    .......  LINKSKURVE (R=100; 40 GRAD)
?PU             .......  STIFT HOCH;(NICHT ZEICHNEN)
?HOME           .......  ZURUECK ZUM AUSGANGSPUNKT
?PD             .......  STIFT AB (WIEDER MITZEICHNEN)
```

Nach dem Eintippen von FD 40 geht der Bildschirm in einen anderen Zustand über. Oben ist der Bereich für Grafik und unten Platz für vier Textzeilen, damit wir die eingetippten Anweisungen gut verfolgen können und nicht vollkommen hilflos auf die Tasten hämmern.

Nachdem wir FD 40, RT 45 FD 60 und BK 30 eingetippt haben, sehen wir auf dem Schirm folgendes:

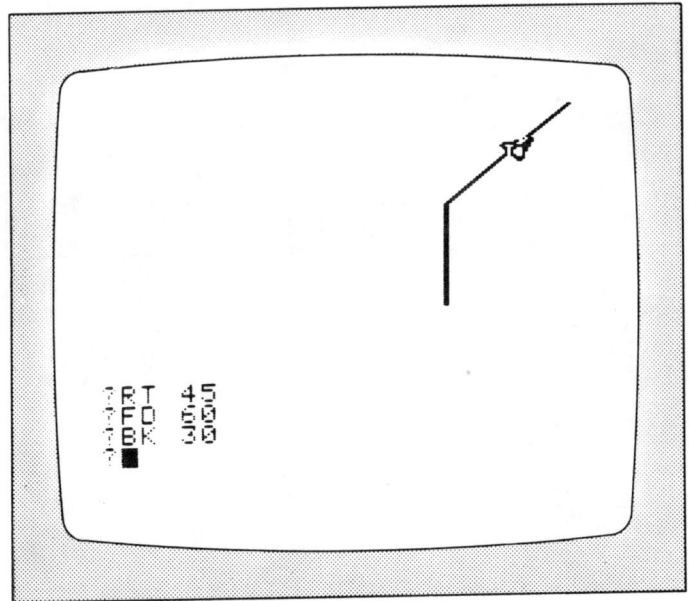

Nach weiteren vier Anweisungen sieht es dann so aus:

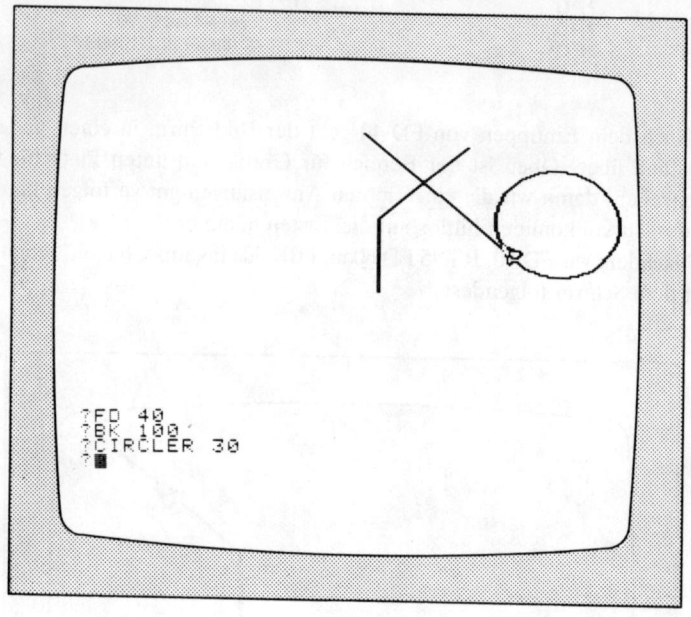

Haben wir alle Anweisungen eingehalten und unseren Lehrpfad nicht verlassen, zeigt der Schirm folgende Striche, Kreise und Kreisbögen:

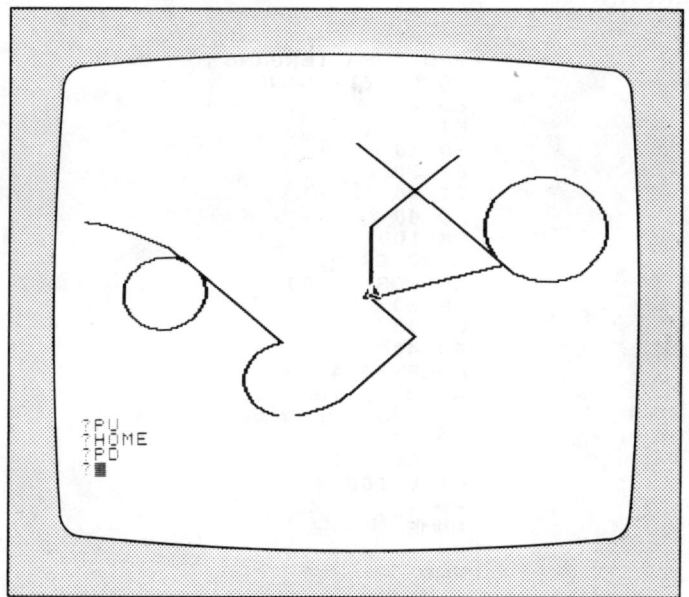

Wir können natürlich auch eigene Programme schreiben, die Grafikanweisungen enthalten. Alle obigen Anweisungen hätten wir unter dem Programm SPAZIERGANG zusammenfassen können. Löschen wir nun den Bildschirm mit CLEARSCREEN (abgekürzt CS) und rufen SPAZIERGANG auf.

```
?PO "SPAZIERGANG
TO SPAZIERGANG
FD 40
RT 45
FD 60
BK 30
LT 90
FD 40
BK 100
CIRCLER 30
SETPOS [0 0]
BK 30
LT 90
FD 40
ARCR 50 40
ARCR 20 180
LT 130
FD 60
CIRCLEL 20
ARCL 100 40
PU
HOME
PD
END
```

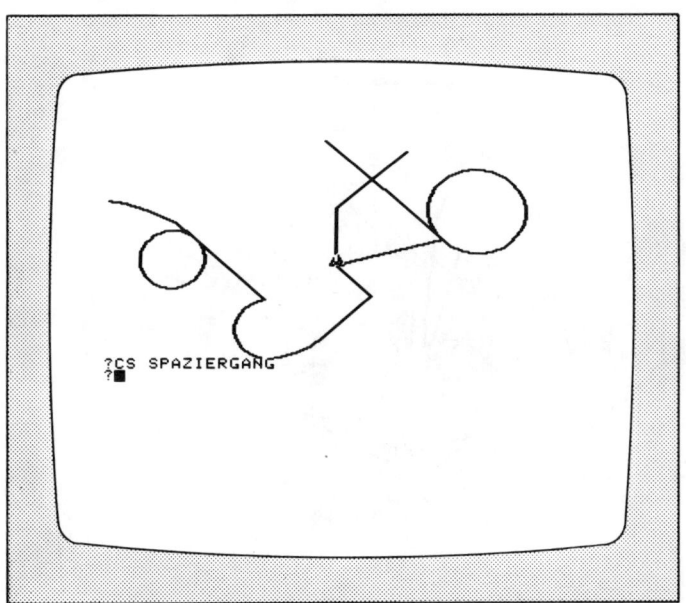

In der vorletzten Programmzeile steht der Befehl HOME, der die Turtle
in die Ausgangsposition bringt. In diesem Zustand ist die Turtle genau nach
oben ausgerichtet. Drehen wir nun die Turtle jeweils um 10 Grad weiter
nach rechts und rufen erneut SPAZIERGANG auf. Anschließend drehen
wir die Turtle um zusätzliche 10 Grad weiter und so fort.

```
?
?CLEARSCREEN
?SPAZIERGANG


?RT 10 SPAZIERGANG
?RT 20 SPAZIERGANG
?RT 30 SPAZIERGANG
?RT 40 SPAZIERGANG
?RT 50 SPAZIERGANG


?FULLSCREEN
?
```

Der Schirm zeigt dann dieses Bild:

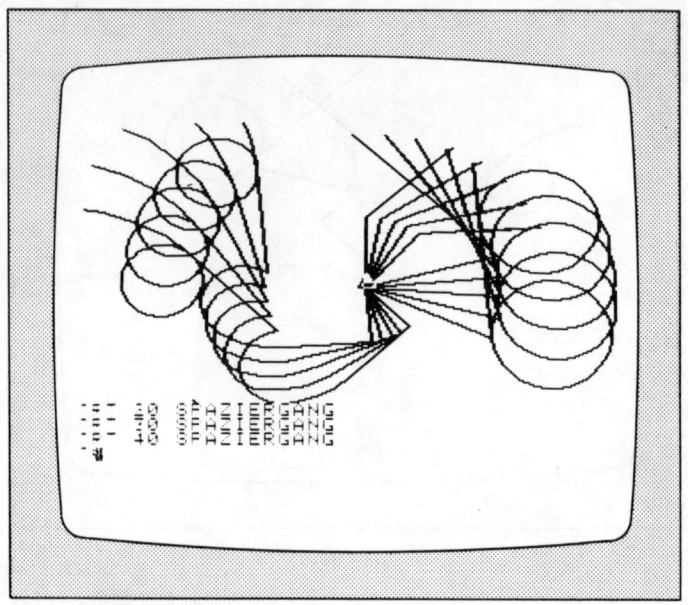

Im Bereich der Textzeilen geht ein Teil der Grafik verloren. Doch wir können uns einfach helfen und bestimmen den ganzen Schirm für die Grafik. FULLSCREEN erledigt das für uns.

5.2 Gebäude schrumpfen und wachsen

Wir könnten jederzeit beliebige Figuren auf dem Schirm mit den vorgestellten Befehlen zeichnen. Mit etwas Fantasie lassen sich alle möglichen Gebilde aus geometrischen Figuren und Kurven komponieren. Im folgenden zeigen wir einen Turm und ein Kirchenschiff.

```
TO KIRCHE
TURM
SCHIFF
END
```

```
TO  TURM
FD  70
RT  30
FD  30
RT  120
FD  30
RT  30
FD  70
HOME
END

TO  SCHIFF
RT  90
FD  30
LT  90
FD  56
RT  90
FD  25
RT  50
FD  40
RT  40
FD  25
HOME
END
```

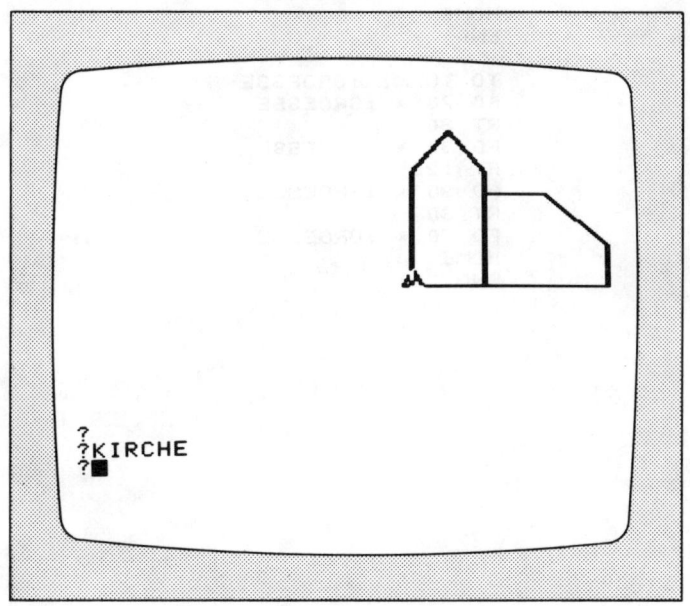

Grafik macht noch mehr Spaß, wenn wir jetzt unser Wissen über Funktionseingaben anwenden und die Zahlenwerte zu den einzelnen Grafikanweisungen beliebig ändern. Die wildesten Möglichkeiten eröffnen sich da. Im folgenden wollen wir nur die Geradeausbewegungen veränderlich gestalten und die Gradangaben konstant halten. Wir helfen uns mit wenig Aufwand und multiplizieren die jeweilige Zahl mit einer Variablen:

```
TO KIRCHE1 :GROESSE
TURM1 :GROESSE
SCHIFF1 :GROESSE
END

TO SCHIFF1 :GROESSE
RT 90
FD 30 * :GROESSE
LT 90
FD 56 * :GROESSE
RT 90
FD 25 * :GROESSE
RT 50
FD 40 * :GROESSE
RT 40
FD 25 * :GROESSE
HOME
END

TO TURM1 :GROESSE
FD 70 * :GROESSE
RT 30
FD 30 * :GROESSE
RT 120
FD 30 * :GROESSE
RT 30
FD 70 * :GROESSE
HOME
END
```

Spielen wir ein wenig mit unserem neuen Programm:

Mit der Zahl 2 als Eingabe für die Größe gibt es Schwierigkeiten. Wir müßten den Ausgangspunkt für die Turtle irgendwo nach links unten verlegen. Die Funktion hierzu könnte lauten:

```
TO AUSGANGSPUNKT :POS
SETPOS :POS
SETH 360
END
```

SETH bedeutet in Langform SETHEADING, das heißt, die Turtle richtet sich gemäß der angegebenen Himmelsrichtung aus. Die Himmelsrichtung wird in Grad der Kompaßrose angegeben. Hier soll die Turtle genau nach Norden zeigen.

Testen wir einen AUSGANGSPUNKT mit verschiedenen Werten. Die
Eingabe muß jeweils eine Liste sein. Der Schirmmittelpunkt entspricht
[00]. [−100 −95] ist ein guter Wert. Die Schirmeinteilung sollte im Herstellerhandbuch nachgesehen werden. Ändern wir also noch unser Kirchenpro-
gramm und bauen den Ausgangspunkt ein:

```
TO KIRCHE1 :GROESSE :POS
PU AUSGANGSPUNKT :POS PD
TURM1 :GROESSE
SCHIFF1 :GROESSE
END


TO TURM1 :GROESSE
FD 70 * :GROESSE
RT 30
FD 30 * :GROESSE
RT 120
FD 30 * :GROESSE
RT 30
FD 70 * :GROESSE
AUSGANGSPUNKT :POS
END


TO SCHIFF1 :GROESSE
RT 90
FD 30 * :GROESSE
LT 90
FD 56 * :GROESSE
RT 90
FD 25 * :GROESSE
RT 50
FD 40 * :GROESSE
RT 40
FD 25 * :GROESSE
AUSGANGSPUNKT :POS
END
```

Die erste Anweisungszeile in KIRCHE1 ist vielleicht irritierend. Doch
auf dem Weg zum Ausgangspunkt soll die Turtle keine Spur hinterlassen.
Daher müssen wir den Zeichenstift vorher abheben und dann wieder nach
Erreichen der Position aufsetzen. Jetzt probieren wir mal die Größe 2 und
andere Werte aus, wenn der Ausgangspunkt links unten liegt. Wir können
jetzt natürlich auch unsere Kirche auf dem Schirm hin- und herschieben:

```
?KIRCHE1 2 [-100 -95]
?KIRCHE1 1.8 [-100 -95]
?KIRCHE1 .7 [-100 -95]
```

```
?KIRCHE1 1.8 [-100 -95]
?KIRCHE1 .3 [-100 -95]
?KIRCHE1 .7 [0 25]
?KIRCHE1 .6 [30 -10]
```

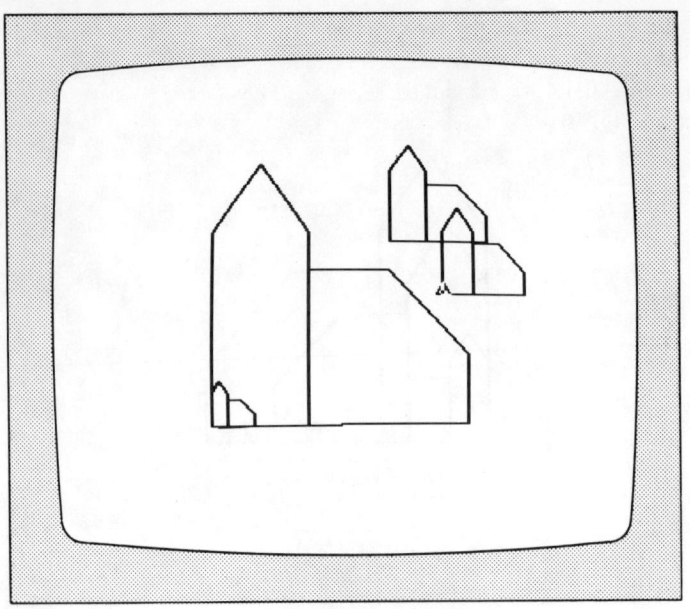

5.3 Astronebel

Tolle Effekte lassen sich erreichen, wenn wir Zeichnungen sich drehen lassen. Im Abschnitt 5.1 hat sich das schon angedeutet. Entwerfen wir schnell solch ein Drehprogramm und lassen mal unseren Kirchturm rotieren. Die einfachste Methode ist ein Programmentwurf, bei dem sich das Programm immer wieder bis in alle Ewigkeit selbst aufruft. In TURM1 haben wir in der letzten Zeile wieder HOME eingesetzt.

```
TO DREH :GRAD :FAKTOR
TURM1 1
RT :GRAD * :FAKTOR
DREH :GRAD :FAKTOR + 1
END
```

Mit der Variablen :GRAD wählen wir die Turtledrehung nach jedem
Zeichendurchgang vor. Mit dem Vervielfacher :ZAHL wird dann einfach
beim erneuten Aufruf vom DREH der Wert für :GRAD die Werte von zum
Beispiel 15, 30, 45, . . . annehmen.

```
?
?CLEARSCREEN
?DREH 15 1
?
```

Wir könnten natürlich eine noch schönere Kirche bauen. Zuerst wird ein
großes Kirchenschiff entworfen, und dann werden solche Drehfiguren als
Ornamente auf den Fassaden angebracht.

Als Abschluß wollen wir den ersten Schirmspaziergang auch einmal
rotieren lassen. DREH wird genauso aufgerufen, doch in DREH lassen wir
in der zweiten Zeile SPAZIERGANG ablaufen.

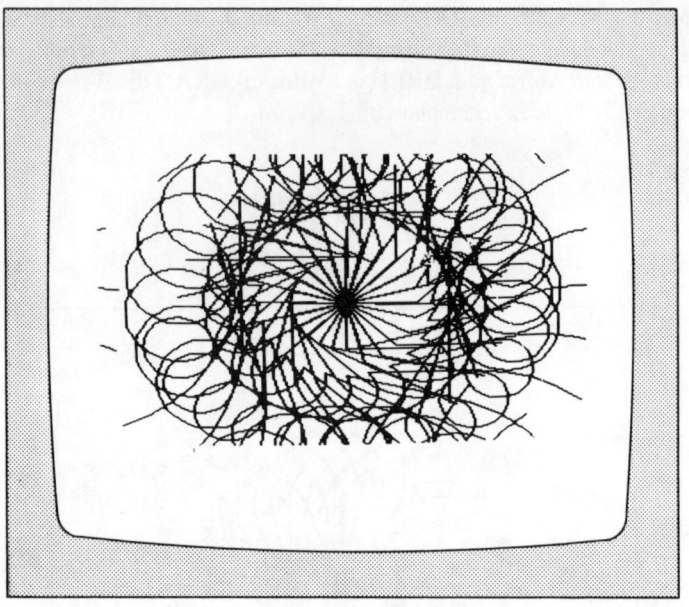

5.4 Zusammenfassung und Übungen

1. Die Turtle oder Schildkröte läßt sich auf dem Bildschirm in jede Richtung bewegen. Sie läßt sich nach links oder rechts drehen, geht vorwärts oder rückwärts, läßt sich an beliebige Stellen des Bildschirms versetzen... Die Turtle wird symbolisch durch ein Dreieck dargestellt. Die Dreieckspitze zeigt die Ausrichtung (Blickrichtung) an, in der die Turtle sich beim Vorwärtsbefehl bewegen würde.
2. Bei jeder Bewegung der Turtle wird eine Spur hinterlassen. Das Zeichnen dieser Spur kann unterdrückt werden. Das ist sinnvoll, wenn man einzelne isolierte Figuren auf den Bildschirm zeichnen will.
3. Wird wiederholt mit Grafik gearbeitet, ist es sinnvoll, vorher den Bildschirm zu löschen (CLEARSCREEN).
4. Beim Arbeiten mit der Turtle befindet sich der Bildschirm in einem zweigeteilten Zustand. Auf der unteren Schirmhälfte ist Platz zum Aufzeigen von vier eingetippten Anweisungszeilen. Wünscht man den

gesamten Bildschirm als Abbildungsfläche für Grafik, muß der Befehl FULLSCREEN eingetippt werden.

5. Neben den Richtungsänderungen und den Vor- und Rückbewegungen kann die Turtle auch Kreisbögen und Vollkreise zeichnen.

6. Beliebige Grafikbefehle lassen sich zu Programmen zusammenfassen, indem man sie in benutzerdefinierte Funktionen einbindet. Zum Experimentieren ist es sinnvoll, nicht konstante Zahlen als Eingaben für die Grafikbefehle zu nehmen, sondern Variable vorzusehen.

7. Interessante Effekte lassen sich erreichen, indem man Figuren und Abbildungen in der Größe verändert, Mehrfachabbildungen auf dem Bildschirm produziert oder diese Figuren sich drehen läßt.

8. Mit TEXTSCREEN verläßt man den Grafikmodus und hat den Normalschirm.

Neue Logovokabeln:

FORWARD (FD)	HOME
RIGHT (RT)	PENDOWN (PD)
BACK (BK)	CLEARSCREEN (CS)
LEFT (LT)	FULLSCREEN
CIRCLER	SETHEADING (SETH)
ARCR	SETPOS
CIRCLEL	TEXTSCREEN
ARCL	SETSCRUNCH
PENUP (PU)	(in Verbindung mit Übungen)

Aufgaben

1. Erstelle ein Programm, das Quadrate mit veränderlichen Seitenlängen zeichnet.
2. Erstelle ein Programm, das variable gleichseitige Dreiecke zeichnet.
3. Lasse unterschiedlich große liegende Achten zeichnen.
4. Zeichne veränderliche Kreisausschnitte (Tortenstücke).
5. Erstelle ein Punkt-Komma-Strich-Mondgesicht mittels der bisherigen Figuren.
6. Zeichne verschieden große Figuren unter Verwendung der bisherigen Programme an verschiedenen Stellen des Bildschirms.
7. Wie viele Schritte kann die Turtle vom Mittelpunkt aus nach oben, unten, links und rechts gehen, bis sie den Bildschirmrand berührt?
8. Die Anweisung SETSCRUNCH staucht oder streckt Abbildungen auf dem Bildschirm. Das Abbildungsverhältnis aus Vertikalschritt zu Hori-

zontalschritt wird durch SETSCRUNCH festgelegt. Die eingegebene Zahl nach SETSCRUNCH liegt meistens im Bereich zwischen 0.8 und 1.2, abhängig vom jeweiligen Bildschirm, damit ein Kreis tatsächlich rund ist. Experimentiere mit SETSCRUNCH und geänderten Werten, um die Wirkung zu erkennen. Quadrate werden zu Rechtecken, Kreise zu Ellipsen usw.

9. Ändere die Aufgaben 1 und 2 in der Weise, daß sich die geometrische Figur nicht mehr schließt, indem jede zu zeichnende Seite immer ein kleines Stückchen länger gemacht wird. Die Drehungen aber dabei nicht ändern. (Hinweis: Dies macht man am einfachsten, indem sich das Programm selbst aufruft mit jeweils geänderten Eingaben.)

10. Drehe Figuren aus den obigen Aufgaben entsprechend dem Programm DREH aus Abschnitt 5.3.

6
Wir benutzen den Drucker und speichern Programme auf Disketten

Wir möchten unsere Arbeit auf Papier ausdrucken und manche Programme auf einer Diskette speichern, um zu einem späteren Zeitpunkt diese Programme wieder in den Arbeitsspeicher des Computers einzulesen und erneut zu verwenden.

Der Drucker wird mit dem Befehl aktiviert:

.PRINTER 1

Alles, was wir jetzt eintippen und alle Datenausgaben werden gedruckt.

Abgeschaltet wird der Drucker mit:

.PRINTER 0

Die Schreibbreite eines Druckers kann größer als 40 Zeichen pro Zeile sein. Das ist angenehm, da manche Logozeile länger als eine Bildschirmzeile ist. Beim Apple-Matrix-Drucker wird der Drucker auf 80 Zeichen pro Zeile eingestellt, indem wir nach dem Aktivieren des Druckers folgende Anweisung eintippen:

PR WORD CHAR 9 "80N

Hiermit werden Steuerzeichen für den Drucker ausgegeben, was uns an dieser Stelle nicht weiter interessieren soll.

Den gesamten Arbeitsspeicher können wir auf Diskette speichern. Dies erledigt der Befehl SAVE. Wir müssen nur noch einen Namen für das Gespeicherte vergeben, damit es entsprechend auf der Diskette katalogisiert werden kann.

SAVE "GERHARD

Tippen wir jetzt den Befehl CATALOG ein, so wird das Inhaltsverzeichnis der Diskette ausgegeben, und die Eintragung "GERHARD müßte im Inhaltsverzeichnis aufgenommen worden sein.

Mit dem LOAD-Befehl lesen wir Inhalte der Diskette in den Arbeitsspeicher des Computers ein.

LOAD "GERHARD

Dateien werden auf der Diskette mit dem Befehl ERASEFILE gelöscht.

ERASEFILE "GERHARD

Besteht bereits eine Datei unter dem mit SAVE eingegebenen Namen, wird der SAVE-Vorgang nicht ausgeführt. Die alte Datei ist somit geschützt. Wollen wir wirklich diesen Dateinamen benutzen, so müssen wir vorher die Datei auf der Diskette mit ERASEFILE löschen. Daran müssen wir also bei Programmkorrekturen und ihrer Rückspeicherung denken.

7
Selbstdefinierte Operationen

7.1 Output muß immer dabei sein

Wir kennen bereits eine Fülle von Logooperationen. Beispielsweise FIRST, BUTFIRST, EMPTYP, COUNT und einige Rechenoperationen und Vergleichsoperationen. In Abschnitt 1.3 haben wir Operationen miteinander verknüpft. Im Gegensatz zu einem Befehl liefert eine Operation immer ein Ergenis ab. Das abgelieferte Ergebnis einer Operation wird Eingabe eines Befehls oder einer anderen Operation. Das folgende Beispiel kennen wir bereits:

```
?
?
?PRINT FIRST BF BF [ICH DU ER SIE ES]
ER
```

Diese Anweisungszeile druckt das dritte Element einer Liste aus. Die Anweisungszeile könnten wir zum Inhalt eines kleinen Druckprogramms machen.

```
TO DR.DRITTES :LISTE
PRINT FIRST BF BF :LISTE
END

?DR.DRITTES [ICH DU ER SIE ES]
ER
```

Dieses Programm ist somit ein benutzerdefinierter Befehl, da hier ein PRINT-Befehl vorkommt. Doch DR.DRITTES ist keine Operation. Es liefert das ermittelte dritte Element der Liste nicht weiter, sondern druckt es aus. Statt PRINT müssen wir eine andere Logofunktion einsetzen, damit eine Operation entsteht. Wir müssen OUTPUT einsetzen.

Testen wir gleich einmal DRITTES. Die jeweilige Computerantwort wird in kleineren Schrifttypen wiedergegeben.

```
TO DRITTES :LISTE
OUTPUT FIRST BUTFIRST BUTFIRST :LISTE
END

?PRINT DRITTES [ICH DU ER SIE ES]
ER

?PRINT FIRST DRITTES [ICH DU ER SIE]
E

?DRITTES [ICH DU ER SIE ES]
I DON'T KNOW WHAT TO DO WITH ER IN DRITTES
```

Anhand der Beispiele sehen wir, daß DRITTES eine Operation ist, die sich mit anderen Logooperationen verketten läßt. Wird das abgelieferte Ergebnis von DRITTES nicht zur Eingabe eines Befehls, kommt der typische Fehlerkommentar «I DON'T KNOW WHAT TO DO WITH...».

Als nächstes definieren wir eine zweite Benutzeroperation und wollen testen, ob sich auch selbstdefinierte Operationen miteinander verketten lassen. Erstellen wir eine Operation, die jeweils die ersten drei Elemente der Eingabe entfernt.

```
TO 3WEG :OBJEKT
OUTPUT BF BF BF :OBJEKT
END

?
?PRINT 3WEG [ICH DU ER SIE ES]
SIE ES

?PRINT 3WEG "FRANKFURT
NKFURT

?PR 3WEG DRITTES [ICH DU FRANKFURT ER]
NKFURT

?PRINT COUNT 3WEG [A B C D E F G]
4

?PR BF BF 3WEG DRITTES [A B HAHAHI]
I
```

Im folgenden stellen wir einige Operationen in Form von Aufgaben vor, wobei neben der Aufgabe die Operation schematisch mit einem Eingabebeispiel gezeigt wird. Anschließend wird jede Operation aufgelistet und getestet.

1. Schreibe eine Operation, die vom eingegebenen Wort die ersten beiden Buchstaben liefert.

```
TO ZWEIZCHN :WORT
OUTPUT WORD FIRST :WORT FIRST BF :WORT
END

?PR ZWEIZCHN "WORT
WO
```

2. Schreibe eine Operation, die das eingegebene Wort vervierfacht liefert.

```
TO VIERFACH :WORT
OP (WORD :WORT :WORT :WORT :WORT)
END

?PR VIERFACH "DU
DUDUDUDU
```

3. Schreibe eine Operation, die die eingegebene Zahl quadriert.

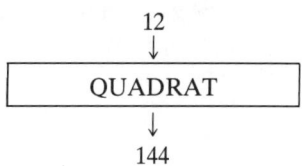

```
TO QUADRAT :ZAHL
OUTPUT :ZAHL * :ZAHL
END

?PR QUADRAT 12
144
```

4. Schreibe eine Operation, die einen eingegebenen Pfennigbetrag in DM umwandelt.

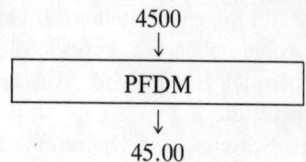

```
TO PFDM :PF
OP (WORD BL BL :PF ". LAST BL :PF LAST :
PF)
END

?PR PFDM 12345
123.45
```

5. Schreibe eine Operation, die die beiden
Wörter einer zweielementigen Liste zu
einem Wort zusammensetzt.

```
TO KLEBEN :LISTE
OUTPUT WORD FIRST :LISTE LAST :LISTE
END

?PR KLEBEN [KOCH TOPF]
KOCHTOPF
```

6. Schreibe eine Operation, die die zwei
eingegebenen Wörter zu einem Wort
zusammensetzt.

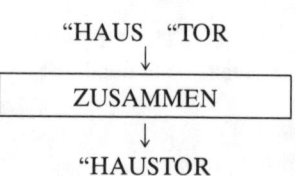

```
TO ZUSAMMEN :WORT1 :WORT2
OUTPUT WORD :WORT1 :WORT2
END

?PR ZUSAMMEN "HAUS "TOR
HAUSTOR
```

7. Schreibe eine Operation, die die zwei eingegebenen Wörter in eine zweielementige Liste umwandelt.

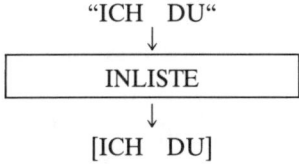

```
TO INLISTE :WORT1 :WORT2
OUTPUT SENTENCE :WORT1 :WORT2
END


?PR INLISTE "ICH "DU
ICH DU
?PR LISTP INLISTE "ICH "DU
TRUE
?PR COUNT INLISTE "ICH "DU
2
```

8. Schreibe eine Operation, die von den drei eingegebenen Listen die ersten Buchstaben jedes ersten Wortes in der Liste zu einem Wort zusammenfügt.

```
TO DREIZCHN :L1 :L2 :L3
OUTPUT (WORD FIRST FIRST :L1 FIRST FIRST
 :L2 FIRST FIRST :L3)
END


?PR DREIZCHN [A B C] [ICH DU] [WER DA]

AIW
```

Wie schon erwähnt, können wir natürlich die selbstdefinierten Operationen beliebig miteinander verketten. Das geht nur so lange gut, wie die Zusammensetzung sinnvoll ist und die einzelnen Operationen definitionsgemäße Eingaben erhalten. VIERFACH darf keine Listen als Eingabe haben. ZWEIZCHN muß mindestens ein Wort mit zwei Buchstaben als Eingabe haben usw. Sehen wir uns gleich mal einige mögliche Verkettungen an. Zum Schluß erzeugen wir einige Fehler, damit wir typische Fehlermeldungen sehen.

```
?
?
?PR QUADRAT QUADRAT QUADRAT 12
429981696

?PR ZUSAMMEN "HAUS QUADRAT 12
HAUS144


?
?PR VIERFACH ZWEIZCHN ZUSAMMEN QUADRAT
3 QUADRAT 12
91919191


?PR KLEBEN []
FIRST DOESN'T LIKE [] AS INPUT:
JUST BEFORE LEAVING KLEBEN


?PR ZWEIZCHN [WORT]
FIRST DOESN'T LIKE [] AS INPUT:
JUST BEFORE LEAVING ZWEIZCHN


?PR ZWEIZCHN "A
FIRST DOESN'T LIKE AS INPUT:
JUST BEFORE LEAVING ZWEIZCHN
```

7.2 Welches Wort darf es denn bitte sein?

Wir haben in Abschnitt 7.1 die Operation DRITTES kennengelernt. In entsprechender Weise könnten wir Operationen erstellen, wenn bei späteren größeren Aufgaben vielleicht das vierte, sechste oder neunte Element einer Liste gefragt wäre. Hierfür gibt es aber eine Logooperation mit Namen ITEM. ITEM entspricht genau der Überschrift dieses Abschnitts. Wir müssen ITEM nur noch sagen, welches Element aus welcher Liste gewünscht wird. Zuerst geben wir die entsprechende Zahl und dann die Liste ein.

```
?
?PRINT ITEM 3 [ICH DU ER SIE A B ZEH]
ER

?PRINT ITEM 7 [ICH DU ER SIE A B ZEH]
ZEH

?PRINT ITEM 5 [ICH DU ER SIE A B ZEH]
A
```

An dieser Stelle gleich noch einige Tips. Wir müssen nicht jedesmal die Anweisungszeile vollständig neu eintippen. Benutzen wir doch einfach CTRL-Y. Genau, die alte Eingabezeile erscheint, und drücken wir die RETURN-Taste, läuft das gleiche noch einmal ab. Doch wir können ja vor dem RETURN die Eingabezeile ändern und zum Beispiel die Zahl ändern oder die Liste. Also noch einmal in Abschnitt 1.4 nachsehen, falls das vergessen ist.

Die ITEM-Geschichte wollen wir zur Übung zu einer Operation mit dem Namen N.TES.ELEMENT verpacken. Ansonsten leistet sie gleiches wie ITEM. Im Prinzip deutschen wir ITEM nur ein.

```
TO N.TES.ELEMENT :WELCHES :LISTE
OUTPUT ITEM :WELCHES :LISTE
END

?PR N.TES.ELEMENT 3 [ICH DU ER SIE]
ER
```

7.3 Wir würfeln und spielen Zufall

In Wissenschaft und Technik werden viele Modelle theoretisch durchgespielt. Der Computer muß sich für solche Simulationen entsprechendes Spielmaterial selbst erzeugen. Es gibt einfache und komplizierte Operationen zum Erzeugen von Zufallszahlen. Kern solcher Zufallszahlengeneratoren ist oft eine Funktion mit Namen RANDOM (Zufall). Die Logooperation RANDOM hat immer eine Zahl als Eingabe. Die Zahl gibt den Bereich an, aus dem Zufallszahlen erzeugt werden sollen.

```
?
?PRINT RANDOM 5
3

?REPEAT 20 [TYPE RANDOM 5]
21413234242220134214?
```

Wir sehen also, daß die Eingabe 5 zu fünf Zufallszahlen führen kann. Möglich sind 0, 1, 2, 3 und 4. Die eingegebene Grenze selbst gehört nicht mehr zu einer der Zufallszahlen.

Erstellen wir einmal einen Spielwürfel, der die Punktzahlen 1 bis 6 als Möglichkeiten erzeugen soll. Die Null müssen wir irgendwie unterdrücken.

Hätten wir beispielsweise im obigen Testfall immer noch die Ziffer 1 dazugezählt, so hätten wir die Zufallszahlen von 1 bis einschließlich 5 bekommen. Diesen kleinen Trick wenden wir auch bei unserem Würfel an:

```
TO WUERFEL
OUTPUT 1 + RANDOM 6
END

?PR WUERFEL
2
?
?PR WUERFEL
4

?REPEAT 20 [TYPE WUERFEL]
33554625622143315551?
```

Wollten wir einen Wurf mit drei Würfeln aus einem Knobelbecher simulieren, brauchten wir nur die Ergebnisse dreimaligen Würfelns mit WUERFEL addieren, also:

```
TO DREIERWURF
OP (SUM WUERFEL WUERFEL WUERFEL)
END

?
?PR DREIERWURF
16

?REPEAT 10 [TYPE DREIERWURF TYPE " ]
14 13 9 12 8 14 8 3 14 11 ?
```

Man kann natürlich auch Zufallsbuchstaben oder Wörter erzeugen, indem wir Zahlen erzeugen und vom Computer den zu dieser Kodierungsnummer gehörigen Buchstaben ermitteln lassen. Sehen wir einmal im Handbuch nach und ermitteln die Kodenummern der Buchstaben A bis J:

A – 65
B – 66
C – 67
....
I – 73
J – 74

Was müssen wir an Operationen entwickeln, um fünfbuchstabige Wörter zu erzeugen, die nur aus den Buchstaben A bis J bestehen sollen?
1. Zufallszahlen für die Kodierungsnummern 65 bis 74 erzeugen.
2. Mit einer Operation den zugehörigen Buchstaben ermitteln. Dieses löst uns einfach die Logooperation CHAR (heißt Zeichen oder Buchstabe).
3. Fünf Buchstaben erzeugen und zu einem Wort zusammensetzen.

```
TO ZUFALLSWORT
OP (WORD ZCHN ZCHN ZCHN ZCHN ZCHN)
END

TO ZCHN
OUTPUT CHAR 65BIS74
END

TO 65BIS74
OUTPUT 65 + RANDOM 10
END

?
?PR ZUFALLSWORT
JBEAC

?REPEAT 6 [PRINT ZUFALLSWORT]
EJAHI
AJDFF
BCCBH
JCCFJ
DGEGH
HIAGI
```

7.4 Ein Zufallsroman

Ein Computer kann keine Gedichte oder Romane schreiben. Er kann aber aus einem bereitgestellten Vorrat von Satzteilen beliebige Kombinationen bilden, und das massenhaft. Solch ein Programm wollen wir erstellen. So ein Zufallsroman, der aus 60 zusammengewürfelten Zeilen besteht, sei gleich einmal vorgestellt:

```
DIE KLASSE PFEIFFT BESOFFEN AUF DEM BETT
FIFFI LACHT SCHNOED IM UNTERRICHT
GUNHILD SCHLAEFT TOLL IM ZELT
ER SCHLAEFT FETZEND IM KINO
DER DEPP SINGT VOLL IM UNTERRICHT
ER SITZT TOLL AUF DEM OFEN
SIE GEHT TOLL IM BETT
```

```
DETLEF PFEIFFT FETZEND IM ZELT
DETLEF PFEIFFT TOLL UNTER DER DUSCHE
DAS STADION WEINT SCHNOED IM BETT
FIFFI TANZT TOLL IM AUTO
EIN BUB SINGT GRAUSAM IM KINO
ER SCHREIBT SUESS AUF DER TENNE
DER DEPP SCHLAEFT NUECHTERN IM ZELT
FIFFI PFEIFFT SCHNOED IM ZELT
SIE SITZT BLOED IN DER SCHULE
SIE LACHT VOLL IN DER SCHULE
FIFFI GEHT FETZEND AUF DEM OFEN
ER WEINT BLOED IM AUTO
DIE KLASSE LERNT GRAUSAM IM AUTO
DIE KLASSE SCHREIBT COOL AUF DEM BETT
GUNHILD GEHT BLOED IM UNTERRICHT
DER DEPP GEHT BLOED UNTER DER DUSCHE
GUNHILD LACHT GRAUSAM IM AUTO
GUNHILD PFEIFFT TOLL IM ZELT
DER PAUKER SCHREIBT SCHNOED IM AUTO
DETLEF WEINT VOLL IM UNTERRICHT
DAS STADION PFEIFFT VOLL AUF DEM OFEN
DETLEF PFEIFFT TOLL IM BETT
DER PAUKER GEHT COOL IM AUTO
DER PAUKER SCHREIBT BESOFFEN IM BETT
DER DEPP LERNT COOL IM AUTO
ER SCHREIBT FETZEND AUF DEM OFEN
DETLEF SCHREIBT NUECHTERN IN DER SCHULE
EIN BUB LACHT SCHNOED IN DER SCHULE
ER LERNT COOL IM AUTO
SIE SCHREIBT GRAUSAM UNTER DER DUSCHE
GUNHILD SINGT TOLL AUF DEM BETT
EIN BUB GEHT FETZEND IM BETT
EIN BUB SITZT SCHNOED IM BETT
EIN BUB WEINT NUECHTERN IN DER SCHULE
ER TANZT SCHNOED IM BETT
DER DEPP SCHREIBT FETZEND IM KINO
DER DEPP LACHT TOLL AUF DEM BETT
DER PAUKER SCHREIBT COOL IM ZELT
FIFFI SCHREIBT FETZEND IM AUTO
ER SCHLAEFT VOLL IM AUTO
SIE SINGT FETZEND IM BETT
GUNHILD SCHLAEFT FETZEND IM ZELT
DER DEPP SCHREIBT SCHNOED IM KINO
EIN BUB SINGT SCHNOED IM UNTERRICHT
DER PAUKER LACHT VOLL AUF DER TENNE
DIE KLASSE WEINT GRAUSAM IM UNTERRICHT
ER SINGT NUECHTERN IM KINO
GUNHILD TANZT TOLL AUF DEM OFEN
GUNHILD PFEIFFT NUECHTERN IM BETT
DER DEPP PFEIFFT COOL AUF DER TENNE
DIE KLASSE SCHREIBT BLOED UNTER DER DUSCHE
GUNHILD LACHT FETZEND IN DER SCHULE
DIE KLASSE SCHREIBT SUESS IM BETT
```

Ein Deutschlehrer würde mit geschultem Blick feststellen, daß alle Sätze den gleichen Aufbau haben, nämlich ein Subjekt, ein Prädikat, ein Adverb und schließlich als letztes eine adverbiale Bestimmung des Ortes.

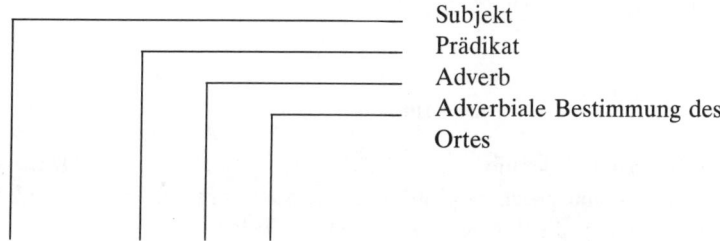

Subjekt
Prädikat
Adverb
Adverbiale Bestimmung des Ortes

Der Junge pfeift laut im Flur

Einigen wir uns darauf, daß der Computer jeweils einen Vorrat von 10 Subjekten, 10 Prädikaten usw. haben soll. Mit diesem Spielmaterial von 4 mal 10 Satzteilen soll er dann wild drauflos «dichten». Wir erzeugen somit immer wieder einen prinzipiell gleichen Zufallssatz. Mit einer REPEAT-Anweisung erledigen wir das ganz bequem:

```
TO ROMAN :ANZAHL.ZEILEN
REPEAT :ANZAHL.ZEILEN [PRINT ZUFALLSSATZ]
END
```

Die Operation ZUFALLSSATZ stellt nach obiger Regel einen einzigen Satz zusammen:

```
TO ZUFALLSSATZ
OUTPUT (SE SUBJEKT PRAEDIKAT ADVERB ORTSBESTIMMUNG)
END
```

Als nächstes betrachten wir die Operation SUBJEKT, die uns jetzt aus einem Vorrat von zehn Möglichkeiten ein Subjekt liefern müßte. Die Operation N.TES.ELEMENT und ZUFALL sind uns schon bekannt. ZUFALL liefert eine Zufallszahl zwischen 1 bis 10. Die Operation SUBJEKTLISTE liefert dann als Spielmaterial zehn Subjekte.

```
TO SUBJEKT
OUTPUT N.TES.ELEMENT ZUFALL SUBJEKTLISTE
END
```

```
TO SUBJEKTLISTE
OP [ER SIE DER DEPP DER PAUKER DETLEF GUNHILD EIN BUB DAS STADION DIE KLASSE FIFFI]
END


TO ZUFALL
OUTPUT SUM 1 RANDOM 10
END


?PR ZUFALLSSATZ
EIN BUB PFEIFFT COOL IM KINO
```

Die restlichen Operationen PRAEDIKAT, ADVERB und ORTSBE-
STIMMUNG sind gleichermaßen definiert. Somit ergeben sich folgende
von uns definierte Funktionen, die wir jetzt auflisten.

```
?POTS
ROMAN
ZUFALLSSATZ
SUBJEKT
N.TES.ELEMENT
ZUFALL
PRAEDIKAT
ADVERB
ORTSBESTIMMUNG
SUBJEKTLISTE
PRAEDIKATLISTE
ADVERBLISTE
ORTSLISTE


TO ROMAN :ANZAHL.ZEILEN
REPEAT :ANZAHL.ZEILEN [PRINT ZUFALLSSATZ]
END

TO ZUFALLSSATZ
OUTPUT (SE SUBJEKT PRAEDIKAT ADVERB ORTSBESTIMMUNG)
END

TO SUBJEKT
OUTPUT N.TES.ELEMENT ZUFALL SUBJEKTLISTE
END

TO N.TES.ELEMENT :WELCHES :DATEN
OUTPUT ITEM :WELCHES :DATEN
END

TO ZUFALL
OUTPUT SUM 1 RANDOM 10
END
```

Selbstdefinierte Operationen   85

```
TO PRAEDIKAT
OUTPUT N.TES.ELEMENT ZUFALL PRAEDIKATLISTE
END

TO ADVERB
OUTPUT N.TES.ELEMENT ZUFALL ADVERBLISTE
END

TO ORTSBESTIMMUNG
OUTPUT N.TES.ELEMENT ZUFALL ORTSLISTE
END

TO SUBJEKTLISTE
OP [ER SIE DER DEPP DER PAUKER DETLEF GUNHILD EIN BUB DAS STADION DIE KLASSE FIFFI]
END

TO PRAEDIKATLISTE
OP [PFEIFFT SINGT LACHT SCHLAEFT SITZT GEHT SCHREIBT LERNT TANZT WEINT]
END

TO ADVERBLISTE
OP [SUESS GRAUSAM VOLL TOLL BESOFFEN NUECHTERN COOL FETZEND BLOED SCHNOED]
END

TO ORTSLISTE
OP [AUF DEM BETT IN DER SCHULE IM KINO IM ZELT UNTER DER DUSCHE IM AUTO AUF DEM OFEN IM UNTERRICHT
IM BETT AUF DER TENNE]
END
```

Bevor wir nun starten, noch schnell einige Tips. Nie sind Programme fehlerfrei. In Logo hat man die bequeme Möglichkeit, jede einzelne Benutzerfunktion – ob Befehl oder Operation – isoliert auszutesten. Da wir wissen, was jede Funktion leisten soll, können wir alle einzeln durchprobieren. Unten sind einige Beispiele gezeigt, wie man es machen könnte, wenn Fehlermeldungen auf eines der selbstdefinierten Programme hinweisen. Besser ist aber immer, vorher Einzeltests zu machen. Gerade die Satzteillisten sind tückisch, da man sich mit der Anzahl verzählen kann. Es sollten ja zehn Elemente pro Liste sein. Mit COUNT läßt sich das einfach überprüfen.

```
?PR SUBJEKT
DIE KLASSE

?PR ORTSBESTIMMUNG
IM UNTERRICHT
```

```
?PR COUNT ORTSLISTE
10
?
?PR COUNT SUBJEKTLISTE
10
?PR COUNT ADVERBLISTE
10
?
?PR N.TES.ELEMENT 10 SUBJEKTLISTE
FIFFI
?
?PR ZUFALL PR ZUFALL PR ZUFALL
9
8
4
?
?PR N.TES.ELEMENT ZUFALL ORTSLISTE
AUF DER TENNE
```

Wenn wir halbwegs sicher sind, daß alles richtig ist, sollten wir jetzt eingeben:

```
ROMAN 100
```

7.5 Zusammenfassung und Übungen

1. Benutzerdefinierte Operationen funktionieren in gleicher Weise wie Operationen des Logosystems. Eine benutzerdefinierte Operation kann die Eingabe für Logobefehle oder andere Operationen sein.
2. Benutzerdefinierte Operationen lassen sich beliebig mit weiteren Benutzeroperationen oder Logosystemoperationen verketten.
3. Die Operationseigenschaft einer Benutzerfunktion wird erreicht, indem das Ergebnis der Verarbeitung mit OUTPUT abgeliefert wird. Damit ist auch der Ablauf der Operation beendet.

Neue Logovokabeln:

OUTPUT
ITEM
RANDOM
SUM
(SUM...)
CHAR

Aufgaben

1. Berechne den Flächeninhalt von Rechtecken.

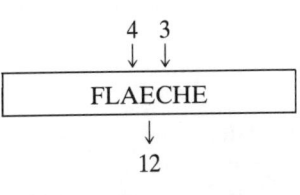

2. Erstelle eine Operation, die den Mittel-
   wert seiner beiden eingegebenen Zahlen bildet.

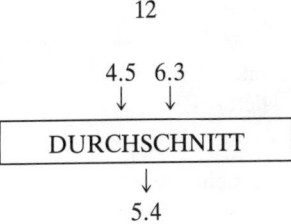

3. Lasse durch eine Operation die beiden
   Elemente einer zweielementigen Liste
   gegeneinander austauschen.

4. Erstelle eine Operation, die von Eigen-
   schaftswörtern den Komperativ bildet.

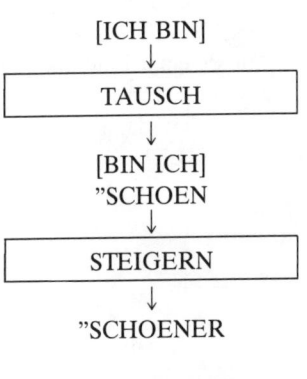

5. Erstelle eine Operation, die jeweils die
   letzten drei Elemente (Wörter) einer
   Liste nimmt und aus den jeweils letzten
   Buchstaben eine Liste bildet.

6. Bilde eine Operation, die eine Lotto-
   zahl erzeugt (eine Zahl von 1 bis 48).

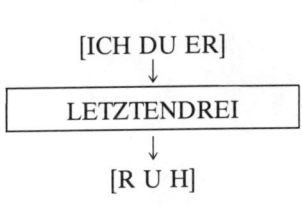

88   *Selbstdefinierte Operationen*

7. Bilde eine Operation, die eine fünfstellige Zufallszahl erzeugt.

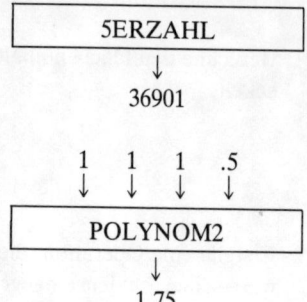

8. Erstelle eine Operation, die für beliebige Polynome 2. Grades ($y = Ax^2 + Bx + C$) den y-Wert abhängig vom x-Wert und den eingegebenen Koeffizienten liefert.

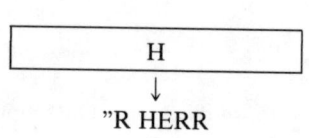

9. Erstelle eine Operation F und H für Aufgabe 3 in Kapitel 4, um beim Programmaufruf von BRIEF für die Eingabe :ANREDE jeweils nur F für die Anrede einer Frau und H für die Anrede eines Herrn eintippen zu müssen. Wie lautet dann der Programmaufruf von BRIEF?

8
Falsch oder Wahr-Prüfwörter

8.1 Prüfwörter in Logo

Häufig müssen wir in Programmen Daten inhaltlich überprüfen. Eine solche Prüfung hat immer eine von den beiden Möglichkeiten "TRUE oder "FALSE (wahr oder falsch) als Ergebnis.

```
?PRINT EMPTYP "TASSE
FALSE
?PRINT EMPTYP [DIESE LISTE]
FALSE
?PRINT EMPTYP [ ]
TRUE
?PRINT EMPTYP BF BF BF "TEE
TRUE
```

EMPTYP überprüft, ob die Eingabe ein leeres Wort oder eine leere Liste ist. Logoprüfwörter erkennt man äußerlich an dem nachgestellten Buchstaben P (für proof oder Prüfung). Das Wort «empty» bedeutet «leer».

In Form von Beispielen lernen wir einige weitere Logoprüfwörter kennen, die wohl nicht weiter erläutert werden müssen.

```
?PRINT WORDP "WORT
TRUE
?PRINT WORDP [WORT]
FALSE
?PRINT WORDP "176
TRUE
?PRINT WORDP 176
TRUE
```

```
?PRINT NUMBERP [123]
FALSE
?PRINT NUMBERP FIRST [123]
TRUE
```

```
?PRINT LISTP []
TRUE
?PRINT LISTP "LISTE
FALSE
?PRINT LISTP FIRST [123]
FALSE
?PRINT EQUALP "ICH "DU
FALSE
?PRINT EQUALP "ICH "ICH
TRUE
?PRINT EQUALP "ICH [ICH]
FALSE
?PRINT EQUALP [A] FIRST [[A]]
TRUE
?PRINT EQUALP 3 5
FALSE
?PRINT 3 = 5
FALSE

?PRINT MEMBERP "A [G A B E L]
TRUE
?PRINT MEMBERP "GANZ [ALLES GANZ GUT]
TRUE
?PRINT MEMBERP "GANS [ALLES GANZ GUT]
FALSE
?PRINT MEMBERP "A "GABEL
MEMBERP DOESN'T LIKE GABEL AS INPUT
```

Beim Prüfwort WORDP haben wir die Zahl 176 einmal mit und einmal ohne die vorgeschriebenen Anführungsstriche eingegeben. Nur bei Zahlen ist das erlaubt. Zahlen sind ebenfalls Wörter. Aber ein Wort muß nicht eine Zahl sein, wie die Beispiele mit NUMBERP zeigen. Für das Prüfwort EQUALP gibt es die schon bekannte Kurzform «=». Das Prüfwort MEM-BERP verlangt als zweite Eingabe eine Liste. Mit diesem Prüfwort können wir somit nicht untersuchen, ob ein Buchstabe in einem Wort vorkommt. So eine Prüfoperation müßten wir also selber erstellen.

Manchmal ist es nützlich, mehrere Prüfergebnisse miteinander zu verknüpfen. Wir könnten beispielsweise eine Prüfung benötigen, bei der drei Bedingungen wahr ("TRUE) sein müssen. Es könnte auch sein, daß aus mehreren Möglichkeiten mindestens eine wahr sein muß. Das Verknüpfen solcher «Wahrheiten» geschieht mit den Operationen BOTH und OR. Man kann auch ein "TRUE oder "FALSE ins genaue Gegenteil umkehren, indem einfach das Wörtchen «Nicht» vorangestellt wird in Form der Operation NOT. Sehen wir uns in Form von Beispielen einmal solche Verknüpfungen an:

```
?PRINT NOT NUMBERP "123
FALSE
?PRINT NOT LISTP [ICH DU ER]
FALSE
?PRINT NOT MEMBERP "A [A B C]
FALSE

?PRINT AND NUMBERP "123 LISTP [A B C]
TRUE
?PRINT AND 3 < 4 6 > 4
TRUE

?PRINT OR 3 < 4 4 > 6
TRUE
?PRINT OR WORDP [A] LISTP [JA]
TRUE
?PRINT NOT OR WORDP [A] LISTP [JA]
FALSE
```

8.2 Selbstdefinierte Prüfwörter

Logo bietet den Komfort, alles, was man braucht, als eigene Funktion
(benutzerdefinierte Funktionen) zu erstellen. Selbstdefinierte Prüfwörter
sind hierfür ein Beispiel. Wir wollen allen selbstdefinierten Prüfwörtern am
Ende ein Fragezeichen hinzufügen. Wer will, kann natürlich beim alten
Buchstaben P bleiben.
Wir stellen folgend einige Beispielaufgaben vor, die gleich aufgelistet und
auch getestet werden.

1. Erstelle ein Prüfwort, das untersucht,
   ob die eingegebene Zahl größer als 5
   ist.

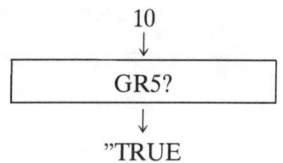

```
TO GR5? :ZAHL
OUTPUT :ZAHL > 5
END

?PRINT GR5? 10
TRUE
?PRINT GR5? 4
FALSE
```

2. Erstelle ein Prüfwort, das untersucht, ob die eingegebene Liste fünf Listenelemente hat.

[A B]
↓
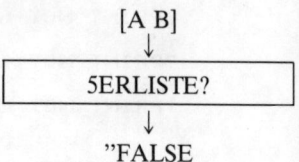
↓
"FALSE

```
TO 5ERLISTE? :LISTE
OUTPUT 5 = COUNT :LISTE
END

?PRINT 5ERLISTE? [A B ZEH [ICH DU] E]
TRUE
?PRINT 5ERLISTE? [A B ZEH]
FALSE
?PRINT 5ERLISTE? [ ]
FALSE
```

3. Erstelle ein Prüfwort, das die eingegebenen zwei Listen dahingehend untersucht, ob die erste Liste mehr Elemente als die zweite Liste enthält.

[A] [B]
↓   ↓
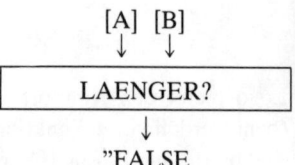
↓
"FALSE

```
TO LAENGER? :LISTE1 :LISTE2
OP COUNT :LISTE1 > COUNT :LISTE2
END

?PRINT LAENGER? [A B C D] [ICH]
TRUE
?PRINT LAENGER? [ICH] [A B C D]
FALSE
?PRINT LAENGER? [A] [ ]
TRUE
```

4. Erstelle ein Prüfwort, das untersucht, ob die eingegebene Zahl kleiner als Null ist.

−4
↓
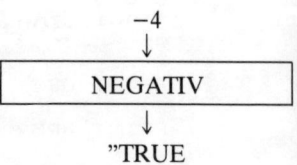
↓
"TRUE

```
TO NEGATIV? :ZAHL
OUTPUT :ZAHL < 0
END

?PRINT NEGATIV? 123
FALSE
?PRINT NEGATIV? -12
TRUE
```

5. Erstelle ein Prüfwort, das untersucht, ob die beiden eingegebenen Buchstaben in alphabetischer Reihenfolge stehen. Der erste Buchstabe soll vor dem zweiten Buchstaben sein. (Hinweis: Mit der Operation ASCII gewinnt man die Ordnungsnummer des Buchstabens gemäß der Kodierungstabelle. Vergleiche auch 7.3).

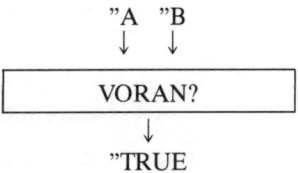

```
TO VORAN? :ZCHN1 :ZCHN2
OUTPUT ASCII :ZCHN1 < ASCII :ZCHN2
END

?PRINT VORAN? "A "B
TRUE
?PRINT VORAN? "B "A
FALSE
?PRINT VORAN? "B "Z
TRUE
```

6. Erstelle ein Prüfwort, das untersucht, ob die beiden eingegebenen Buchstaben nicht in alphabetischer Reihenfolge stehen.

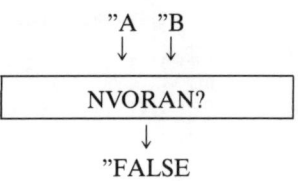

```
TO NVORAN? :ZCHN1 :ZCHN2
OUTPUT NOT VORAN? :ZCHN1 :ZCHN2
END

?PRINT NVORAN? "A "B
FALSE
?PRINT NVORAN? "B "B
TRUE
?PRINT NVORAN? "C "A
TRUE
```

7. Erstelle ein Prüfwort, das seine vier
Eingaben untersucht, ob sie alle miteinander gleich sind.

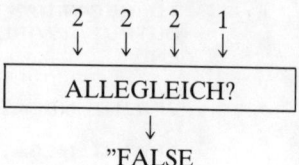

```
TO ALLEGLEICH?  :A :B :C :D
OP (AND :A = :B :B = :C :C = :D)
END


?PRINT ALLEGLEICH? 1 1 1 1
TRUE
?PRINT ALLEGLEICH? [] [] [] []
TRUE
?PRINT ALLEGLEICH? [] [] [] [1]
FALSE
```

8. Erstelle ein Prüfwort, das das eingegebene Wort untersucht, ob es der Buchstabe "A, der Buchstabe "Z oder die
Ziffer "1 ist.

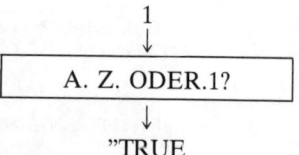

```
TO A.Z.ODER.1?  :OBJ
OP (OR :OBJ = "A :OBJ = "Z :OBJ = 1)
END


?PRINT A.Z.ODER.1? "ZET
FALSE
?PRINT A.Z.ODER.1? "Z
TRUE
?PRINT A.Z.ODER.1? "A
TRUE
```

8.3 Zusammenfassung und Übungen

1. Prüfwörter sind ein Sonderfall der Operation. Sie liefern entweder
"TRUE (wahr) oder "FALSE (falsch) als Ergebnis.
2. Neben den vom Softwarehersteller zur Verfügung gestellten Logoprüf-
wörtern kann der Benutzer für seine Belange die gewünschten Prüfwörter selbst erstellen.

3. Das Prüfwort MEMBERP schreibt zwingend als zweite Eingabe eine Liste vor. Andernfalls gibt es eine Fehlermeldung.
4. Die Ergebnisse von Prüfwörtern können durch logisches Und, Oder und die Negation miteinander verknüpft werden.

Neue Logovokabeln:

> EMPTYP
> WORDP
> NUMBERP
> LISTP
> GREATERP
> MEMBERP
> ASCII
> NOT
> AND
> OR
> REMAINDER (in Verbindung mit den Übungen)

Aufgaben

1. Erstelle ein Prüfwort, das kontrolliert, ob das letzte Element einer Liste eine Zahl ist.
2. Erstelle ein Prüfwort, das die eingegebene Liste überprüft, ob das letzte Element der Liste ein Vokal ist.
3. Erstelle ein Prüfwort, das das Münzenwerfen (Kopf oder Zahl) realisiert. Benutze hierzu die Operation RANDOM. 0 entspricht Kopf und 1 entspricht ZAHL.
4. Erstelle ein Prüfwort, das die eingegebene Zahl überprüft, ob sie eine ganze Zahl ist.
5. Erstelle ein Prüfwort, das die eingegebene Zahl überprüft, ob sie eine ungerade Zahl ist. Benutze hierzu Aufgabe 4 und die Operation NOT, die die Wörter "TRUE oder "FALSE negiert.
6. Erstelle ein Prüfwort, das die eingegebene Liste überprüft, ob sie aus einem Wort, einer leeren Liste und einer fünfelementigen Liste besteht. Benutze hierzu den logischen Operator AND in Verbindung mit runden Klammern. Nach AND müssen alle drei Prüfungen der Reihe nach angeführt werden. AND entspricht dem logischen UND.
7. Untersuche die Operation AND (und entsprechend OR), wann sie abhängig von ihren zwei Eingaben als Ergebnis "TRUE oder "FALSE liefern.

9
Zwei wichtige Kontrollwörter

9.1 Die Programmverzweigung

Sämtliche Programme der vorangegangenen Abschnitte sind seriell gewesen. Jede einzelne Anweisungszeile ist schön der Reihe nach ausgeführt worden. Doch es gibt häufig Bedingungen, von denen etwas abhängig ist. Bilden wir nur einige Wenn-Sätze, und schon ist alles klar.

Wenn sie nicht gestorben sind,
    dann leben sie noch heute.
Wenn im Zeugnis Fünfer sind,
    dann gibt es Ärger,
    sonst nicht.
Wenn meine Freundin kommt,
    dann freue ich mich,
    sonst suche ich mir eine neue.
Wenn der Brief bis zu 20 Gramm wiegt,
    dann kostet er 80 Pfennig,
    sonst mehr.

Statt «Wenn» könnte man auch «Falls» und statt «Sonst» auch «Andernfalls» wählen. Im Englischen treten hierfür die Worte ein:

IF (Bedingung)
    THEN Anweisungen für den Wahr-Fall (Ja-Zweig)
    ELSE Anweisungen für den Falsch-Zweig (Nein-Fall)

Liegt nur der Wahr-Fall vor, spricht man von einer einseitigen Programmverzweigung. Im anderen Fall spricht man von einer zweiseitigen Programmverzweigung.

In Logo finden wir die Wörter IF, THEN, ELSE wieder. Die hier benutzte Logoversion benötigt nur das Wort IF. THEN und ELSE sind überflüssig. Nach der Bedingung ist entweder eine Anweisungsliste oder noch eine zweite Liste für den Nein-Fall erforderlich.

Die jeweilige Bedingung nach IF muß entweder "TRUE oder "FALSE
sein. Natürlich können wir auch Prüfwörter nehmen wie in Kapitel 8.
Betrachten wir die folgenden Beispiele. Abhängig von der Uhrzeit druckt
GRUESSEN eine tageszeitübliche Begrüßung aus:

```
TO GRUESSEN :TAGESZEIT
IF :TAGESZEIT > 18 [OP [GUTEN ABEND]]
IF :TAGESZEIT > 12 [OP [GUTEN TAG]] [OP [GUTEN MORGEN]]
END
```

```
?PR GRUESSEN 11.59
GUTEN MORGEN

?PR GRUESSEN 14
GUTEN TAG

?PR GRUESSEN 18.01
GUTEN ABEND
```

Das nächste Beispiel untersucht, ob der eingegebene Buchstabe ein
Vokal ist. Als Ergebnis wird ein Kommentar gedruckt:

```
TO EINVOKAL? :BUCHSTABE
IF NOT WORDP :BUCHSTABE [OP [FALSCHE EINGABE,
DU PENNER !]]
IF MEMBERP :BUCHSTABE [A E I O U] [OP SE :BUCHSTABE
[IST EIN VOKAL]]
  [OP SE :BUCHSTABE [IST KEIN VOKAL]]
END
```

```
?PR EINVOKAL? [ICH]
FALSCHE EINGABE, DU PENNER !!!!

?PR EINVOKAL? "ICH
ICH IST KEIN VOKAL

?PR EINVOKAL? "I
I IST EIN VOKAL
```

VERZWEIGUNG soll uns verdeutlichen, daß wir natürlich nicht nur auf
einzelne Anweisungen verzweigen können, sondern auch in der Verzweigung andere Programme aufrufen können.

```
TO VERZWEIGUNG :OBJEKT
IF LISTP :OBJEKT [PROGRAMM1 :OBJEKT] [PROGRAMM2
:OBJEKT] PROGRAMM3
END

TO PROGRAMM1 :LISTE
PR [ICH VERARBEITE LISTEN]
PR <SE [WAS GESCHIEHT MIT:] :LISTE "?>
END

TO PROGRAMM2 :WORT
PR SE [ICH VERARBEITE DAS WORT:] :WORT
END

TO PROGRAMM3
PR [ICH BIN DER REST VON VERZWEIGUNG]
END

?VERZWEIGUNG [HALLIHALLO]
ICH VEARBEITE LISTEN
WAS GESCHIEHT MIT HALLIHALLO ?
ICH BIN DER REST VON VERZWEIGUNG

?VERZWEIGUNG "WOERTCHEN
ICH VERARBEITE DAS WORT: WOERTCHEN
ICH BIN DER REST VON VERZWEIGUNG
```

Im nächsten Beispiel wollen wir einmal ein schon bekanntes selbstdefiniertes Prüfwort benutzen und in die Verzweigung erneut eine Verzweigung einbauen.

Man muß bei diesen Klammerkonstruktionen schon genau hinsehen, da leider die fehlenden Wörter THEN und ELSE einem das Lesen nicht erleichtern. Nach der Bedingung LISTP :OBJ kommen zwei Listen. Wir haben also eine zweiseitige Verzweigung. In den JA-Zweig ist die Abfrage mit dem Prüfwort 3ELEMENTIG eingebaut.

```
TO VERZWEIGUNG :OBJ
IF LISTP :OBJ [IF 3ELEMENTIG :OBJ [PROGRAMM1
:OBJ]] [PROGRAMM2] PROGRAMM3
END

TO 3ELEMENTIG :LISTE
OUTPUT 3 = COUNT :LISTE
END

TO PROGRAMM1 :LISTE
PR [ICH BEARBEITE DREIELEMENTIGE LISTE]
PR <SE [WAS GESCHIEHT MIT] :LISTE "?>
END
```

```
TO PROGRAMM2
PR [ICH BIN DER NEIN - ZWEIG]
END

TO PROGRAMM3
PR [ICH BIN DER REST VON VERZWEIGUNG]
END


?VERZWEIGUNG "WAS?
ICH BIN DER NEIN - ZWEIG
ICH BIN DER REST VON VERZWEIGUNG

?VERZWEIGUNG [WIE BITTE]
ICH BIN DER REST VON VERZWEIGUNG

?VERZWEIGUNG [WER IST DA]
ICH BEARBEITE DREIELEMENTIGE LISTE
WAS GESCHIEHT MIT WER IST DA ?
ICH BIN DER REST VON VERZWEIGUNG
```

Im letzten Beispiel wollen wir eine Datenprüfung per Programm vornehmen. Zulässig sind nur Wörter, die mit einem Konsonanten anfangen. Alle
Fehler, das heißt falsche Daten, sollen zu einem Fehlerkommentar führen
und den weiteren Programmablauf der Prüfroutine an der jeweiligen Stelle
beenden. Mit DATENCHECK werden noch einmal die Logoprüfwörter
wiederholt. Wenn eine Bedingung zutrifft (Wahr-Fall), liefert das nachfolgende OUTPUT den Fehlerkommentar ab. Das Abliefern von Werten mit
OUTPUT bedeutet zwangsläufig, daß damit auch das Programm beendet
ist.

```
TO DATENCHECK :OBJ
IF LISTP :OBJ [OP [LISTE UNZULAESSIG]]
IF NUMBERP :OBJ [OP [ZAHL UNZULAESSIG]]
IF EMPTYP :OBJ [OP [LEERWORT UNZULAESSIG]]
IF MEMBERP FIRST :OBJ [A E I O U] [OP [VOKAL AM ANFANG]
OP SE [ALLES OKAY MIT] :OBJ
END


?PR DATENCHECK "ALSO
VOKAL AM ANFANG

?PR DATENCHECK 9871
ZAHL UNZULAESSIG

?PR DATENCHECK [UND JETZT ?]
LISTE UNZULAESSIG
```

```
?PR DATENCHECK "
LEERWORT UNZULAESSIG

?PR DATENCHECK "NANA
ALLES OKAY MIT NANA
```

Weiter oben haben wir schon festgestellt, daß bei zweiseitigen Programmverzweigungen die Lesbarkeit der Anweisungszeile besser sein könnte. Logo bietet hierzu eine Möglichkeit. Statt IF verwendet man TEST und überprüft die Bedingung. Das Ergebnis ("TRUE oder "FALSE) merkt sich der Computer. Unmittelbar nach der Anweisungszeile mit TEST schreibt man dann die JA-Verzweigungszeile, der unmittelbar das Wort IFTRUE (IFT) vorangestellt sein muß. Die Anweisungszeile mit dem Nein-Zweig muß mit IFFALSE (IFF) beginnen. Mit dieser Möglichkeit lassen sich «lange IF-Anweisungen» übersichtlicher gestalten. Am Beispiel des schon bekannten EINVOKAL? sehen wir uns diese Alternative einmal an.

```
TO EINVOKAL? :BUCHSTABE
TEST NOT WORDP :BUCHSTABE
IFTRUE [OP [FALSCHE EINGABE, DU PENNER !]]
TEST MEMBERP :BUCHSTABE [A E I O U]
IFTRUE [OP SE :BUCHSTABE [IST EIN VOKAL]]
IFFALSE [OP SE :BUCHSTABE [IST KEIN VOKAL]]
END
```

9.2   Der STOP-Befehl

Dieser neue Befehl soll an zwei Beispielen demonstriert werden. In dem schon bekannten GRUESSEN haben wir für OUTPUT den Befehl PRINT eingesetzt. Was ändert sich? Testen wir es:

```
TO GRUESSEN :TAGESZEIT
IF :TAGESZEIT > 18 [PR [GUTEN ABEND]]
IF :TAGESZEIT > 12 [PR [GUTEN TAG]] [PR [GUTEN
MORGEN]]
END
```

```
?GRUESSEN 19.07
GUTEN ABEND
GUTEN TAG
```

Die Bedingung in der ersten Anweisungszeile trifft zu. Es ist später als 18.00 Uhr, und es wird mit «Guten Abend» gegrüßt. Damit wäre eigentlich das Programm zu Ende. Doch es wird die Folgezeile ausgeführt und «Guten Tag» gesagt. In diesen Fällen hilft der STOP-Befehl. An der vom Programmierer festgelegten Stelle wird vom STOP-Befehl das Programm abgebrochen (beendet). GRUESSEN muß also lauten:

```
TO GRUESSEN :TAGESZEIT
IF :TAGESZEIT > 18 [PR [GUTEN ABEND] STOP]
IF :TAGESZEIT > 12 [PR [GUTEN TAG]] [PR [GUTEN MORGEN]]
END

?GRUESSEN 19.07
GUTEN ABEND
```

In gleicher Weise stellen wir noch einmal ein geändertes DATEN-CHECK vor. Auch hier sind PRINT-Befehle anstelle von OUTPUT eingesetzt worden. Da die STOP-Befehle nach jeder Verzweigung fehlen, mekkert dieses Prüfprogramm auf der einen Seite, findet aber zum Schluß die Daten doch noch gut.

```
TO DATENCHECK :OBJ
IF LISTP :OBJ [PR [LISTE UNZULAESSIG]]
IF NUMBERP :OBJ [PR [ZAHL UNZULAESSIG]]
IF EMPTYP :OBJ [PR [LEERWORT UNZULAESSIG]]
IF MEMBERP FIRST :OBJ [A E I O U] [PR [VOKAL AM ANFANG]]
PR SE [ALLES OKAY MIT] :OBJ
END

?DATENCHECK [ICH BIN EINE LISTE]
LISTE UNZULAESSIG
ALLES OKAY MIT ICH BIN EINE LISTE

?DATENCHECK 9871
ZAHL UNZULAESSIG
ALLES OKAY MIT 9871

?DATENCHECK [A B C]
LISTE UNZULAESSIG
VOKAL AM ANFANG
ALLES OKAY MIT A B C

TO DATENCHECK :OBJ
IF LISTP :OBJ [PR [LISTE UNZULAESSIG] STOP]
IF NUMBERP :OBJ [PR [ZAHL UNZULAESSIG] STOP]
IF EMPTYP :OBJ [PR [LEERWORT UNZULAESSIG] STOP]
IF MEMBERP FIRST :OBJ [A E I O U] [PR [VOKAL AM
ANFANG] STOP]
PR SE [ALLES OKAY MIT] :OBJ
END
```

```
?DATENCHECK "ALSO
VOKAL AM ANFANG

?DATENCHECK [LISTE]
LISTE UNZULAESSIG
```

9.3
Programme rufen sich selbst – jetzt aber kontrolliert

```
?UNTER "GESTERN
G
E
S
T
E
R
N

?UNTER [ICH WAR DA]
ICH
WAR
DA
```

UNTER ist also ein Druckprogramm, das die Buchstaben eines Wortes oder die Elemente einer Liste untereinander ausdruckt. Sehen wir uns diesen Zweizeiler an:

```
TO UNTER :OBJ
IF EMPTYP :OBJ [STOP]
PRINT FIRST :OBJ UNTER BF :OBJ
END
```

Besprechen wir das Programm zeilenweise. Nach TO folgt wie üblich der Funktionsname und eine Funktionseingabe (:OBJ). Die Eingabe kann ein Wort oder auch eine Liste sein.

In der ersten Anweisungszeile finden wir eine Abbruchbedingung. Falls die Programmvariable :OBJ nur das leere Wort (") oder die leere Liste ([]) enhält, soll das Programm beendet werden. Die zweite Anweisungszeile veranlaßt einmal, daß das erste Element der Programmvariablen gedruckt werden soll (PR FIRST :OBJ). Ja, und danach ruft sich UNTER selber auf. Aber Achtung, diesmal ist der Wert für die Eingabe geändert, nämlich die alte Eingabe ohne den ersten Buchstaben oder das erste Listenelement (BF :OBJ). Das ist ein kleiner, aber wirkungsvoller Weg.

Die sich ändernden Eingabewerte von UNTER sollen noch einmal am folgenden Beispiel illustriert werden. In dem Test wird jeweils die Eingabe für UNTER mitprotokolliert, so daß wir leicht sehen, wie sich durch das BF :OBJ die Eigaben beim jeweils neu aufgerufenen UNTER ändern.

```
?UNTER "GESTERN
     UNTER GESTERN
G
     UNTER ESTERN
E
     UNTER STERN
S
     UNTER TERN
T
     UNTER ERN
E
     UNTER RN
R
     UNTER N
N
     UNTER
```

Als zweites Beispiel sehen wir uns SPIEGELN an. Eingegebene Wörter sollen rückwärts geschrieben werden:

```
TO SPIEGELN :WORT
IF EMPTYP :WORT [STOP]
TYPE LAST :WORT SPIEGELN BL :WORT
END

?SPIEGELN "KASPERLETHEATER
RETAEHTELREPSAK?
```

Die nächsten Fälle haben zwei Eingaben. NWEG soll eine vorgegebene Anzahl von Elementen von dem eingegebenen Objekt vorne wegnehmen. Die Wirkungsweise von BUTFIRST ist ja nichts Neues. Mit jedem neuen BUTFIRST wird ein weiteres Element abgetrennt. Die Zahl :ANZAHL bestimmt, wie oft BUTFIRST ausgeführt werden soll, beziehungsweise wie viele Elemente entfernt werden sollen. Jeder neue Aufruf von NWEG führt zu einer Änderung der Eingaben. Da vom Objekt das erste Element entfernt worden ist, muß somit im weiteren Verlauf auch ein Buchstabe weniger abgetrennt werden, das heißt, die notwendige Anzahl vermindert sich um 1 (:ANZAHL $-$ 1).

```
TO NWEG :OBJ :ANZAHL
IF :ANZAHL = 0 [PR :OBJ STOP]
NWEG BF :OBJ :ANZAHL - 1
END


?NWEG "AMSELFELDER 3
ELFELDER

?NWEG [WARUM NUR WARUM IST ALLES WEG] 4

ALLES WEG
```

Betrachten wir erneut unsere Ablaufprotokollierung. Deutlich sehen wir, daß mit jedem Aufruf das Wort "IMMERHIN um einen Buchstaben gekürzt wird und sich die Anzahl entsprechend um Eins vermindert. Wenn die Anzahl 0 erreicht ist, wird das eingegebene Wort (hier "IN) ausgedruckt.

```
?NWEG "IMMERHIN 6
  NWEG IMMERHIN 6
    NWEG MMERHIN 5
      NWEG MERHIN 4
        NWEG ERHIN 3
          NWEG RHIN 2
            NWEG HIN 1
              NWEG IN 0
  IN
```

Das Programm NTES arbeitet entsprechend und muß wohl nicht weiter erklärt werden.

```
TO NTES :OBJ :STELLE
IF :STELLE = 1 [PR FIRST :OBJ STOP]
NTES BF :OBJ :STELLE - 1
END


?NTES "WASSERBALL 7
B

?NTES [WIR SIND NICHT DA] 3
NICHT
```

Das Quersummenprogramm enthält einen kleinen Trick. Zum Aufsummieren benötigen wir ja einen Speicher. Wir müssen jeweils die neue Ziffer zum alten Summenwert dazuaddieren. Schleppen wir einfach diesen notwendigen Speicher als Funktionseingabe mit (:SUMME). Beim Aufruf von QUERSUMME muß natürlich :SUMME den Wert 0 haben.

```
TO QUERSUMME :ZAHL :SUMME
IF EMPTYP :ZAHL [PR :SUMME STOP]
QUERSUMME BF :ZAHL :SUMME + FIRST :ZAHL
END


?
?QUERSUMME 98723 0
29

?QUERSUMME 0 0
0
```

NMAL.DRUCKEN arbeitet ähnlich wie NWEG oder NTES. :N zählt die Anzahl der Vorgänge mit. Wird Null erreicht, wird mit STOP beendet.

```
TO NMAL.DRUCKEN :WAS :N
IF :N = 0 [STOP]
TYPE :WAS NMAL.DRUCKEN :WAS :N - 1
END


?NMAL.DRUCKEN "$ 20
$$$$$$$$$$$$$$$$$$$$
?NMAL.DRUCKEN "HAHIHA 4
HAHIHAHAHIHAHAHIHAHAHIHA
```

NMAL.PROG enthält etwas Neues. Eigentlich ist es gleich mit NMAL-.DRUCKEN. Für :WAS wird hier nur ein Programmname mit seinen Eingaben beim Aufruf eingegeben. :WAS muß eine Liste sein. Erst wenn diese Liste (:WAS) zur Eingabe des Befehls RUN wird, kommt der Inhalt von :WAS zur Ausführung.

```
TO NMAL.PROG :WAS :N
IF :N = 0 [STOP]
RUN :WAS NMAL.PROG :WAS :N - 1
END


?NMAL.PROG [NWEG [WER IST DA ?] 2] 4
DA ?
DA ?
DA ?
DA ?
```

```
?NMAL.PROG [UNTER [WER IST DA]] 3
WER
IST
DA
WER
IST
DA
WER
IST
DA

?NMAL.PROG [SPIEGELN "SALAT] 5
TALASTALASTALASTALASTALAS?
```

NMAL.PROG ist uns schon lange in Form des REPEAT-Befehls bekannt. Sagen wir doch statt NMAL.PROG besser WIEDERHOLE und tauschen wir die beiden Programmvariablen gegeneinander aus. Wir erhalten dann die deutschsprachige Version des REPEAT-Befehls, den wir selbst definiert haben.

```
TO WIEDERHOLE :N :WAS
IF :N = 0 [STOP]
RUN :WAS WIEDERHOLE :N - 1 :WAS
END

?WIEDERHOLE 3 [NWEG "GESTERN 2]
STERN
STERN
STERN

?WIEDERHOLE 3 [WIEDERHOLE 2 [PR "HEI!]]
HEI!
HEI!
HEI!
HEI!
HEI!
HEI!
```

Abschließend wollen wir uns etwas mit der Zeugnisschreibung befassen. Für bestimmte Fächer sollen die entsprechenden Noten nicht als Ziffer, sondern als Text ausgegeben werden. Nehmen wir die übliche Notenskala mit den Noten von sehr gut bis ungenügend.

Das Programm MINIZEUGNIS soll Noten ausdrucken, die als Zahlen in einer Liste vorgegeben werden. Die zweite Zeile ist uns schon recht vertraut. NTES haben wir in Abschnitt 7.4 in der Form NTES.ELEMENT kennengelernt, doch hier ist NTES keine Operation, sondern letztlich ein Druckbefehl. NOTENSKALA definiert uns die Liste mit Daten.

```
TO MINIZEUGNIS :NOTEN
IF EMPTYP :NOTEN [STOP]
NTES NOTENSKALA FIRST :NOTEN
MINIZEUGNIS BF :NOTEN
END
```

```
TO NOTENSKALA
OP [SEHR GUT GUT BEFRIEDIGEND AUSREICHEND MANGELHAFT UNGENUEGEND]
END
```

```
TO NTES :OBJ :STELLE
IF :STELLE = 1 [PR FIRST :OBJ STOP]
NTES BF :OBJ :STELLE - 1
END
```

```
?MINIZEUGNIS [6 1 5 2 3 4 2]
UNGENUEGEND
SEHR GUT
MANGELHAFT
GUT
BEFRIEDIGEND
AUSREICHEND
GUT
```

Wir brauchten MINIZEUGNIS nur um die Eingabe :FAECHER zu erweitern und in der zweiten Programmzeile zusätzlich das erste Element von :FAECHER drucken lassen, schon wäre unser Zeugnisprogramm erledigt:

```
TO ZEUGNIS :NOTEN :FAECHER
IF EMPTYP :NOTEN [STOP]
TYPE FIRST :FAECHER NTES NOTENSKALA
FIRST :NOTENZEUGNIS BF :NOTEN BF :FAECHER
END
```

```
?ZEUGNIS [6 1 2] [BIO DEUTSCH MATHE]
BIOUNGENUEGEND
DEUTSCHSEHR GUT
MATHEGUT
```

Der Test zeigt, daß ein kleiner Schönheitsfehler vorliegt. Die Noten müßten weiter rechts stehen und die Anfangsbuchstaben sollen genau untereinander stehen. Wir müßten eine Schreibstelle vorgeben, ab der in jeder Zeile das Fach geschrieben werden soll. Solch eine Tabulatorfunktion ist TAB:

```
TO TAB :STELLE
IF FIRST CURSOR = :STELLE [STOP]
TYPE "
TAB :STELLE
END
```

Die Funktionseingabe ist die gewünschte Schreibstelle, die zwischen 1 und 40 liegen kann. Die Logofunktion CURSOR liefert die augenblickliche Position des Cursors auf dem Bildschirm. CURSOR liefert eine zweielementige Liste. Das erste Element gibt die Schreibstelle der betreffenden Zeile an (Spalte) und das zweite Element die Zeilennummer. TAB druckt so lange ein Leerzeichen aus, bis die gewünschte Schreibstelle erreicht ist.

Fügen wir schnell TAB in unserem Programm ein und testen wir es:

```
TO ZEUGNIS :NOTEN :FAECHER
IF EMPTYP :NOTEN [STOP]
TYPE FIRST :FAECHER TAB 15 NTES NOTENSKALA
FIRST :NOTENZEUGNIS BF :NOTEN BF :FAECHER
END


?ZEUGNIS [6 1 2] [BIO DEUTSCH MATHE]
BIO        UNGENUEGEND
DEUTSCH    SEHR GUT
MATHE      GUT
```

9.4   Zusammenfassung und Übungen

1. Serielle Programme sind solche, bei denen die einzelnen Anweisungen der Reihe nach durchlaufen werden. Keine der Anweisungszeilen wird ausgelassen. Mit Kontrollwörtern können bestimmte Programmteile angesteuert oder Abbruchbedingungen vorgesehen werden.
2. Man unterscheidet einseitige oder zweiseitige Programmverzweigungen. Die Kontrollwörter hierzu lauten FALLS... DANN... SONST... Im Englischen lauten sie IF... THEN... ELSE... Nach IF muß immer ein Prüfwort (eine Bedingung) folgen, das entweder wahr oder falsch (TRUE/FALSE) ist. Im Wahrfall werden nur die Anweisungen nach dem Wort THEN ausgeführt. Im Nichtwahrfall werden die Anweisungen nach dem Wort ELSE ausgeführt. In der hier benutzten Logoversion werden THEN und ELSE weggelassen, und die beiden Zweige sind einfach in eckige Klammern gesetzt.

3. Zur besseren Übersichtlichkeit kann man zweiseitige Programmverzweigungen mit den Logowörtern TEST, IFTRUE und IFFALSE erstellen.

4. Die STOP-Anweisung beendet jedes Programm an beliebigen vom Programmierer vorgesehenen Stellen.

5. Mit der IF-Anweisung und der STOP-Anweisung lassen sich Selbstaufrufprogramme gut kontrollieren. Der Ablauf solcher Programme wird gesteuert, indem ein Eingabewert jeweils mit dem neuen Selbstaufruf geändert wird. Wird der Eingabewert zur leeren Liste, dem leeren Wort oder zur Ziffer 0, so bricht STOP das Programm an dieser Stelle ab.

6. RUN ist ein Befehl, der eine Liste als Eingabe verlangt. Anschaulich ist diese Liste mit einer eingetippten Anweisungszeile zu vergleichen. RUN führt die Anweisungen der Zeile aus.

Neue Logovokabeln:

IF
TEST
IFTRUE (IFT)
IFFALSE (IFF)
STOP
RUN
CURSOR

Aufgaben

1. Erstelle eine Operation, die von zwei eingegebenen Zahlen die jeweils größere liefert.

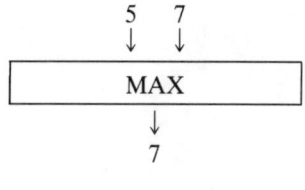

2. Erstelle eine Operation unter Verwendung von Aufgabe 1, die von vier eingegebenen Zahlen die größte ermittelt.

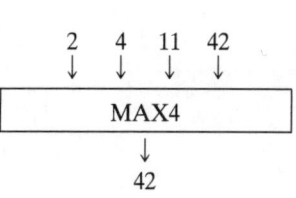

3. Erstelle die Aufgabe 1 unter Benutzung der Logowörter TEST, IFTRUE und IFFALSE.

4. Erstelle eine Operation, die den Wurf einer Münze simuliert und als Ergebnis das Wort "KOPF oder "ZAHL liefert.

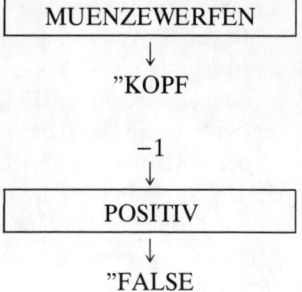

```
MUENZEWERFEN
     ↓
   "KOPF
```

5. Erstelle ein Prüfwort, das untersucht, ob die eingegebene Zahl positiv ist. Benutze beide Möglichkeiten zum Formulieren von Programmverzweigungen (mit IF und TEST).

```
    −1
     ↓
  POSITIV
     ↓
  "FALSE
```

6. Erstelle ein Programm WERTETABELLE, das die bekannte Operation POLYNOM2 benutzt, um für den angegebenen Bereich der X-Werte eine Wertetabelle auszugeben.

7. Ändere das Programm DREH aus Abschnitt 5.3 so, daß die Anzahl der Aufrufe vorgegeben wird.

8. Lasse ein Quadrat (oder eine beliebige andere geometrische Figur), dessen Größe variabel ist, eine kontrollierte Anzahl von Drehungen machen.

10
Rekursive Operationen

10.1 Brüder helfen sich

Bisher haben alle unsere Selbstaufrufprogramme (Rekursionen) immer Befehlscharakter gehabt, da sie Druckbefehle, Grafikbefehle oder den REPEAT-Befehl beinhalteten. Als Operationen haben wir bisher solche Selbstaufrufprogramme nicht definiert. Erinnern wir uns an die Kapitel 7 und 8. Dort haben wir die Vorteile von Operationen und ihren grundsätzlichen Aufbau kennengelernt. OUTPUT muß immer dabei sein, da ja die Ergebnisse abgeliefert werden und von anderen Operationen oder Befehlen als Eingaben benutzt werden. Dadurch lassen sich Operationen mit großer Wirkung verketten. Wie können wir also die rekursiven Druckprogramme des vorherigen Kapitels umdefinieren? Besprechen wir zuerst die bekannten Programme SPIEGEL, NWEG und QUERSUMME. Wären diese Programme rekursive Operationen, so sähe ihre Benutzung wie folgt aus:

```
?PRINT SPIEGEL "GESTERN
NRETSEG

?PRINT NWEG "GESTERN 2
STERN

?PRINT QUERSUMME 9876
30

?PRINT SPIEGEL SPIEGEL "GESTERN
GESTERN

?PRINT SPIEGEL NWEG "GESTERN 2
NRETS

?PRINT QUERSUMME NWEG "12345 3
9
```

Damit müßte unser Ziel deutlich geworden und der Charakter der Operation noch einmal aufgezeigt sein. Im Prinzip wissen wir, daß die Druckbefehle nicht mehr sein dürfen und der Lieferant OUTPUT mit von der Partie ist. Sehen wir uns das neue SPIEGEL einmal an:

```
TO SPIEGEL :WORT
IF EMPTYP :WORT [ OUTPUT " ]
OUTPUT WORD LAST :WORT SPIEGEL BL :WORT
END
```

Betrachten wir den Kern der Rekursion, die zweite Anweisungszeile. Der Druckbefehl TYPE ist verschwunden. Das Erscheinen von OUTPUT ist keine Überraschung. Der Selbstaufruf mit der Eingabe BL :WORT verwundert auch nicht mehr. Warum taucht aber noch WORD auf? Versuchen wir eine Erklärung, da wir die Rekursion weiter unten noch sehr viel exakter untersuchen werden.

Das alte SPIEGEL hat genau einen Buchstaben – nämlich den letzten der Eingabe – ausgedruckt. Die Eingabe wurde um den letzten Buchstaben gekürzt und das gleiche wiederholte sich.

Das neue SPIEGEL kann ja den letzten Buchstaben nicht einfach vergessen, sondern soll ihn ja als Teil des Gesamtergebnisses abliefern. Daher wird das einzelne Zeichen mittels WORD zu einer Buchstabenkette zusammengefügt. Statt zu drucken, reiht das Programm die Zeichen aneinander. Die Abbruchbedingung muß ebenfalls ein OUTPUT vorweisen und etwas abliefern (hier das leere Wort).

Sehen wir uns einmal mittels eines eingebauten Ablaufverfolgers an, wie sich mit jedem neuen Aufruf von SPIEGEL die Eingaben ändern und was jeweils mit OUTPUT geliefert wird.

```
?PR SPIEGEL "GESTERN
      SPIEGEL HAT ALS EINGABE: GESTERN
      SPIEGEL HAT ALS EINGABE: GESTER
      SPIEGEL HAT ALS EINGABE: GESTE
      SPIEGEL HAT ALS EINGABE: GEST
      SPIEGEL HAT ALS EINGABE: GES
      SPIEGEL HAT ALS EINGABE: GE
      SPIEGEL HAT ALS EINGABE: G
      SPIEGEL HAT ALS EINGABE:
      SPIEGEL LIEFERT MIT OUTPUT:
      SPIEGEL LIEFERT MIT OUTPUT: G
      SPIEGEL LIEFERT MIT OUTPUT: EG
      SPIEGEL LIEFERT MIT OUTPUT: SEG
      SPIEGEL LIEFERT MIT OUTPUT: TSEG
      SPIEGEL LIEFERT MIT OUTPUT: ETSEG
      SPIEGEL LIEFERT MIT OUTPUT: RETSEG
      SPIEGEL LIEFERT MIT OUTPUT: NRETSEG
NRETSEG
```

Deutlich erkennen wir, daß mit jedem neuen Aufruf von SPIEGEL der letzte Buchstabe der Eingabe eliminiert worden ist. Das vorhergehende SPIEGEL hat das ja jeweils in seinem Aufruf mit BUTFIRST gemacht. Jedes der aufgerufenen Programme macht dann immer dasselbe und holt sich den letzten Buchstaben seiner Eingabe. Diesen ermittelten Buchstaben verbindet es dann zu einem Wort mit dem Ergebnis von dem neu aufgerufenen SPIEGEL und seiner geänderten Eingabe. Alle SPIEGEL-Programme müssen einen Augenblick warten, bis sie tatsächlich etwas geliefert bekommen und endlich die zweite Eingabe für ihr WORD bekommen. Sehen wir uns jetzt an, was jeder SPIEGEL-Aufruf als Ergebnis an das rufende Programm abliefert.

Der achte SPIEGEL-Aufruf hat als Eingabe das leere Wort und liefert als Ergebnis das leere Wort. Der siebente SPIEGEL-Aufruf liefert als Ergebnis den Buchstaben G ab. Als letztes bekommt der erste SPIEGEL-Aufruf das gespiegelte Ergebnis vom zweiten Aufruf und kann endlich das Wort aus "N und "RETSEG mit OUTPUT abliefern. Ja, und "NRETSEG wird die Eingabe für den PRINT-Befehl, der dann "NRETSEG ausdruckt.

Also diese rekursiven Operationen haben es doch in sich. Das muß man sich schon genauer ansehen, um es wirklich zu verstehen. Wir wollen in einer zweiten Erklärung den Zusammenhang noch anschaulicher aufzeigen. Wir wollen so tun, als wäre jedes SPIEGEL-Programm ein hilfreiches kleines Kerlchen, das um Hilfe rufen kann und sich vor der Arbeit zu drücken weiß, hören kann und innerhalb der Verwandtschaft mithilft bei der Arbeit. Von diesen kleinen Knirpsen gibt es viele, viele Brüder. Und damit sind wir schon am Anfang unserer «Theorie der kleinen Brüder». Stellen wir gleich mal einen dieser kleinen Bürschchen vor:

Die gestrichelten Linien deuten Schallwellen an und belegen seine Hörfähigkeit, so daß er auf Hilferufe reagieren kann. Die beiden Denkblasen zeigen uns seine Überlegungen. Die rechte Sprechblase beinhaltet den jeweiligen Hilferuf. Eine Hand streckt er jeweils weit aus, um die Antwort auf seinen Hilferuf hier auf die Hand zu bekommen.

Bevor wir die vielen Brüder loslegen lassen, wollen wir doch noch einmal die Fähigkeiten solch eines einzigen Kerlchens zusammenstellen und seine kleine Arbeitswelt aufzeigen:

Was er erhält:	Den jeweils eingegebenen Wert für :WORT
Was er kann:	– ein leeres Wort erkennen
	– LAST :WORT bilden
	– BL :WORT bilden
	– einen Hilferuf formulieren
	– mittels WORD zwei Eingaben verbinden
	– das Ergebnis seiner Bemühungen an den rufenden
	Bruder zurückgeben.

Betrachten wir im folgenden die vier Brüder, die den Auftrag per Lautsprecheransage (PRINT hat gerufen und wartet auf das Ergebnis von SPIEGEL "REH) erhalten haben.

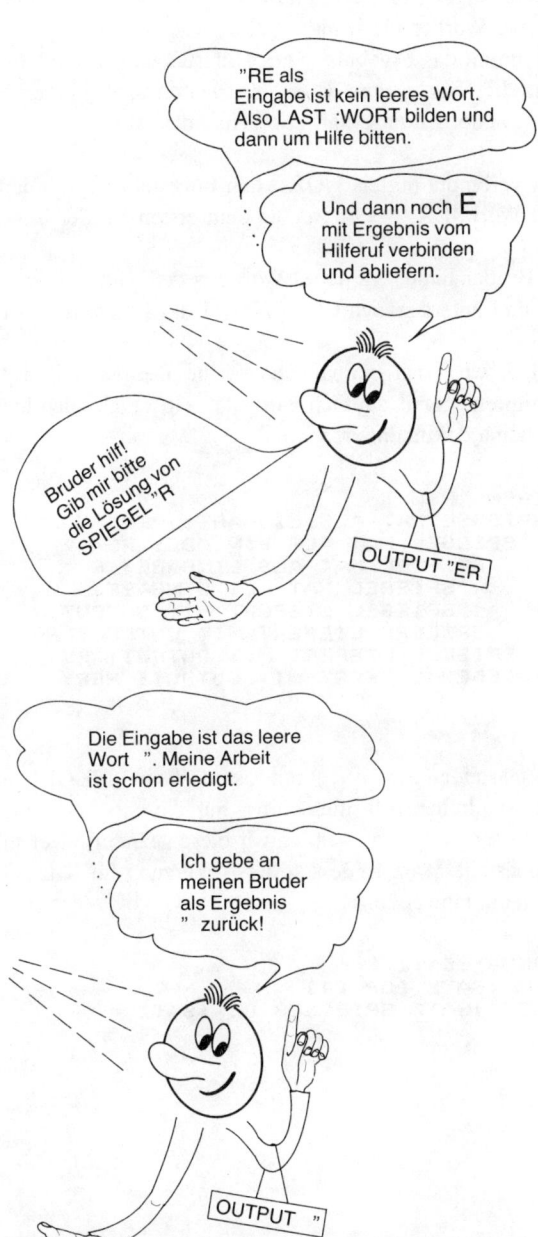

Der vierte Bruder bekommt als Hilferufe vom dritten Bruder eine ganz simple Aufgabe, nämlich SPIEGEL " zu ermitteln. Mit dem leeren Wort als Eingabe ist die Endebedingung erreicht, und der vierte Bruder gibt dem dritten Bruder das leere Wort in die Hand.

Der dritte Bruder nimmt das Ergebnis seines Hilferufs und verbindet es mit dem vorher ermittelten Buchstaben R. An den zweiten Bruder liefert er seine Arbeit ab. Der zweite Bruder erhält also genau das Wort "R auf die Hand.

Der zweite Bruder verbindet mittels WORD den Buchstaben E mit dem Wort "R zum neuen Wort "ER, das er freudig dem ersten Bruder in die Hand gibt.

Ja, und der erste Bruder bildet ein neues Wort aus dem Buchstaben H und dem Wort "ER und liefert erleichtert an PRINT das Ergebnis "HER ab.

Abschließend wollen wir noch einmal das gleiche Beispiel mit dem Ablaufverfolger vorführen, damit deutlich wird, daß eigentlich auch hier das gleiche Ablaufschema dokumentiert wird.

```
?PR SPIEGEL "REH
        SPIEGEL HAT ALS EINGABE: REH
        SPIEGEL HAT ALS EINGABE: RE
        SPIEGEL HAT ALS EINGABE: R
        SPIEGEL HAT ALS EINGABE:
        SPIEGEL LIEFERT MIT OUTPUT:
        SPIEGEL LIEFERT MIT OUTPUT: R
        SPIEGEL LIEFERT MIT OUTPUT: ER
        SPIEGEL LIEFERT MIT OUTPUT: HER
HER
```

Solche Rekursionen arbeiten genausogut mit Listen. Wenn SPIEGEL die Elemente einer Liste umdrehen soll, müssen wir nur die entsprechenden Logofunktionen für Listen einbauen. Nennen wir diese geänderte Version SPIEGELS. Der Buchstabe S am Ende soll die Abkürzung für Satz sein und auf die Listenversion hinweisen.

```
TO SPIEGELS :SATZ
IF EMPTYP :SATZ [OP []]
OP SE LAST :SATZ SPIEGELS BL :SATZ
END
```

```
?PRINT SPIEGELS [ICH DU ER SIE ES]
       SPIEGEL HAT ALS EINGABE: ICH DU ER SIE ES
       SPIEGEL HAT ALS EINGABE: ICH DU ER SIE
       SPIEGEL HAT ALS EINGABE: ICH DU ER
       SPIEGEL HAT ALS EINGABE: ICH DU
       SPIEGEL HAT ALS EINGABE: ICH
       SPIEGEL HAT ALS EINGABE:
       SPIEGEL LIEFERT MIT OUTPUT:
       SPIEGEL LIEFERT MIT OUTPUT: ICH
       SPIEGEL LIEFERT MIT OUTPUT: DU ICH
       SPIEGEL LIEFERT MIT OUTPUT: ER DU ICH
       SPIEGEL LIEFERT MIT OUTPUT: SIE ER DU ICH
       SPIEGEL LIEFERT MIT OUTPUT: ES SIE ER DU ICH
ES SIE ER DU ICH
```

Wir haben im Folgebeispiel SPIEGELS leicht geändert. Das jeweils letzte Wort der Eingabeliste wird selbst auch noch einmal umgedreht mit der alten Rekursion SPIEGEL. Sehen wir uns diese Operationen und ein Beispiel an:

```
TO SPIEGELS :SATZ
IF EMPTYP :SATZ [OP []]
OP SE SPIEGEL LAST :SATZ SPIEGELS BL :SA
TZ
END

?PR SPIEGELS [ICH BIN NICHT DA!]
!AD THCIN NIB HCI
```

Das alte Beispiel QUERSUMME soll ebenfalls noch einmal als rekursive Operation gezeigt werden. Eingegeben wird immer nur die gewünschte Zahl, deren Ziffern dann einzeln ermittelt und mit der Logorechenoperation SUM aufaddiert werden. Endebedingung ist das leere Wort. Diesmal wird aber nicht das leere Wort abgeliefert, sondern die Zahl 0 zurückgegeben.

```
TO QUERSUMME :ZAHL
IF EMPTYP :ZAHL [OUTPUT 0]
OUTPUT SUM FIRST :ZAHL QUERSUMME BF :ZAHL
END
```

```
?PR QUERSUMME 123456
      QUERSUMME HAT ALS EINGABE: 123456
      QUERSUMME HAT ALS EINGABE: 23456
      QUERSUMME HAT ALS EINGABE: 3456
      QUERSUMME HAT ALS EINGABE: 456
      QUERSUMME HAT ALS EINGABE: 56
      QUERSUMME HAT ALS EINGABE: 6
      QUERSUMME HAT ALS EINGABE:
      SPIEGEL LIEFERT MIT OUTPUT: 0
      SPIEGEL LIEFERT MIT OUTPUT: 6
      SPIEGEL LIEFERT MIT OUTPUT: 11
      SPIEGEL LIEFERT MIT OUTPUT: 15
      SPIEGEL LIEFERT MIT OUTPUT: 18
      SPIEGEL LIEFERT MIT OUTPUT: 20
      SPIEGEL LIEFERT MIT OUTPUT: 21
21
```

Das alte NWEG wird ebenfalls noch einmal als rekursive Operation gezeigt:

```
TO NWEG :OBJEKT :ANZAHL
IF :ANZAHL = 0 [OUTPUT :OBJEKT]
OUTPUT NWEG BF :OBJEKT :ANZAHL - 1
END
```

Wir wollen noch zwei weitere Operationen kennenlernen. Die Operation soll aus nur einem einzigen Zeichen eine Zeichenkette bilden. Das gewünschte Zeichen und die Anzahl der Buchstaben der Kette werden als Programmvariable eingegeben:

```
TO FUELLER :ZCHN :ANZAHL
IF :ANZAHL = 0 [OP " ]
OP WORD :ZCHN FUELLER :ZCHN :ANZAHL - 1
END
```

```
?PRINT FUELLER "$ 15
$$$$$$$$$$$$$$$

?PRINT FUELLER "_ 20
_____

?PRINT FUELLER "% 15
%%%%%%%%%%%%%%%
```

Die Operation WORTINLISTE soll uns Wörter in Listen umwandeln. Das einzelne Element der Liste ist jeweils ein Buchstabe des Wortes:

```
TO WORTINLISTE :WORT
IF EMPTYP :WORT [OP []]
OP SENTENCE FIRST :WORT WORTINLISTE BF :WORT
END


?PRINT WORTINLISTE "HEUTE
HEUTE

?PRINT WORTINLISTE "GESTERN
GESTERN

?PR COUNT WORTINLISTE "GESTERN
7

?PR MEMBERP "T WORTINLISTE "GESTERN
TRUE

?PR MEMBERP "X WORTINLISTE "GESTERN
FALSE
```

Die Rekursion WORTINLISTE ist sinnvoll, und wir könnten sie benutzen, um zwei neue nützliche Operationen zu bilden. COUNTW ermittelt die Anzahl der Buchstaben eines Wortes, und MEMBERPW prüft, ob der vorgegebene Buchstabe in der Zeichenkette vorkommt.

```
TO COUNTW :WORT
OUTPUT COUNT WORTINLISTE :WORT
END

TO MEMBERPW :ZCHN :WORT
OUTPUT MEBERP :ZCHN WORTINLISTE :WORT
END


?PR COUNTW "HANNAMARIA
10

?PR MEMBERPW "R "HANNAMARIA
TRUE

?PR COUNTW FUELLER "$ 15
15

?PR FUELLER "A COUNTW "HANNAMARIA
AAAAAAAA
```

Weitere Beispiele können wir dem Übungsteil entnehmen.

10.2   Zusammenfassung und Übungen

1. Rekursionen sind Programme, die sich selbst aufrufen. Rekursive Operationen sind vom Benutzer erstellte Funktionen, die die Ergebnisse ihrer Verarbeitung mit OUTPUT abliefern.

2. Jede rekursive Operation läßt sich im wesentlichen in drei Teile zergliedern:
   - eine Endebedingung,
   - einen Verarbeitungsteil,
   - den erneuten Programmaufruf mit geänderten Eingaben.

3. Bei Erreichen der Endebedingung wird die Operation beendet, indem mit OUTPUT ein Wert abgeliefert wird. Häufig ist es das leere Wort oder die leere Liste, wenn Operationen mit Wörtern oder Listen stattfinden.

4. Der Verarbeitungsteil kennzeichnet, was eigentlich gemacht werden soll, wenn nicht gerade die Endbedingung vorliegt. Dieser Teil ist mit dem erneuten Programmaufruf der Kern der Rekursion. Bei Operationen mit Wörtern oder Listen wird jeweils mit dem einzelnen Element des Objekts eine Anweisung ausgeführt, die unmittelbar nach dem Logowort OUTPUT kommt.

5. Der erneute Programmaufruf hat geänderte Eingabewerte. Bei Wörtern oder Listen wird meistens das erste Element mit BUTFIRST entfernt. Bei Zahlen, die die Rekursion steuern, wird meistens die Ziffer 1 abgezogen. Dieser erneute Programmaufruf kann selbständig oder aber die Eingabe für eine Logofunktion sein (beispielsweise die zweite Eingabe für WORD).

6. Die «Theorie der kleinen Brüder» ist eine Möglichkeit, um sich den Ablauf von Rekursionen zu veranschaulichen.

7. Rekursionen laufen in der Weise ab, daß jedes aufgerufene Programm erst einmal die Werte ermittelt, die es bestimmen kann, und dann die Hilferufe formuliert. Beim Erreichen der Endebedingung werden Werte zurückgereicht, vom Empfänger mit den bereits ermittelten Daten zusammengesetzt und das Ergebnis wiederum an den vorangehenden Hilferufer zurückgegeben usw.

8. Um Logofunktionen für Listen auch für Wörter anwendbar zu machen, kann man eine Operation erstellen, die das Wort in eine Liste umwandelt. Jeder Buchstabe wird somit zu einem Element der Liste. Für diese Liste kann man jetzt die entsprechende Logofunktion einsetzen.

9. Rekursive Operationen haben im Gegensatz zu rekursiven Befehlen den Vorteil, daß sie mit anderen Funktionen verkettet werden können.

Neue Logovokabeln:
    SUM
    QUOTIENT   (in Verbindung mit den Übungsaufgaben)
    FPUT   (in Verbindung mit den Übungsaufgaben)

Aufgaben

1. Erstelle eine rekursive Operation, die die Elemente einer Liste zu einem Wort (zusammenhängende Zeichenkette) wandelt. Jedes Element der Liste ist ein Buchstabe oder ein Wort.

2. Erstelle eine Operation, die abhängig von der mit einer Ziffer gekennzeichneten Stelle eines Wortes oder einer Liste dieses Element ermittelt.

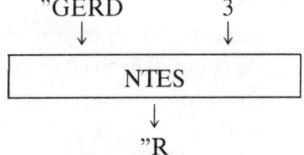

3. Erstelle eine Operation RBUEND, die ein eingegebenes Wort rechtsbündig mit führenden Zeichen liefert. Das gewünschte Zeichen ist ebenfalls ein Eingabewert. Benutze hierzu die schon bekannte Funktion FUELLER.

4. Erstelle eine Operation mit Namen VOKALKILLER, die vom jeweils eingegebenen Wort die Vokale durch einen Punkt ersetzt.

5. Wandle Dezimalzahlen nach dem Divisionsrestverfahren in Dualzahlen um. Das Divisionsrestverfahren sei schematisch für die Umwandlung der Dezimalzahl 43 vorgestellt:

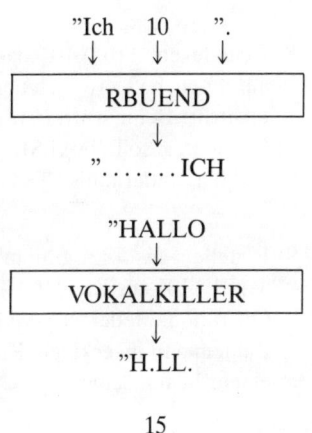

124 Rekursive Operationen

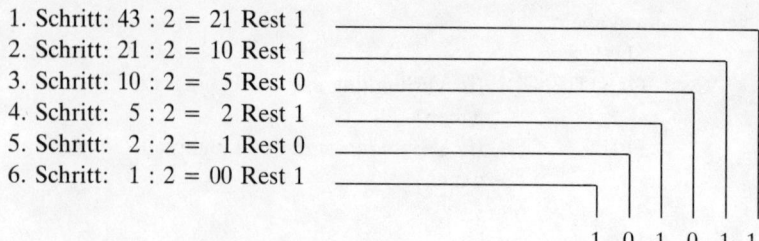

1. Schritt: 43 : 2 = 21 Rest 1
2. Schritt: 21 : 2 = 10 Rest 1
3. Schritt: 10 : 2 = 5 Rest 0
4. Schritt: 5 : 2 = 2 Rest 1
5. Schritt: 2 : 2 = 1 Rest 0
6. Schritt: 1 : 2 = 00 Rest 1

1 0 1 0 1 1

6. Modifiziere das Programm für die Clubkarte aus Abschnitt 4.5, indem die Operation LBUEND benutzt wird, um das jeweilige Eingabedatum mit Leerzeichen auf 20 Stellen aufzufüllen.

7. Erstelle ein Prüfwort, das das erste Wort mit dem zweiten Wort vergleicht und prüft, ob die alphabetische Reihenfolge gegeben ist.

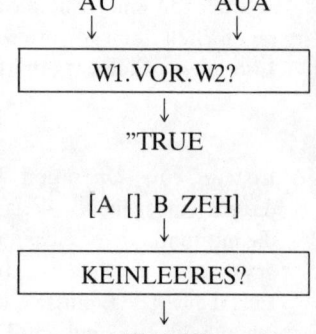

```
"AU        "AUA
 ↓          ↓
┌─────────────────┐
│  W1.VOR.W2?     │
└─────────────────┘
        ↓
      "TRUE
```

8. Erstelle ein Prüfwort, das eine Liste auf mögliche leere Listenelemente untersucht. Beim Antreffen eines leeren Elementes soll "FALSE ausgegeben werden, andernfalls "TRUE.

```
[A [] B ZEH]
        ↓
┌─────────────────┐
│  KEINLEERES?    │
└─────────────────┘
        ↓
     "FALSE
```

9. Erstelle das Programm WERTE-TABELLE aus Kapitel 9 als rekursive Operation. Jeder x-y-Wert wird als Zahlenpaar in eckigen Klammern zu einem Listenelement.

10. Erstelle eine Ausgaberoutine für eine Liste mit Zahlenpaaren in eckigen Klammern, die Elemente einer Liste sind. Jede Zahlenkolonne soll rechtsbündig mit führenden Leerzeichen ausgedruckt werden.

11. Erstelle eine Operation, die ein belie-
biges Wort und einen alphabetisch ge-
ordneten Satz (Liste) als Eingabe hat.
Das Wort soll in dem Satz alphabetisch
richtig eingefügt werden.

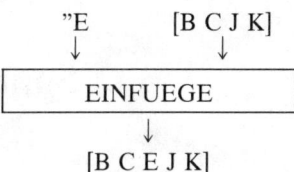

12. Erstelle eine Operation, die die Wörter einer Liste als alphabetisch sortier-
te Liste ausgibt. Hierzu die Ergebnisse
der Aufgaben 9 und 7 mitbenutzen.

11
Springe und Mache

11.1 Der Sprungbefehl

Der Befehl GO erlaubt uns, innerhalb eines Programms mehrere Anweisungszeilen zu überspringen. Die Einsprungstelle muß auf besondere Weise markiert werden. Sehen wir uns ein einfaches Beispiel an, das das Wort "SCHLEIFE in einer Endlosschleife unentwegt ausdruckt. Wir springen bei Programmende wieder auf den Programmanfang.

```
TO SCHLEIFE
LABEL "BEGINN
PRINT [IMMERZU DRUCKE ICH]
GO "BEGINN
END
```

Mit LABEL, gefolgt von einem Wort, wird in Programmen die Einsprungstelle markiert. Der GO-Befehl verlangt als Eingabe den Namen der Einsprungstelle. In den Folgeabschnitten wird eine Fülle von Beispielen· gezeigt, die unter anderem solche Sprunganweisungen verwenden.

11.2 Datenspeicher haben Namen und Inhalt

Bisher haben wir Datenspeicher immer im Zusammenhang mit Funktionsaufrufen mit Werten gefüllt. Wir wollen Möglichkeiten kennenlernen, auch innerhalb einer Funktion bestimmte Objekte mit einem Namen zu versehen und die Objekte unter dem vergebenen Namen wieder anzusprechen. Anschaulich können wir uns Datenspeicher als eine Schublade vorstellen, wobei natürlich viele solcher Schubladen möglich sind. Zum leichten Wiederfinden von Dingen hat jede Schublade auf der Stirnseite sichtbar eine Bezeichnung. Ziehen wir die Schublade auf, sehen wir den Inhalt.

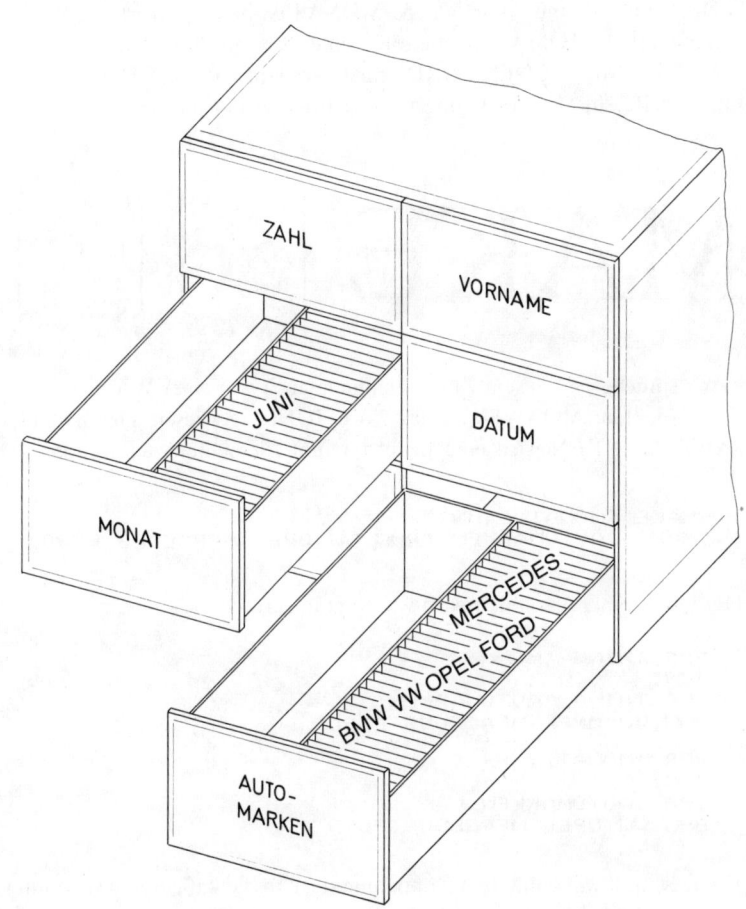

NAME der Schublade (Speicher - NAME)	INHALT der Schublade (Speicher - INHALT)
"MONAT "AUTOMARKEN	"JUNI [BMW VW OPEL MERCEDES FORD]

Die Schublade mit dem Namen "MONAT enthält das Wort "JUNI. Die Schublade "AUTOMARKEN enthält eine Liste mit fünf Wörtern: [BMW VW OPEL MERCEDES FORD]. In Logo wird solch ein Datenspeicher mit dem Befehl MAKE definiert. MAKE hat zwei Eingaben.

Wir sprechen in diesem Zusammenhang auch von einer Wertzuweisung. Der Variablen "MONAT wird das Wort "JUNI zugewiesen. Der Variablen "AUTOMARKEN wird eine Liste mit fünf Elementen zugewiesen.

```
?MAKE  "MONAT "JUNI
?MAKE  "AUTOMARKEN [BMW VW OPEL MERCEDES FORD]
```

Der Inhalt einer Variablen wird wie folgt abgerufen:

```
?PR THING "MONAT
JUNI
?PR THING "AUTOMARKEN
BMW VW OPEL MERCEDES FORD

?PR :MONAT
JUNI
?PR :AUTOMARKEN
BMW VW OPEL MERCEDES FORD
```

Die Schreibweise mit dem Doppelpunkt ist uns geläufiger und vertrauter. Wir wollen uns ein kleines Beispiel ansehen. Eine Funktion soll uns in der Variablen "LOTTOTIP sechs Zahlen für das Lottospiel 6 aus 49 liefern.

```
TO LOTTOZAHLEN
MAKE "LOTTOTIP [ ]
LABEL "ANFANG
MAKE "ZAHL SUM 1 RANDOM 49
TEST MEMBERP :ZAHL :LOTTOTIP
IFF [MAKE "LOTTOTIP SE :LOTTOTIP :ZAHL]
IF COUNT :LOTTOTIP = 6 [STOP]
GO "ANFANG
END
```

```
?LOTTOZAHLEN

?PONS
ZAHL IS 26
LOTTOTIP IS [31 5 15 22 29 26]
```

Mit PONS (Printout Names) können wir alle im Speicher vorhandenen Wertzuweisungen auflisten.

Mit dem Prüfwort NAMEP können wir feststellen, ob bereits ein Variablenname vergeben worden ist.

```
?PR NAMEP "LOTTOZAHLEN
FALSE
?PR NAMEP "LOTTOTIP
TRUE
```

Abschließend sehen wir eine Möglichkeit, die viele Programmiersprachen nicht zulassen. Wir können in Variablen die Namen von anderen Variablen speichern und von dieser Variablen den Inhalt ausdrucken lassen, ohne daß wir zwingend den Namen kennen müssen. Definieren wir zur Veranschaulichung drei Variable mit ihren Inhalten und listen wir sie mit PONS auf. Im Speicher sind noch zwei Variable vom vorherigen Programm. Löschen wir sie. Der Löschbefehl lautet ERN (Erase Names), dem eine Liste mit Variablennamen oder ein einzelnes Wort folgen kann.

```
?MAKE "ICH "DIETER
?MAKE "SIE "CLAUDIA
?MAKE "LISA "HALLO

?PONS
LISA IS HALLO
SIE IS CLAUDIA
ICH IS DIETER
ZAHL IS 26
LOTTOTIP IS [31 5 15 22 29 26]

?ERN [ZAHL LOTTOTIP]
?PONS
LISA IS HALLO
SIE IS CLAUDIA
ICH IS DIETER
```

In der folgenden Wertzuweisung wird dem Inhalt der Variablen "ICH das Wort "SIE zugewiesen. Das geht nur, wenn der Inhalt von "ICH ein Wort ist und somit Name einer Variablen sein könnte.

```
?MAKE :ICH "SIE
?PONS
LISA IS HALLO
SIE IS CLAUDIA
DIETER IS SIE
ICH IS DIETER
```

Im Folgebeispiel weisen wir dem Inhalt von "ICH den Inhalt von "SIE als Wert zu.

```
?MAKE :ICH :SIE
?PONS
LISA IS HALLO
SIE IS CLAUDIA
DIETER IS CLAUDIA
ICH IS DIETER

?PR :ICH
DIETER
?PR THING :ICH
CLAUDIA
```

11.3 Programmschleifen

Mehrfachwiederholungen sind auch durch kontrollierte Sprünge an den Programmanfang möglich. Im Gegensatz zu den rekursiven Funktionen nennt man diese iterative Funktionen. Grundsätzlich lassen sich alle Wiederholungen sowohl iterativ als auch rekursiv formulieren. In diesem Abschnitt wollen wir bereits bekannte Beispiele iterativ formulieren.

Betrachten wir das altbekannte Beispiel SPIEGEL:

```
TO SPIEGEL :OBJ
MAKE "ERGEBNIS "
LABEL "START
IF EMPTYP :OBJ [OP :ERGEBNIS]
MAKE "ERGEBNIS WORD :ERGEBNIS LAST :OBJ
MAKE "OBJ BUTLAST :OBJ
GO "START
END

?PR SPIEGEL "GESTERN
NRETSEG
```

Diese Funktion hat den Charakter einer Operation, da es das Ergebnis mit OUTPUT abliefert. Der Verarbeitungsteil liegt zwischen der Einsprungmarke "START und dem GO-Befehl. Bei jedem Durchlauf wird der letzte Buchstabe von :OBJ genommen und ans Ende des Inhalts vom Speicher :ERGEBNIS gehängt. Die Endebedingung folgt unmittelbar nach der Einsprungmarke. Wichtig ist, daß die Variable :ERGEBNIS erst einmal deklariert werden muß. Andernfalls würde das Programm abbrechen und die Fehlermeldung ausgeben: ERGEBNIS HAS NO VALUE. Die Anweisung WORD :ERGEBNIS LAST :OBJ kann nicht ausgeführt werden, da die Variable "ERGEBNIS nicht erklärt ist und somit auch kein Inhalt von "ERGEBNIS vorliegt.

Nach dem gleichen Schema ist auch QUERSUMME aufgebaut:

```
TO QUERSUMME :ZAHL
MAKE "SUMME 0
LABEL "ANFANG
IF EMPTYP :ZAHL [OP :SUMME]
MAKE "SUMME :SUMME + FIRST :ZAHL
MAKE "ZAHL BUTFIRST :ZAHL
GO "ANFANG
END

?PR QUERSUMME 12345
15
```

NWEG ist eine sogenannte Zählschleife. Entsprechend der vorgegebenen Anzahl werden die Anweisungen zwischen der Einsprungmarke und dem GO-Befehl durchlaufen.

```
TO NWEG :OBJ :ANZ
LABEL "START
IF :ANZ = 0 [OP :OBJ]
MAKE "OBJ BF :OBJ
MAKE "ANZ :ANZ - 1
GO "START
END

?PR NWEG "GESTERN 3
TERN
```

Bei solchen Zählschleifen läßt sich sehr viel bequemer der REPEAT-Befehl einsetzen. Diese Alternative ist in NWEG1 dargestellt.

```
TO NWEG1 :OBJ :ANZ
REPEAT :ANZ [MAKE "OBJ BF :OBJ]
OUTPUT :OBJ
END
```

Kontrollieren wir zum Abschluß, welche Variablen im Arbeitsspeicher sind:

```
?PONS
ERGEBNIS IS NRETSEG
SUMME IS 15
```

Wir finden nur zwei Variable vor, obwohl wir in den vorangegangenen Beispielen zusätzliche Variable benutzt haben. Variable, die durch Definition in der Kopfzeile von Funktionen vorgegeben werden, stehen nicht im Arbeitsspeicher. Auf diese Besonderheit wird in Kapitel 12 eingegangen.

11.4 Zusammenfassung und Übungen

1. Eine weitere Kontrollstruktur in Logo ist die Sprunganweisung GO. GO wird in Verbindung mit LABEL verwendet. Mit LABEL wird die Einsprungstelle markiert. GO und LABEL müssen dasselbe Wort als Eingabe haben. Mit einem GO-Befehl kann das Programm nicht verlassen werden.
2. Datenspeicher haben einen Namen und einen Inhalt. Name einer Variablen ist immer ein Logowort. Inhalt können Wörter, Zahlen und Listen sein.
3. Eine Variable wird mit dem MAKE-Befehl erzeugt. MAKE hat zwei Eingaben. Als erstes den Variablennamen und als zweites den Inhalt des Speichers.
4. Ein Speicherinhalt wird abgerufen, indem vor den Variablennamen die Operation THING gesetzt wird. Die Abkürzung für THING ist ein Doppelpunkt, der jetzt anstelle des Anführungsstrichs des Variablennamens gesetzt werden muß.
5. Schleifenprozesse lassen sich ebenfalls einfach erreichen, indem mit einer GO-Anweisung an den Programmanfang gesprungen wird.
6. Bevor Variable in Programmen verarbeitet werden können, müssen sie definiert worden sein. Zu Anfang eines Programms nennt man sinnvollerweise alle zu verwendenden Variablen und weist ihnen das leere Wort oder die leere Liste zu. Variablennamen, die in der Kopfzeile einer Funktion definiert worden sind, müssen natürlich nicht erneut erklärt werden.
7. Reine Zählschleifen sind sinnvoll mittels REPEAT-Anweisung zu erstellen.

Neue Logovokabeln:

GO
LABEL
MAKE
THING
ERN
PONS
NAMEP (in Verbindung mit Übungen)

Aufgaben

1. Schreibe die Aufgaben 1, 2, 4 und 5 aus Kapitel 10 als Iterationen entsprechend den oben dargestellten Beispielen.

2. Erstelle eine Sprungleiste, die abhängig von eingegebenen Zahlen auf entsprechende Programmteile verzweigt.

3. Erstelle ein Textanalyseprogramm, das eine eingegebene Zeichenkette bezüglich der Anzahl der vorkommenden Zeichen untersucht. Es soll eine Übersicht ausgedruckt werden, in der in alphabetischer Reihenfolge neben jedem Buchstaben die Anzahl seiner Verwendung ausgedruckt wird.

TEIL B

Logo für Fortgeschrittene

12
Lokales und Globales

In Kapitel 11 haben wir die Möglichkeit kennengelernt, Variable zu erzeugen, indem wir einem Wort einen bestimmten Inhalt zugewiesen haben. Mit dem MAKE-Befehl haben wir innerhalb einer Benutzerfunktion neue Speicherplätze erzeugt. Den Namen von Funktionseingaben können wir ebenfalls innerhalb der Benutzerfunktion neue Inhalte zuweisen. Diese bisher in der Kopfzeile einer Funktion angeführten Namen der Funktionseingaben werden auch als formale Parameter bezeichnet, die beim Funktionsaufruf mit aktuellen Werten gefüllt werden. Diese Parameter sind nur innerhalb der Benutzerfunktion bekannt und können somit ausschließlich von dieser Funktion benutzt werden, natürlich auch in Verbindung mit weiteren Funktionsaufrufen. Diese Funktionsparameter haben einen isolierten, lokalen, quasi privaten Charakter. Man spricht daher auch von lokalen Variablen. Erst durch diesen grundsätzlichen lokalen Charakter der Funktionseingaben können wir unbekümmert eine Funktion nach der anderen mit gleichen Parameternamen definieren, ohne daß Konflikte entstehen.

Knüpfen wir nun an das Ende von Kapitel 11 an. Betrachten wir noch einmal das Programm QUERSUMME. In QUERSUMME werden für Variable zwei Namen benutzt: "ZAHL und "SUMME. "ZAHL ist der Name eines Funktionsparameters (Funktionseingabe) und wird beim Aufruf von QUERSUMME mit einem aktuellen Wert versehen. Der Speicher "SUMME wird zum Aufsummieren der einzelnen Ziffern der eingegebenen Zahl benötigt. Nach Ablauf von QUERSUMME finden wir im Arbeitsspeicher nur die Variable "SUMME wieder. "ZAHL ist lokale Variable gewesen und somit nicht mehr bekannt. Im Gegensatz zur Variablen "ZAHL ist die Variable "SUMME als global zu bezeichnen. Solche Globalvariablen sind quasi öffentlich und können jederzeit von jeder Benutzerfunktion angesprochen werden. Im direkten Ausführungsmodus liefert PONS alle Globalvariablen des Arbeitsspeichers. Innerhalb von Funktionen liefert PONS nur die der Funktion bekannten Variablen.

Solche versehentlich entstandenen Globalvariablen lungern sinnlos im Arbeitsspeicher herum und könnten möglicherweise irgendwann und unerwartet unerklärliche Nebeneffekte bewirken, wenn wir zufällig Operationen mit diesem Variablennamen ausführen. Sinnvoll ist es daher, wenn wir durch den Befehl LOCAL solche Hilfsspeicher von vornherein nur für den Geltungsbereich der jeweiligen Funktion beschränken. Außerdem wird damit nicht unnötig Speicherplatz blockiert. Sehen wir uns die entsprechend geänderte Benutzerfunktion QUERSUMME an und testen wir sie:

```
TO QUERSUMME :ZAHL
LOCAL "SUMME
MAKE "SUMME 0
LABEL "ANFANG
IF EMPTYP :ZAHL [OP :SUMME]
MAKE "SUMME :SUMME + FIRST :ZAHL
MAKE "ZAHL BUTFIRST :ZAHL
GO "ANFANG
END

?PONS
?
?PR QUERSUMME 123
6
?
?PONS
?
```

Im folgenden wollen wir uns mit der Frage beschäftigen, wie sich Funktionen verhalten, wenn lokale und globale Größen gleichen Namens vorkommen und zu Eingaben von Funktionen werden.

In DEMO1 benutzen wir die lokale Größe "NAME. Als Globalvariable ist "NAME mit dem Inhalt "DIETRICH definiert worden. Innerhalb des Programms und nach Ablauf setzen wir PONS ein, um Variable ausdrucken zu lassen. Rufen wir DEMO1 auf und nehmen wir als aktuellen Wert den Inhalt der Globalvariablen:

```
TO DEMO1 :NAME
MAKE "NAME FIRST :NAME
PONS
END

?PONS
NAME IS DIETRICH
?
?DEMO1 :NAME
NAME IS D
?
?PONS
NAME IS DIETRICH
```

Wir sehen, daß eine Manipulation einer lokalen Variablen, die denselben Namen wie eine Globalvariable hat, die globale Größe inhaltlich unberührt läßt.
Auch DEMO2 belegt die eben gemachte Aussage:

```
TO DEMO2 :NAME
PR :NAME
MAKE "NAME WORD :NAME :NAME
PR :NAME
END


?PONS
NAME IS DIETRICH

?DEMO2 :NAME
DIETRICH
DIETRICHDIETRICH
?
?PONS
NAME IS DIETRICH
```

In DEMO3 hat die lokale Variable jetzt einen abweichenden Namen. Manipulieren wir jetzt die Variable "NAME, so ist die Globalvariable betroffen:

```
TO DEMO3 :WORT
PR :WORT
MAKE "NAME BF BF BF :NAME
PONS
END


?PONS
NAME IS DIETRICH

?DEMO3 "NAME
NAME
WORT IS NAME
NAME IS TRICH
?
?PONS
NAME IS TRICH


?PONS
NAME IS DIETRICH
?
?DEMO3 :NAME
DIETRICH
WORT IS DIETRICH
NAME IS TRICH
```

```
?
?PONS
NAME IS TRICH
```

DEMO4 zeigt, daß der gleiche Vorgang wie in DEMO3 auch indirekt
ohne Kenntnis des Namens der Globalvariablen möglich ist.

```
TO DEMO4 :WORT
PR :WORT
MAKE :WORT BF BF BF THING :WORT
PONS
END

?PONS
NAME IS DIETRICH
?
?DEMO4 "NAME
NAME
WORT IS NAME
NAME IS TRICH
?
?PONS
NAME IS TRICH
```

Abschließend stellen wir fest, daß Globalvariable nur dann verwendet
werden sollten, wenn sie tatsächlich global notwendig sind. Beispielsweise
werden in Kapitel 25 zwei Listen global verwendet, da mehrere Routinen
auf die Spielpositionen des Bedieners und Gegenspielers zugreifen und
dieser Weg bequemer ist, als das Herumreichen der Werte über Funktionsparameter. Weiteres Beispiel ist die Liste mit den y-Werten von Funktionen
in Kapitel 27, die beim Berechnen, bei Kontrolloperationen und der
Grafikausgabe mehrfach benutzt werden müssen. Namen von Funktionspa-
rametern sind immer lokal. Hilfsgrößen, die nur auf eine Funktion oder ihr
untergeordneter Funktionen beschränkt sind, sollten immer mit LOCAL
als lokale Größen definiert werden.

Mit lokalen Variablen vermeiden wir auch die Möglichkeit, daß zwei
Globalvariable versehentlich denselben Namen erhalten und wir mit der
Funktion, die diese Variable zum zweiten Mal benutzt, den alten Inhalt der
Globalvariablen unabsichtlich löschen (mit dem neuen Wert überschrei-
ben).

13
Verwalten des Arbeitsspeichers

13.1 Verpacktes Löschen, Schreiben und Verstecken

Wie oft erleben wir, daß eine Fülle von benutzerdefinierten Funktionen im Arbeitsspeicher stehen und weitere Funktionen von der Diskette zusätzlich eingelesen werden. Dies geschieht meistens, wenn wir bei der Programmentwicklung Funktionen aus vorangegangenen Programmen mitverwenden und nachladen, um sie nicht neu eintippen zu müssen. Aus dieser Menge wollen wir dann nur eine Teilmenge auf die Diskette speichern. Wie können wir elegant und bequem solche Aufgaben lösen? Machen wir uns also vertraut mit den Befehlen PACKAGE, PKGALL, BURY und UNBURY. Das Löschen von Funktionen mit den Befehlen ER und ERPS ist hinlänglich bekannt. ERPS löscht alle Funktionen im Arbeitspeicher, ER nur die benannte Funktion oder die in einer Liste benannten Funktionen.

ERPS
ER "FUELLER
ER [FUELLER LBUEND RBUEND]

Stehen beispielsweise 20 Benutzerfunktionen im Speicher und wir möchten nur zwei von ihnen auf einer Diskette speichern, wäre der bisherige Weg schon mit Tippaufwand verbunden. Man müßte die zwei gewünschten Funktionen besonders kennzeichnen, gegen Löschen schützen oder gesondert speichern können, dann wäre das alles angenehm einfach. Wie gehen wir also vor?

Im folgenden listen wir einige Funktionen auf, aus denen wir nur zwei auf die Diskette speichern wollen:

```
?POTS
TO REMPROPL :L
TO MEMBER :ə :əOBJ
TO CASE :FALL :FAELLE
TO OF :ə
TO BIS :ə
```

```
TO WIEDERHOLE :MACHE :BIS
TO DO :ə
TO WHILE :BEDINGUNG :MACHE
TO SOLANGE :BEDINGUNG :MACHE
TO FOR :VARə :Aə :Eə :Sə :BEFEHL
?PACKAGE "BRAUCHICH [FOR WHILE]
```

Was hat PACKAGE bewirkt? Tippen wir einmal PPS (Print out Properties) ein. PPS druckt alle Eigenschaften aus, die irgendwelchen Wörtern verliehen worden sind. Erinnern wir uns, daß Wörter die Namen von Benutzerfunktionen und auch Variablen sein können.

```
?PPS
WHILE'S PROCPKG IS BRAUCHICH
FOR'S PROCPKG IS BRAUCHICH
.SYSTEM'S BURY IS TRUE
?
```

Die Funktionsnamen FOR und WHILE haben die Eigenschaften PROCPKG (Procedure Package) mit dem Wert «BRAUCHICH». Auch mit dem Befehl PLIST (Property List) können wir gezielt die Eigenschaft eines Funktionsnamens erfragen:

```
?PRINT PLIST "FOR
PROCPKG BRAUCHICH

?PRINT PLIST "WHILE
PROCPKG BRAUCHICH
```

Gegen ein Löschen können wir solche Pakete schützen, indem wir den Befehl BURY, gefolgt von dem Paketnamen, eingeben. Jetzt können wir den Arbeitsspeicher mit einem Befehl von allen Funktionen befreien, die versteckten Funktionen wieder ans Tageslicht holen und sie auf Diskette schreiben.

```
?BURY "BRAUCHICH
?ERPS
?POTS
?
?PPS
BRAUCHICH'S BURY IS TRUE
.SYSTEM'S BURY IS TRUE
?
?UNBURY "BRAUCHICH
?
```

```
?POTS
TO WHILE :BEDINGUNG :MACHE
TO FOR :VAR∂ :A∂ :E∂ :S∂ :BEFEHL


?SAVE "DEMO1
2 PROCEDURES SAVED
```

Wir hätten auch dieses Paket direkt auf die Diskette schreiben können.

```
?SAVE "DEMO2 "BRAUCHICH
2 PROCEDURES SAVED
```

Wird ein Paket als solches auf eine Diskette geschrieben, so werden auch die Eigenschaften mitgespeichert. Auf diese Weise können Pakete in den Arbeitsspeicher gelesen werden, die nur aus versteckten Funktionen bestehen. Das kann für Schulungszwecke, aber auch für Programmentwicklungsphasen angenehm und übersichtlich sein, da wir Bekanntes nicht sehen wollen und der Schirm beim Benutzen von POTS oder POALL damit nicht immer vollgeschrieben wird.

Abschließend sei noch die Wirkung von PKGALL demonstriert. Hiermit können wir alles, einschließlich der vorhandenen Globalvariablen, zu einem Paket verschnüren und dieses Paket in bekannter Weise mit Eigenschaften belegen.

```
?MAKE "CHIP "WISSEN
?PKGALL "VERLAG
?
?PPS
CHIP'S VALPKG IS VERLAG
FOR'S PROCPKG IS FOR
.SYSTEM'S BURY IS TRUE


?PR THING "CHIP
WISSEN
?
?PR PLIST "CHIP
VALPKG VERLAG
```

Wir sehen, daß das Wort "CHIP als Variablenname die Eigenschaft VALPKG (Value Package) mit dem Wert "BRAUCHICH erhalten hat.

Verstecken wir mit BURY das Paket mit dem Namen "VERLAG, so wird dieses Paket und die Globalvariable :CHIP unsichtbar. PONS und auch ERNS bleiben auf diese Variable ohne Einfluß. Sind Benutzerfunktionen in anderen Paketen verpackt, so können wir Globalvariable isoliert auf Disketten speichern.

```
?
?BURY "VERLAG
?PPS
VERLAG'S BURY IS TRUE
FOR'S PROCPKG IS FOR
.SYSTEM'S BURY IS TRUE
?
?PONS
?
```

Zu Paketen zusammengefaßte Variable und Funktionen lassen sich als Teilgesamtheit unter Benutzung des Paketnamens:

Löschen	ERPS ‹Paketname›
Verstecken	BURY ‹Paketname›
Sichtbar machen	UNBURY ‹Paketname›
auf Diskette speichern	SAVE ‹Dateiname› ‹Paketname›

Eine Eigenschaft wird mit dem Befehl REMPROP (Remove Property) aufgehoben.

```
?REMPROP "WHILE "PROCPKG
?REMPROP "FOR "PROCPKG
```

Haben wir einmal mehr als zehn solcher Paketeigenschaften für Benutzerfunktionen aufzuheben, hilft da schon die folgende kleine Hilfsroutine, die die Eigenschaften für die in einer Liste eingegebenen Namen der Funktionen löscht.

```
TO REMPROPL :L
IF EMPTYP :L [STOP]
REMPROP FIRST :L "PROCPKG
REMPROPL BF :L
END

?REMPROPL [FOR WHILE SOLANGE DO CASE OF]
?
?
```

Wir sollten ein wenig mit diesen Funktionen spielen, um sie wirklich kennenzulernen und bei Bedarf schätzen zu lernen. Angemerkt sei, daß auch die Paketeigenschaften bei vielen Funktionsnamen Arbeitsspeicher beanspruchen. Zum Schluß sei demonstriert, wie das Programm für Kapitel 29 segmentiert und auf Diskette in Teilbausteinen gespeichert worden ist.

```
?POTS
TO PROGRAMMSTRUKTUR
TO ƏDRZEILE :ƏF :ƏP
TO ƏDRUCK :ƏFKTN :ƏPZAHL
TO ƏFKTN :Ə
TO ƏERKLAERT? :ƏF
TO ƏBEKANNT :ƏF
TO ƏPKTE :ƏANZ
TO ƏREKURSIV :ƏF
TO ƏRUFT :ƏL
TO ƏFKT? :ƏW
TO ƏDEF :ƏF

?PACKAGE "TREE1 [PROGRAMMSTRUKTUR]
?PACKAGE "TREE2 [ƏFKTN ƏFKT?]
?PACKAGE "TREE3 [ƏDEF ƏRUFT ƏFKT?]
?PKGALL "TREE4


?SAVE "PROGTREE1 "TREE1
1 PROCEDURES SAVED
?SAVE "PROGTREE2 "TREE2
1 PROCEDURES SAVED
?SAVE "PROGTREE3 "TREE3
3 PROCEDURES SAVED


?CATALOG

DISK VOLUME 79

    T    6 STARTUP.LOGO
    T    3 DEMO1.LOGO
    T    3 DEMO2.LOGO
    T    5 KONTROLLE.LOGO
    T    7 REPORTWRITER.LOGO
    T    3 PROGTREE1.LOGO
    T    3 PROGTREE2.LOGO
    T    4 PROGTREE3.LOGO
    T    4 PROGTREE4.LOGO
    T   15 MASKE.LOGO
    T    6 DEMO3.LOGO
```

13.2 Hilfe, der Arbeitsspeicher reicht nicht!

Der Arbeitsspeicher eines jeden Computers ist begrenzt. Irgendwann einmal müssen Teile aus ihm ausgelagert werden, damit Platz für andere Programme und Daten entsteht. Wir müssen also von Zeit zu Zeit den Arbeitsspeicher leeren. Vor allem, wenn wir größere Programme schreiben oder Programmteile von Disketten nachladen, muß Platz gemacht werden. Wer viel mit Rekursionen arbeitet, hat bestimmt schon die ärgerliche Meldung erhalten, daß kein Platz mehr da ist (OUT OF SPACE). Selbst wenn der Arbeitsspeicher fast leer ist, können Programmfehler den Arbeitsspeicher zustopfen. Das folgende Beispiel soll es belegen:

```
TO FUELLER :ZCHN :ANZAHL
IF :ANZAHL = 0 [OP " ]
OP WORD :ZCHN FUELLER :ZCHN :ANZAHL - 1
END


?PR FUELLER "X -2
OUT OF SPACE IN FUELLER
IF :ANZAHL = 0 [OP " ]
```

Bei Rekursionen muß sich der Computer mit jedem neuen Aufruf des rekursiven Programms entsprechende Hilfsspeicher anlegen, um die Ein- und Ausgabewerte zwischenzuspeichern. In der Rekursion FUELLER wird bei einer negativen Zahleneingabe die negative Zahl immer kleiner (-5, -6, -7, ...), doch die Abbruchbedingung Null wird nie erreicht. Der Computer baut immer neue Zwischenspeicher auf, und FUELLER ruft immer wieder FUELLER auf, bis der Computer zusammenbricht, weil kein Arbeitsspeicher mehr vorhanden ist.

Folgende Regeln sollten wir bei der Programmierung beherzigen:

1. Eine gute Technik ist es, daß man so selten wie möglich globale Variable verwendet. Damit sind wir der Sorge enthoben, daß Globalvariable unkontrolliert anwachsen und unbemerkt im Speicher schlummern und unnötig Platz wegnehmen. Nicht mehr benötigte Werte löschen.

2. Bei großen Programmen, bei denen sehr viele Funktionen gleichzeitig im Speicher gehalten werden müssen, hilft bei speicherkritischen Phasen meistens nur ein Umschreiben der rekursiven Funktionen in iterative Funktionen. Iterationen sind auch im Laufzeitverhalten günstiger.

3. Werden Variable oder Funktionen zu Paketen verschnürt, so wird auch hierfür Speicherplatz benötigt. Mit PPS bei Schwierigkeiten Pakete untersuchen und Platz freimachen. Vor allem auf versteckte Funktionen und Variable achten.

4. Werden Programme zu groß, sollten sie in sinnvolle Teilprogramme zerlegt werden. Die jeweils nur benötigten Teile werden dann von der Diskette nachgeladen. Die nicht benötigten Programme werden gelöscht und schaffen Platz für die nachzuladenden Programme. Vergleichen wir einmal das Leitprogramm aus Kapitel 29 als Beispiel.

```
TO PROGRAMMSTRUKTUR
LOAD "PROGTREE2
MAKE "3PROGS 3FKTN .CONTENTS.
ERPS "TREE2
LOAD "PROGTREE3
3DEF THING "3PROGS
ERPS "TREE3
BURY "TREE1
ERPS
LOAD "PROGTREE4
PR [WIE LAUTET(N) DIE LEITFUNKTION(EN) ?]
MAKE "3LTG RL
3DRUCK THING "3LTG 0
END
```

Ein schlechter Programmierstil wäre es, die Programmnamen und Variablennamen auf nur ein bis zwei Buchstaben zu begrenzen, um damit ein paar hundert Zeichen Arbeitsspeicherplatz herauszuquetschen.

14
Bildschirm und Cursorsteuerung

In den vorangegangenen Kapiteln haben wir bereits die Befehle zum Löschen des Grafik- und Textschirms kennengelernt. Im Grafikmodus haben wir die Alternative gezeigt, den Gesamtschirm oder nur einen Grafikteil mit zusätzlichen vier Textzeilen im unteren Schirmbereich zu nutzen. Das Umschalten vom Grafikmodus zum Textmodus geschieht durch den Befehl TEXTSCREEN. Das Umschalten vom Textmodus zum Grafikmodus erfolgt durch Eingeben irgendeines Grafikbefehls. Das Logosystem wählt dabei die Möglichkeit des geteilten Schirms (SPLIT-SCREEN). Stellen wir noch einmal diese Befehle zusammen:

CLEARSCREEN abgekürzt CS
CLEARTEXT
TEXTSCREEN
FULLSCREEN
SPLITSCREEN

Befinden wir uns im Grafikmodus, so löscht der Befehl CLEARTEXT nur die unteren vier Textzeilen des geteilten Schirms. Das Logosystem hält immer gleichzeitig den Textschirminhalt und den Grafikschirminhalt gespeichert. Jederzeit können wir auf einen der beiden Inhalte zugreifen, indem wir TEXTSCREEN oder einen Graphikbefehl (am besten FULL-SCREEN oder SPLITSCREEN) eingeben. Ein Beispiel hierzu, der einen schnellen Wechsel zwischen Text- und Grafikmodus zeigt, finden wir in Abschnitt 16.1.

Bisher haben wir den Bildschirm im Textmodus in der Weise genutzt, daß eine Zeile nach der anderen ausgegeben worden ist. Die Bildschirmzeilen sind dann irgendwann einmal nach oben «weggelaufen» (scrolling). Bei manchen Anwendungen ist es wünschenswert, einen feststehenden Bildschirminhalt in Form eines Formulars (Bildschirmmaske) zu benutzen. Nur an den vorgesehenen Stellen dieser Maske sollen Texte erscheinen oder gelöscht werden. Dies ist nur möglich, wenn wir Befehle haben, die den

Cursor an die gewünschte Bildschirmposition setzen. Im Textmodus wird der Cursor mit dem Befehl SETCURSOR auf dem Schirm positioniert. SETCURSOR hat eine Liste als Eingabe, in der das erste Element die Spalte (0 bis 39) und das zweite Element die Zeile (0 bis 23) angibt. Die Funktion CURSOR haben wir bereits in Kapitel 9 kennengelernt. CURSOR liefert die augenblickliche Position des Cursors und kann beispielsweise für Tabulatorfunktionen verwendet werden.

Im folgenden stellen wir einige kleine Hilfsbausteine vor, die bei späteren Programmen sinnvoll eingesetzt werden können.

Die Funktion HINWEIS soll an vorgegebener Stelle auf dem Bildschirm einen Text ausgeben. Dabei wird mit TYPE CHAR 7 kurz geklingelt.

```
TO HINWEIS :TXT :WO
SETCURSOR :WO
TYPE CHAR 7
TYPE :TXT
END
```

Die Funktion LOESCHEN löscht einen definierten Teilbereich einer Zeile. LOESCHEN hat die Cursorposition als erste Eingabe, dann das Löschzeichen (Leerzeichen oder ein anderes Zeichen) und als letztes die Länge der zu löschenden Teilzeile. LOESCHEN greift auf die Funktion STRICH zu, die die entsprechende Anzahl von Zeichen druckt, nachdem der Cursor positioniert worden ist.

```
TO LOESCHEN :WO :ZCHN :L
SETCURSOR :WO
STRICH :L :ZCHN
END

TO STRICH :L :ZCHN
REPEAT :L [TYPE :ZCHN]
END
```

Die Funktion STRICH wäre eigentlich voll ausreichend. Wir müssen nur vorher mit der tippfreundlichen Routine C den Cursor positionieren.

```
TO C :S :Z
SETCURSOR SE :S :Z
END
```

Das Logosystem bietet die Möglichkeit, Zeichen blinken zu lassen oder invertiert (schwarz auf weiß) zu drucken. Die jeweiligen Zeichen müssen nur gemäß der ASCII-Kode-Tabelle des Herstellers umgerechnet werden. TXT.INVERS druckt das eingegebene Wort in invertierter Form aus. Wir müssen vorher noch die Bildschirmstelle mit der Steuerfunktion C vorgeben.

```
TO TXT.INVERS :TXT
LABEL "START
IF EMPTYP :TXT [STOP]
TYPE INVERS FIRST :TXT
MAKE "TXT BF :TXT
GO "START
END


TO INVERS :ZCHN
TEST ASCII :TXT < 64
IFT [OP CHAR (128 + ASCII :ZCHN)]
IFF [OP CHAR (64 + ASCII :ZCHN)]
END
```

TXT.BLINKEN entspricht vom Aufbau her vollständig TXT.INVERS, bis auf die Umrechnung.

```
TO TXT.BLINKEN :TXT
LABEL "START
IF EMPTYP :TXT [STOP]
TYPE BLINKEN FIRST :TXT
MAKE "TXT BF :TXT
GO "START
END


TO BLINKEN :ZCHN
TEST ASCII :ZCHN < 64
IFT [OP CHAR (192 + ASCII :ZCHN)]
IFF [OP CHAR (128 + ASCII :ZCHN)]
END
```

Mit RUECKSCHRITT können wir den Cursor, egal wo er sich befindet, genau um eine Stelle zurücksetzen. Hier wird CURSOR benutzt, um den neuen Spaltenwert zu errechnen.

```
TO RUECKSCHRITT
SETCURSOR SE SUM -1 FIRST CURSOR LAST CURSOR
END
```

Die Funktion ENDE? soll demonstrieren, wie einfache benutzerorientierte Hinweise möglich sind. Nach dem Hinweis, wie das Programm beendet werden kann, wird mit WAIT zwei Sekunden gewartet, um Zeit zum Drücken der ESC-Taste zu lassen. Ist die Taste gedrückt worden, so wird nur in diesem Falle "TRUE geliefert. In allen anderen Fällen wird auf "FALSE erkannt.

```
TO ENDE?
HINWEIS [BEENDEN MIT ESC - TASTE]
WAIT 120
IF KEYP [OP EQUALP RC CHAR 27] [OP "FALSE]
END
```

In Kapitel 25 wird ein Programm vorgestellt, das mit dem Baustein MASKE beliebige Bildschirmmasken erzeugen kann und viele der hier vorgestellten Hilfsroutinen in gleicher oder ähnlicher Form verwendet.

15
Formen der Dateneingabe

In den vorangegangenen Kapiteln haben wir Daten entweder über Funktionseingaben oder durch Definieren von Variablen mit dem MAKE-Befehl in Programmen zur Verfügung stellen können. Eine weitere Möglichkeit bieten die Funktionen READLIST und READCHAR. Sie erlauben, daß der Benutzer zum Zeitpunkt des Programmlaufs Daten zur Verfügung stellen kann. Die Abkürzung für READLIST ist RL und für READCHAR RC. READLIST ist eine Operation und liefert alle über die Tastatur eingegebenen Daten als Liste ab. Weisen wir einmal der Globalvariablen "NAME das Ergebnis von READLIST zu und sehen uns den Inhalt der Eingabe an:

```
?MAKE "NAME RL
WIE GEHT'S ?
?SHOW :NAME
[WIE GEHT'S ?]

?SHOW FIRST :NAME
WIE

?SHOW FIRST RL
GUTEN TAG
GUTEN
```

Bei Verwendung von READLIST blinkt der Cursor weiter und markiert somit die Stelle auf dem Bildschirm, an der die Eingabedaten zu sehen sein werden. Als weiteres Beispiel für einen einfachen Datenerfassungsdialog folgt DIALOG:

```
TO DIALOG
(LOCAL "NAME "TELEFON "ORT)
TYPE [WIE HEISST DU ? ......:]
MAKE "NAME READLIST
TYPE [UND WO WOHNST DU ? ...:]
MAKE "ORT READLIST
```

```
TYPE [UND DEIN TELEFON ? ...:]
MAKE "TELEFON RL
PR "
<PR :NAME [, ICH RUFE DICH IN] :ORT [AN UNTER
DER NR.] :TELEFON>
END

?DIALOG
WIE HEISST DU ? ......:LISA
UND WO WOHNST DU ? ...:OBERRAD
UND DEIN TELEFON ? ...:72732

LISA , ICH RUFE DICH IN OBERRAD AN UNTER
DER NR. 72732
```

Der TYPE-Befehl wird benutzt, damit der blinkende Cursor in der
gleichen Zeile neben dem Doppelpunkt des ausgegebenen Textes erscheint.
Hätten wir statt dessen den PRINT-Befehl benutzt, so wäre der Cursor in
der Folgezeile am linken Rand positioniert worden. Denken wir daran, daß
RL immer eine Liste liefert. Soll nur ein Wort eingegeben werden, müssen
wir FIRST READLIST benutzen.

Die Operation READCHAR liefert nur einen einzigen Buchstaben, der
der jeweils gedrückten Taste entspricht. Im Gegensatz zu READLIST muß
hier die Eingabe nicht mit der RETURN-Taste beendet werden. Das
folgende Beispiel läßt eine bestimmte Taste erraten. Richtig ist nur die $-
Taste. In allen anderen Fällen wird der Buchstabe mit dem Hinweis
«Falsche Taste» ausgedruckt. Der Wartebefehl WAIT läßt Logo eine Sekunde lang warten, bevor die nächste Logoanweisung ausgeführt wird, um
Zeit zum Lesen zu lassen.

```
TO BEGINN
CLEARTEXT
PR [WELCHES IST DIE START - TASTE ?]
TYPE [DRUECKE EINE TASTE ...:]
IF RICHTIGETASTE? RC [STOP]
BEGINN
END

TO RICHTIGETASTE? :TASTE
IF :TASTE = "$ [PR [RICHTIG !] OP "TRUE]
<PR :TASTE [IST FALSCH !]> WAIT 60
OP "FALSE
END
```

```
?BEGINN
WELCHES IST DIE START - TASTE ?
DRUECKE EINE TASTE ...:J IST FALSCH !
WELCHES IST DIE START - TASTE ?
DRUECKE EINE TASTE ...:X IST FALSCH !
WELCHES IST DIE START - TASTE ?
DRUECKE EINE TASTE ...:RICHTIG !
```

Mit der Operation READCHAR lassen sich die unterschiedlichsten Eingabeprogramme entwickeln. Zu Datenerfassungszwecken können sämtliche Zeichen einer Überprüfung zugeführt werden, und die gesamte Tastatur kann gegen Fehlbedienung unter Kontrolle gehalten werden. Ein umfangreiches Beispiel hierfür ist Kapitel 25. Wir können jede Taste mit einer bestimmten Funktion hinterlegen. Beispiele hierzu sind die Abschnitte 16.2.4.1 und 16.2.4.2.

Ein wichtiges Prüfwort ist KEYP, das überprüft, ob eine Taste gedrückt worden ist. Man könnte dem Bediener beispielsweise eine Zeitspanne vorgeben, um Eingaben zu machen. Ist eine Eingabe gemacht worden, wird sie verarbeitet, oder der Schläfer wird mit Klingeln aufgeweckt. Wir könnten damit auch testen, wer innerhalb von drei Sekunden die meisten Anschläge erzielt. Aber bitte nicht die REPEAT-Taste des Keyboards mitbenutzen! Sehen wir uns dieses kleine Programm an:

```
TO TESTEN
PR [WERTE EINGEBEN]
PR [3 SEKUNDEN WARTET DER COMPUTER]
WAIT 180
TEST KEYP
IFT [PR PUFFERINHALT]
IFF [WECKEN TESTEN]
END

TO PUFFERINHALT
TEST KEYP
IFF [OP " ]
IFT [OP WORD READCHAR PUFFERINHALT]
END

TO WECKEN
REPEAT 10 [TYPE CHAR 7 PR [NICHT SCHLAFEN!]]
END


?TESTEN
WERTE EINGEBEN
3 SEKUNDEN WARTET DER COMPUTER
NICHT SCHLAFEN!
```

```
NICHT SCHLAFEN!
NICHT SCHLAFEN!
NICHT SCHLAFEN!
NICHT SCHLAFEN!
NICHT SCHLAFEN!
NICHT SCHLAFEN!
NICHT SCHLAFEN!
NICHT SCHLAFEN!
NICHT SCHLAFEN!
WERTE EINGEBEN
3 SEKUNDEN WARTET DER COMPUTER
GESCHAFFT
```

Die Funktion PUFFERINHALT ermittelt alle Buchstaben, die eingetippt worden sind. Im Eingabepuffer können also mehr als nur ein Buchstabe sein!

Als Abschluß wollen wir ein kleines Programm kennenlernen, das den Namen NICHTANFASSEN trägt. Das Programm ist in einer Dauerschleife und überprüft, ob jemand die Tastatur berührt. Sind Tasten berührt worden, so fängt NICHTANFASSEN zu schimpfen an. Ist keine Taste angefaßt worden, so schlummert NICHTANFASSEN mit einem BLUBBERN dösig vor sich hin.

```
TO NICHTANFASSEN
TEST KEYP
IFT [SCHIMPFEN LOESCHEN]
IFF [BLUBBERN]
NICHTANFASSEN
END

TO SCHIMPFEN
CLEARTEXT
SETCURSOR [0 0]
LZ 7 PR [VERDAMMT NOCH MAL !]
LZ 3 PR [WER FUMMELT DA AN MIR HERUM ???]
LZ 3 PR [AUFHOEREN !!!! FINGER WEG !!!]
BLINKEN
END

TO BLINKEN
HIDETURTLE
REPEAT 3 [FULLSCREEN WAIT 20 TEXTSCREEN WAIT 30]
TEXTSCREEN
CLEARTEXT
END
```

```
TO LOESCHEN
TEST KEYP
IFT [IGNORIERE RC LOESCHEN]
END

TO BLUBBERN
PR [BLUBBER]
WAIT 60
END

TO IGNORIERE :?
END

TO LZ :N
REPEAT :N [PR " ]
END
```

Mit BLINKEN erreichen wir, daß der gesamte Bildschirmtext blinkt, da wir wechselnd den Graphikschirm und Textschirm aktivieren. Der Eingabepuffer wird mit LOESCHEN leergemacht. LOESCHEN ruft sich so lange erneut auf, bis der Eingabepuffer geleert ist. IGNORIERE ist eine «Nullfunktion», sie macht nichts. Da wir mit RC jeweils ein Zeichen aus dem Eingabepuffer holen, müssen wir ja etwas mit diesem Zeichen machen. Wir hätten natürlich den Buchstaben immer derselben lokalen Variablen zuweisen können.

16
Kontrollstrukturen

16.1 Kontrollstrukturen in Logo

Im ersten Hauptteil dieses Buches haben wir fast alle Kontrollstrukturen von Logo kennengelernt. Wir haben ein- und zweiseitige Programmverzweigungen erstellt, die mit IF oder TEST, IFT und/oder IFF definiert werden konnten. Mehrfachwiederholungen haben wir unterschiedlich formulieren können. Wir haben den REPEAT-Befehl benutzt oder rekursive Funktionen erstellt. Mittels der Sprunganweisung GO, einer Einsprungmarke und einer zusätzlichen Abbruchbedingung haben wir eine weitere Form von Programmschleifen beschrieben.

Bei rekursiven Funktionen mußten wir Programme mit OUTPUT oder STOP beenden. OUTPUT mußte zwingend bei rekursiven Operationen verwendet werden, da ja neben dem Abbruch auch noch ein Wert an die vorangegangene rufende Funktion abgeliefert werden mußte. Bei rekursiven Befehlen wird der STOP-Befehl verwendet, wenn die Endebedingung erreicht ist.

Auch den RUN-Befehl haben wir bereits kennengelernt. Wichtig wird RUN im nächsten Abschnitt, wenn wir eigene Kontrollstrukturen nach unseren Bedürfnissen formulieren wollen. Stellen wir noch einmal als Übersicht die bekannten Strukturen und ihre zugehörigen Befehle zusammen.

Ein- und zweiseitige Verzweigungen	IF [Wahr-Zweig]
	IF [Wahr-Zweig] [Unwahr-Zweig]
	TEST
	IFTRUE [WAHR-Zweig]
	IFFALSE [Unwahr-Zweig]
Erzwungener Abbruch	OUTPUT
	STOP

Mehrfachwiederholung   REPEAT ‹Anzahl› ‹Anweisungen›
Sprunganweisung   GO ‹Einsprungmarke›
                              LABEL ‹Einsprungmarke›
Auswertung und Ausführung   RUN
einer Anweisungszeile
Eine weitere Abbruchmöglichkeit von Funktionen ist durch den Befehl
THROW "TOPLEVEL gegeben. Mit Toplevel ist der direkte Eingabemo-
dus gemeint. Veranschaulichen wir TOPLEVEL im Vergleich mit STOP an
den folgenden Demonstrationsbeispielen.

```
TO B
C
PR [ENDE VON PROGRAMM B]
END

TO C
PR [HIER IST PROGRAMM C]
THROW "TOPLEVEL
END

?B
HIER IST PROGRAMM C
?
```

Programm B ruft Programm C auf. Die zweite Anweisungszeile erzwingt
an dieser Stelle den Toplevel-Zustand. In der Wirkung ist das mit CTRL-G
vergleichbar, was ebenfalls den unbedingten Abbruch erzwingt. Hätten wir
die zweite Zeile im Programm mit dem STOP-Befehl definiert, so wäre nur
das Programm C abgebrochen worden, und Programm B wäre weitergelau-
fen.

```
?B
HIER IST PROGRAMM C
ENDE VON PROGRAMM B
```

Oftmals möchte man Programme in Testphasen nicht einfach abbrechen,
sondern nur anhalten. Wir können auf zweierlei Arten eine Funktion
anhalten: mit WAIT und mit PAUSE.
WAIT verlangt eine Zahl als Eingabe. 60 bedeutet eine Pause von einer
Sekunde, und 1 bedeutet eine Pause von einer sechzigstel. Wir können
Pausen vorsehen, um Zeit zu lassen, damit ein Benutzer Bildschirmtexte
lesen kann, bevor weitere Daten ausgegeben werden. Mit WAIT könnte

man auch ganze Schirminhalte blinken lassen. Man muß nur vom Textmodus in den Grafikmodus hin- und herschalten und dazwischen eine geeignete Pause lassen. Soll Grafik blinken, so muß vorher der Textschirm gelöscht werden, es sei denn, man hat Effekte beabsichtigt. Das gleiche gilt umgekehrt. Das folgende Beispiel demonstriert so etwas mit einer Texthinterlegung.

```
TO BLINKEN
SAUBERER.SCHIRM
SATZ
ACHT 60
REPEAT 20 [WARTEN]
END

TO SAUBERER.SCHIRM
CLEARSCREEN
CLEARTEXT
TEXTSCREEN
SETCURSOR [0 0]
END

TO SATZ
REPEAT 12 [PR " ]
PR [     DAS IST EINE LIEGENDE ACHT HIER !]
END

TO ACHT :RADIUS
CIRCLER :RADIUS
CIRCLEL :RADIUS
END

TO WARTEN
TEXTSCREEN
WAIT 10
FULLSCREEN
WAIT 10
END
```

Wird die Eingabe für WAIT in der Funktion kleiner als 3, kann das menschliche Auge dem Wechsel nicht mehr folgen. Man sieht nur noch «ein» Bild.

PAUSE hat ebenfalls ein Anhalten des Programms zur Folge. Nach einem PAUSE muß jetzt aber vom Benutzer der Anstoß zum Weitermachen gegeben werden. Dies geschieht mit dem Befehl CO (Continue). Das Anhalten kann auch jederzeit per Tastatur mit CTRL-Z erfolgen. Damit läßt sich aber kaum eine definierte Stelle erreichen. Das geht nur mit

PAUSE. PAUSE eignet sich gut, um bei größeren Programmen in der Testphase bestimmte Checkpunkte einzubauen. Dadurch gewinnen wir die Möglichkeit, Funktionsparameter und andere lokale Größen zu inspizieren oder Werte zu Testzwecken zu verändern. Nach einem PAUSE ändert sich das Promptzeichen. Als Promptzeichen erscheint der Programmname, gefolgt von einem Fragezeichen. Solange man kein CO zum Wiederanlauf eintippt, stehen uns alle Möglichkeiten offen. Wir können Variableninhalte ausdrucken, den Arbeitsspeicher bezüglich vorhandener Funktionen überprüfen oder andere Programme aufrufen lassen. Im folgenden sehen wir drei kleine Testfunktionen, die alle ein PAUSE eingebaut haben. Zuerst sehen wir uns die Funktion X an:

```
TO X
PR [HIER IST X]
PAUSE
PR [NACH DER PAUSE IN X]
END

TO Y :SATZ
PR [HALLO, HIER IST Y]
PAUSE
PR [IN Y NACH DER PAUSE]
END

TO Z
PR [PROG Z LIEFERT FUNKTIONSNAMEN]
POTS
END

?X
HIER IST X
PAUSING... IN X:
PAUSE
X ?POTS
TO Y :SATZ
TO X
TO Z
X ?PO "X
TO X
PR [HIER IST X]
PAUSE
PR [NACH DER PAUSE IN X]
END
```

```
X ?
X ?
X ?
X ?CO
NACH DER PAUSE IN X
?
?
?
```

Das bisher Gesagte läßt sich gut überprüfen. Rufen wir jetzt erneut die
Funktion Y auf und verfolgen wir die Möglichkeiten.

```
?Y [A B C]
HALLO, HIER IST Y
PAUSING... IN Y:
PAUSE
Y ?PR :SATZ
A B C
Y ?PR :WERT
WERT HAS NO VALUE
Y ?X
HIER IST X
PAUSING... IN X:
PAUSE
X Y ?CO
NACH DER PAUSE IN X
Y ?Z
PROG Z LIEFERT FUNKTIONSNAMEN
TO Y :SATZ
TO X
TO Z
Y ?CO
IN Y NACH DER PAUSE
?
```

16.2 Kontrollstrukturen anderer Programmier-sprachen mit Logo

Wer sich mit anderen Programmiersprachen beschäftigt hat, wird so manche Kontrollstruktur liebgewonnen haben. Ohne die FOR-NEXT-Schleife
wäre BASIC nicht vorstellbar. Die Fallauswahl (CASE...OF...) und die
Wiederholungsmöglichkeiten mit WHILE oder REPEAT...UNTIL wären
schon angenehm, da man liebgewonnene Arbeitstechniken nicht einfach
aufgeben will. In den folgenden Unterabschnitten wollen wir unsere eigenen Kontrollstrukturen definieren, die in größeren Programmprojekten
schnell sinnvolle und mächtige Programme zu definieren erlauben.

16.2.1 Die WHILE-DO-Anweisung

Die WHILE-DO-Anweisung hat zwei Eingaben. Als erstes wird die Abbruchbedingung dieser Wiederholungsanweisung eingegeben. Als zweites werden der Programmname oder die gewünschten Anweisungszeilen eingegeben.

```
TO WHILE :BEDINGUNG :MACHE
LABEL "START
IF RUN :BEDINGUNG [RUN :MACHE] [STOP]
GO "START
END


?MAKE "LISTE [A B C]
?WHILE [NOT EMPTYP :LISTE] [DRUCKE]
A
B
C


TO DRUCKE
PRINT FIRST :LISTE
MAKE "LISTE BF :LISTE
END
```

In der deutschen Sprache lautet diese Schleifenanweisung: SOLANGE (die definierte Bedingung zutrifft) MACHE (... das und das).

```
TO SOLANGE :BEDINGUNG :MACHE
LABEL "START
IF RUN :BEDINGUNG [RUN :MACHE] [STOP]
GO "START
END
```

Wer zum besseren Lesen von Logoprogrammen das Wörtchen DO oder das Wörtchen «MACHE» in der deutschsprachigen Version sehen möchte, muß nur die «Nulloperation» DO oder «MACHE» definieren, und schon ist auch dieser Wunsch erfüllt.

```
?MAKE "LISTE [A B C]
?WHILE [NOT EMPTYP :LISTE] DO [DRUCKE]
A
B
C
```

```
TO DO :ə
OP :ə
END

TO MACHE :ə
OP :ə
END

?MAKE "LISTE [A B C]
?SOLANGE [NOT EMPTYP :LISTE] MACHE [DRUCKE]
A
B
C
```

Zum Abschluß wird ein Beispiel geboten, das eine eingegebene Liste wortweise von rechts nach links «gespiegelt» in einer Zeile ausgeben soll. Mit WHILE und der Rekursion SPIEGEL ist das kein Auftrag.

```
?MAKE "L [ICH HEUTE GESTERN CLAUDIA LISA]
?WHILE [NOT EMPTYP :L] [TYPE SPIEGEL LAST
:L MAKE "L BL :L]  ASILAIDUALCNRETSEGETUEHHCI?
```

16.2.2   Die REPEAT-UNTIL-Anweisung

Diese Schleifenanweisung sollten wir nicht einfach mit dem Logobefehl REPEAT gleichsetzen. REPEAT hat immer eine Zahl als Eingabe und wird als Zählschleife bezeichnet. Die REPEAT-UNTIL-Schleife ist allgemeiner und kann beliebige Prüfwörter als Bedingung haben und natürlich ähnlich einer Zählschleife Zahlenober- und Untergrenzen überprüfen.

Im Gegensatz zur WHILE-DO-Anweisung wird dieser Schleifentyp immer mindestens einmal ausgeführt, da ja erst nach der Ausführung der Anweisung die Endbedingung überprüft wird. Diese Anweisung wiederholt etwas so lange, bis die vorgegebene Bedingung eingetreten ist. Das Programm und die nachfolgenden Beispiele müssen nicht weiter erläutert werden, da sie dem vorhergehenden Abschnitt entsprechen.

```
TO WIEDERHOLE :MACHE :BIS
LABEL "START
RUN :MACHE
IF NOT RUN :BIS [GO "START]
END
```

```
TO BIS :a
OP :a
END

?MAKE "LISTE [A B C]
?WIEDERHOLE [DRUCKE] [EMPTYP :LISTE]
A
B
C

?MAKE "LISTE [A B C]
?WIEDERHOLE [DRUCKE] BIS [EMPTYP :LISTE]

A
B
C

?MAKE "L [ABENDS MORGENS TAGSUEBER]
?WIEDERHOLE [TYPE SPIEGEL FIRST :L MAKE "L BF
:L] BIS [EMPTY P :L]
SDNEBASNEGROMREBEUSGAT?
```

16.2.3 Die FOR-Schleife

Die FOR-Schleife ist eine Zählschleife. Der Wert einer Variablen wird von einem Ausgangswert bis zu einem Endwert in vorgegebener Schrittweite verändert. Nach jeder Wertänderung dieser Variablen werden die vorgesehenen Anweisungen oder Programme mit diesem jeweiligen Variablenwert ausgeführt. Sehen wir uns das folgende einfache Beispiel zur Verdeutlichung an. Von den Zahlen 1 bis 5 sollen für jede ganze Zahl die Quadratzahlen gedruckt werden. Wir erkennen als erstes den Variablennamen, der natürlich beliebig sein kann, nachfolgend den Anfangswert, den Endwert, die Schrittweite und als Liste die Anweisung.

```
?FOR "I 1 5 1 [PR :I * :I]
1
4
9
16
25
```

Die in Logo formulierten FOR-Programme folgen. Die Variante FOR1 ist mit FOR identisch, ist aber für das Verständnis übersichtlicher gestaltet. Die Konstruktion mit Hilfe des REPEAT-Befehls macht das Programm auch etwas schneller in der Ausführung.

```
TO FOR :VARƏ :AƏ :EƏ :SƏ :BEFEHL
LOCAL :VARƏ
MAKE :VARƏ :AƏ
REPEAT SUM 1 (:EƏ - :AƏ) / :SƏ [RUN :BEFEHL
MAKE :VARƏ :SƏ + THING :VARƏ]
END


TO FOR1 :VARƏ :AƏ :EƏ :SƏ :BEFEHL
LOCAL :VARƏ
MAKE :VARƏ :AƏ
LABEL "START
RUN :BEFEHL
MAKE :VARƏ :SƏ + THING :VARƏ
IF THING :VARƏ > :EƏ [STOP]
GO "START
END


?FOR "I 60 65 1 [PR WORD CHAR :I CHAR :I]
<<
==
>>
??
ƏƏ
AA


?FOR "I 5 1 -1 [PR SQRT :I]
2.23607
2.
1.73205
1.41421
1.

?FOR "I 65 60 -1 [PR CHAR :I]
A
Ə
?
>
=
<
```

Kontrollstrukturen 165

Die Beispiele zeigen, daß auch rückwärts in der Zählschleife gezählt werden kann. Wir müssen nur eine negative Schrittweite eingeben. Wir können auch kleinere Wertveränderungen vornehmen und die Schrittweite kleiner als Eins machen.

```
?FOR "I 1.01 1.015 .001 [PR :I * 1000]
1010.
1011.
1012.
1013.
1014.
```

Doch hier wird für den Endwert die Anweisung nicht mehr ausgeführt. Ein kleiner Fehler von uns, der schnell erklärt ist. Der REPEAT-Befehl nimmt von der eingegebenen Zahl nur den ganzzahligen Anteil, somit von 5,99988 nur die Ziffer 5. Hätten wir das Divisionsergebnis aufgerundet, wäre alles richtig. Wir müssen also unsere FOR-Anweisung mit der Operation ROUND verbessern.

```
?PR (1.015 - 1.01) / .001
4.99988
?PR ROUND (1.015 - 1.01) / .001
5
```

16.2.4   Die Mehrfachverzweigung CASE-OF

Wir haben bisher die ein- und zweiseitige Programmverzweigung kennengelernt. Im folgenden wollen wir eine Kontrollstruktur entwickeln, die die Mehrfachverzweigung ermöglicht. Die Apple-Version z. B. hat nicht die hilfreiche Funktion MEMBER, die ein notwendiger Baustein für die CASE-OF-Kontrollstruktur ist. MEMBER arbeitet ähnlich wie die bereits vorgestellte Funktion ITEM, die bekanntlich ein mit einer Zahl ausgewähltes Element aus einer Liste holt. Sehen wir uns die folgenden Beispiele an, um uns mit MEMBER vertraut zu machen.

```
?PR MEMBER "C [A B C D E]
C D E
?PR MEMBER "3 "WORT73A
3A
```

166   *Kontrollstrukturen*

```
?PR FIRST BF MEMBER "B [A ICH B DU C ER]
DU
?PR FIRST BF MEMBER "2 [1 ICH 2 DU 3 ER]
DU
?PRINT ITEM 2 [ICH DU ER]
DU
```

Anschließend betrachten wir die rekursiv formulierte Funktion MEM-
BER und die jetzt bereits erklärte und bekannte Wirkungsweise der CASE-
OF-Kontrollstruktur.

```
TO CASE :FALL :FAELLE
OP FIRST BF MEMBER :FALL :FAELLE
END

TO MEMBER :ə :əOBJ
IF EMPTYP :əOBJ [OP :əOBJ]
IF :ə = FIRST :əOBJ [OP :əOBJ]
OP MEMBER :ə BF :əOBJ
END
```

Mit der CASE-OF-Struktur können wir beliebige Fallsituationen konstruieren und auf jeden dieser Fälle abhängig von dem eingegebenen
Einzelfall verzweigen. Die Fälle in der Liste können Wörter oder Listen
sein. Besonders sinnvoll sind Listen, da diese entweder gedruckt oder aber
die Eingabe für den RUN-Befehl werden können. Somit kann mit der
CASE-OF-Struktur auf verschiedene Daten verzweigt werden, die entweder als Programmdaten oder aber als Programm selbst interpretiert werden.
Die nachfolgenden Beispiele verdeutlichen es.

```
?PR CASE "I [Z [FALL Z] I [FALL I] B [FALL B]]
FALL I
?PR CASE "I OF [Z [FALL Z] I [FALL I] B [FALL B]]
FALL I

?PR CASE "J OF [I ITASTE J JTASTE K KTASTE]
JTASTE
?PR CASE "J OF [I [ITASTE] J [JTASTE] K [KTASTE]]
JTASTE

?RUN CASE "J OF [I [ITASTE] J [JTASTE] K [KTASTE]]
PROGRAMM JTASTE LAEUFT
```

```
TO ITASTE
PR [PROGRAMM ITASTE LAEUFT]
END

TO KTASTE
PR [PROGRAMM KTASTE LAEUFT]
END

TO JTASTE
PR [PROGRAMM JTASTE LAEUFT]
END
```

Die CASE-OF-Struktur hat in der Regel auch einen Fehlerausgang, über den bei fehlerhaftem Fall der Programmzusammenbruch vermieden werden soll. Fälle, die nicht vorgesehen oder vorher bedacht worden sind, können auf diese Weise ausgesteuert werden. Das folgende geänderte Programm enthält diese entsprechende Zusatzabfrage. Ist der Fall nicht vorgesehen, wird FEHLER geliefert, wobei FEHLER als Programm interpretiert werden kann und es jeweils unsere Aufgabe wäre, dies genauer zu definieren.

```
TO CASE :FALL :FAELLE
IF NOT MEMBERP :FALL :FAELLE [OP [FEHLER]]
OUTPUT FIRST BF MEMBER :FALL :FAELLE
END
```

16.2.4.1 Turtlegrafik über Softkeys

An dieser Stelle soll die angedeutete Idee des vorigen Abschnitts vertieft werden. Abhängig von einzelnen Tasten des Keyboards soll auf ein bestimmtes Programm verzweigt werden. Erstellen wir einen tastengesteuerten Turtlegrafiktrainer. Jede Taste soll eine bestimmte Turtlegrafikanweisung auslösen. Mit sechs elementaren Befehlen soll ein Anfänger wie mit einem Lichtgriffel geometrische Figuren zeichnen können. Folgende Befehle sollen realisiert werden:
- Löschen des Bildschirms und Einnehmen der Turtleausgangsposition
- Drehen nach rechts (10 Grad jeweils)
- Drehen nach links (10 Grad jeweils)
- Vorwärts (jeweils zehn Schritte)
- Rückwärts (zurück um jeweils 10 Schritte)
- Ausradieren von Fehlbewegungen.
Mit diesen Grafikbefehlen lassen sich alle Figuren, Kreise und Kreisbö-

gen zeichnen. Die Turtle kann versetzt werden, ohne Spuren zu hinterlassen. Gestrichelte Linien werden möglich. Folgende Tasten werden belegt:
- L für nach links drehen
- R für nach rechts drehen
- V für vorwärts
- Z für zurück (rückwärts)
- S für Schirmlöschen
- W für wegradieren.

Abgesichert gegen falsche Tasten wird über den Fehlerausgang der vorgestellten CASE-OF-Struktur. Ist der eingetippte Buchstabe nicht in der Liste mit den Fällen, so wird die Anweisung GO "SCHLEIFE geliefert. Die Fehleingabe ist damit ignoriert, ohne daß der Benutzer es merkt.

```
TO GRAPHIK
LABEL "SCHLEIFE
RUN CASE RC BEFEHLE
GO "SCHLEIFE
END


TO BEFEHLE
OP [L [LINKSDREHEN] R [RECHTSDREHEN] V [VORWAERTS]
   Z [RUECKWAERTS] S [LOESCHEN] W [RADIEREN]]
END


TO RADIEREN
PENERASE
BK 10
PENDOWN
END


TO RUECKWAERTS
BK 10
END


TO LOESCHEN
CS
END


TO ZURUECK
BK 10
END


TO VORWAERTS
FD 10
END
```

```
TO LINKSDREHEN
LT 10
END

TO RECHTSDREHEN
RT 10
END

TO CASE :FALL :FAELLE
IF NOT MEMBERP :FALL :FAELLE [OP FEHLER]
OP FIRST BF MEMBER :FALL :FAELLE
END

TO FEHLER
OP [GO "SCHLEIFE]
END
```

16.2.4.2 Menütechnik

Zur Abrundung wollen wir noch ein kleines Steuerprogramm kennenlernen, das über eine vorgegebene feste Auswahl (Menü) den Benutzer führt. Andere als die angegebenen Möglichkeiten sind nicht erlaubt. Die Tasten müssen somit wiederum gegen Fehlanschläge geschützt werden. Das Bildschirmmenü könnte dann wie folgt aussehen:

```
WELCHE LEKTION BITTE :

        TURTLEGRAPHIK .... A

        ASTRONEBEL ....... B

        REPEAT-BEFEHL .... C

        BEENDEN .......... E
```

Durch Eintippen des jeweiligen zugeordneten Buchstabens oder der zugeordneten Ziffer wird dann auf das Programm verzweigt. Statt solch einer Kursfolge könnte natürlich auch ein Menü zur Spieleauswahl oder auf Hilfsroutinen in komplexen Datenerfassungsprogrammen verzweigt werden und dergleichen. Das Prinzip wird immer gleich bleiben. Für unser Beispiel müßten wir noch die Programme LEKTIONA, LEKTIONB... erstellen.

```
TO LOGOKURS
LABEL "SCHLEIFE
MENUDRUCKEN
AUSWAHL
GO "SCHLEIFE
END

TO MENUDRUCKEN
CLEARTEXT
SETCURSOR [0 0]
REPEAT 4 [PR " ]
PR [WELCHE LEKTION BITTE :]
PR [] TAB 15 PR [TURTLEGRAPHIK .... A]
PR [] TAB 15 PR [ASTRONEBEL ....... B]
PR [] TAB 15 PR [REPEAT-BEFEHL .... C]
PR [] TAB 15 PR [BEENDEN .......... E]
END

TO TAB :STELLE
REPEAT (:STELLE - FIRST CURSOR) [TYPE " ]
END

TO AUSWAHL
LABEL "VERTIPPT
RUN (SE FALL RC AUS MENU)
END

TO MENU
OP [A LEKTIONA B LEKTIONB C LEKTIONC E ENDE]
END

TO FALL :FALL :FAELLE
IF NOT MEMBERP :FALL :FAELLE [OP FEHLER]
OUTPUT FIRST BF MEMBER :FALL :FAELLE
END

TO AUS :ᗌ
OUTPUT :ᗌ
END

TO FEHLER
PR CHAR 7 PR CHAR 7
OP [GO "VERTIPPT]
END

TO ENDE
THROW "TOPLEVEL
END

TO MEMBER :ᗌ :ᗌOBJ
IF EMPTYP :ᗌOBJ [OP :ᗌOBJ]
IF :ᗌ = FIRST :ᗌOBJ [OP :ᗌOBJ]
OP MEMBER :ᗌ BF :ᗌOBJ
END
```

Hingewiesen sei auf eine Abweichung im Gegensatz zu Abschnitt 16.2.4.1 bezüglich der Gestaltung der Auswahlliste. Hier sind die Elemente der Liste Wörter und nicht Listen. Da RUN aber eine Liste als Eingabe vorschreibt, mußten wir das Ergebnis der Fallauswahl noch in eine Liste umwandeln, indem SENTENCE vorangestellt wird. Die runden Klammern sind nötig, da SENTENCE nur eine Eingabe hat. Wir sehen, daß RUN-Anweisungszeilen in Verbindung mit der CASE-OF-Struktur unterschiedlich gestaltet werden können.

Interessant wird das obige Steuerprogramm, wenn man die jeweils gewünschten Lektionen, die ja selbst größere Programmpakete sein können, von der Diskette einliest. Wird eine andere Lektion gewünscht, werden diese Programme gelöscht. Somit sind kaum Arbeitsspeicherengpässe zu erwarten. Der Arbeitsspeicher hätte bei der vorigen Version sicherlich bei umfangreichen Lektionen nicht ausgereicht, da ja alle Lektionen im Speicher hätten stehen sollen. Nachfolgend werden die geänderten Funktionen von LOGOKURS aufgelistet:

```
TO LOGOKURS
LABEL "SCHLEIFE
MENUDRUCKEN
AUSWAHL
ERPS
GO "SCHLEIFE
END

TO AUSWAHL
LABEL "VERTIPPT
RUN VON.DISK.HOLEN FALL RC AUS MENU
START
END

TO VON.DISK.HOLEN :DATEI
IF :DATEI = "ENDE [ENDE]
IF :DATEI = [FEHLER] [OP FEHLER]
OP SE [LOAD] WORD "" :DATEI
END

TO FALL :FALL :FAELLE
IF NOT MEMBERP :FALL :FAELLE [OP [FEHLER]]
OUTPUT FIRST BF MEMBER :FALL :FAELLE
END
```

Alle Funktionen von LOGOKURS sind im Speicher unsichtbar gemacht,
damit der Löschbefehl ERPS nur die nicht mehr gewünschte Lektion löscht
und damit Platz für neue Lektionen schafft. Das Ergebnis der Fallauswahl
wird zur Eingabe der Funktion VON.DISK.HOLEN.
Kern ist die letzte Zeile, in der eine Liste gebildet wird, die den
gewünschten LOAD-Befehl enthält, der dann von RUN ausgeführt wird.
Zum Verstecken von Funktionen siehe Kapitel 13.
Die letzte Anweisungszeile in AUSWAHL heißt START. START ist das
Leitprogramm von jedem Programmpaket auf der Diskette. Das Lesen von
LEKTIONB und die gespeicherten Funktionen nach dem Einlesen sind
unten im Direktmodus nachempfunden.

```
?LOAD "LEKTIONB
?POTS
TO START

?PO "START
TO START
SETCURSOR [0 0]
CLEARTEXT
REPEAT 12 [PR " ]
PR [DIE UEBERSICHT ZU ASTRONEBEL :]
END
```

16.2.4.3 Telegrafiesender

Ein Sonderfall unserer Mehrfachverzweigung liegt vor, wenn sich alle Fälle
durch eine laufende Zählnummer ermitteln lassen. Die Fälle stellen sich
dann in der Liste so dar:
[1 FALLA 2 FALLB 3 FALLC 4 FALLD...]
Wenn solch eine Fallsammlung möglich ist, sollten wir immer die Logofunktion ITEM benutzen. Wir haben sie schon mehrfach kennengelernt.
ITEM hat eine Zahl und eine Liste der Fälle als Eingaben. Die Zahl n
kennzeichnet das n-te Element in der Liste, das von ITEM abgeliefert wird.
Mit der Zahl 2 als Eingabe wäre für das obige Beispiel FALLB geliefert
worden.
Viele Anwendungen können schnell hierauf zurückgeführt werden. Dies
gilt meistens, wenn alphabetische Reihenfolgen zugrunde liegen. Lassen
wir als Beispiel Buchstaben und Ziffern im Morsealphabet ausgeben, so ist
ITEM ideal. Wir müssen nur das jeweils eingegebene Zeichen geeignet

umrechnen, um die notwendige Kennzahl für ITEM zu erhalten. Der Buchstabe A wäre der erste Buchstabe in unserem Morsealphabet, B der zweite Buchstabe usw. Da A die Kodierungsnummer 65 in der ASCII-Kode-Tabelle hat, muß nur die Zahl 64 abgezogen werden, um die Zählnummer 1 zu erhalten. Das zugehörige Morsezeichen für einen Buchstaben ist dann wie folgt mit CODE1 zu ermitteln:

```
TO CODE1 :ZCHN
OP ITEM (ASCII :ZCHN) - 64 [._ _.... _._. _.. . ..._. _. ..... .. .__ _._ ._.. __
_. .__ .__. __._ _._ ... _ .._ ..._ ._ _.._ _._ __..]
END
```

Die Dezimalziffern werden wie folgt ermittelt:

```
TO CODE2 :ZCHN
OP ITEM (ASCII :ZCHN) - 47 [_____ .____ ..___ ...__ ...._ ..... _.... __... ___.. ____.]
END
```

Um zusammenhängende Texte im Morsealphabet auszugeben, müssen wir die eingegebene Zeichenkette nur zeichenweise von links nach rechts abarbeiten und mit unseren obigen Funktionen umsetzen lassen. Da wir nur die Dezimalziffern und die Buchstaben von A bis Z vorsehen wollen, müssen wir entsprechende Prüffragen im Programm vorsehen und falsche Zeichen einfach übergehen. In dem Beispiel haben wir eine akustische Ausgabe vorgesehen, indem mit PR CHAR 7 die Terminalklingel angeschlagen wird. Wer will, kann einfach die Funktionen ändern und die Zeichen ausdrucken lassen.

```
TO MORSEN :TXT
LABEL "ANFANG
IF EMPTYP :TXT [STOP]
IF FIRST :TXT = CHAR 32 [WAIT 30 MAKE "TXT BF :TXT GO "ANFANG]
IF NOT ZULAESSIG? ASCII FIRST :TXT [MAKE "TXT BF :TXT GO "ANFANG]
TEST ASCII FIRST :TXT < 65
IFT [UMSETZEN CODE2 FIRST :TXT]
IFF [UMSETZEN CODE1 FIRST :TXT]
WAIT 15
MAKE "TXT BF :TXT
GO "ANFANG
END
```

```
TO ZULAESSIG?  :Z
TEST OR (:Z > 47) (:Z < 57)
IFT [OP "TRUE]
TEST OR (:Z > 64) (:Z < 91)
IFT [OP "TRUE]
OP "FALSE
END

TO UMSETZEN :MC
IF EMPTYP :MC [STOP]
IF FIRST :MC = ". [KURZ] [LANG]
UMSETZEN BF :MC
END

TO KURZ
PR CHAR 7
WAIT 2
END

TO LANG
(PR CHAR 7 CHAR 7 CHAR 7)
WAIT 8
END
```

16.3 Definieren von Fehlerausgängen

Zu den Kontrollstrukturen in Logo gehören noch die Befehle CATCH und
THROW. CATCH und THROW sind ein Befehlspaar, ähnlich dem Befehlspaar GO und LABEL. THROW übergibt (wirft) die Programmkon-
trolle an das zugehörige CATCH. Die Zusammengehörigkeit wird durch
einen gemeinsamen Namen festgelegt, der die Eingabe für CATCH und
THROW ist. Wird der Befehl THROW "FEHLER innerhalb einer Benutzerfunktion vorgefunden, so wird die zugehörige Markierung CATCH
"FEHLER gesucht, die in irgendeinem vorangegangenen Teilprogramm
definiert worden sein muß. Wir können also mit CATCH und THROW
unsere eigenen Programmausgänge definieren. Somit können wir aus Programmen herausspringen und an eine zurückliegende Stelle innerhalb des
abgelaufenen Gesamtprogramms zurückverzweigen.

Verdeutlichen wir dies an einem kleinen Beispiel. In den Programmen A
bis E werden Druckbefehle ausgegeben, die uns ein Verfolgen des Ablaufs
gestatten. Das Programm D sieht einen direkten Rücksprung nach Programm A und mit E das Programmende vor.

```
TO A
CATCH "B [B]
PR [LETZTE ZEILE IN PROG A]
END

TO B
PR [IN B UND RUFT C]
C
END

TO C
PR [RUFE JETZT D]
D
END

TO D
PR [IN D JETZT]
PR [ZURUECK NACH A ODER NACH E ?]
TEST FIRST RL = "A
IFF [E]
PR [NACH A ZURUECK JETZT MIT THROW "B]
THROW "B
END

TO E
PR [PROGRAMMENDE ERREICHT]
THROW "TOPLEVEL
END
```

Lassen wir das Testprogramm A ablaufen und sehen wir uns beide
Ergebnisse abhängig von der Benutzereingabe in D an:

```
?A
IN B UND RUFT C
RUFE JETZT D
IN D JETZT
ZURUECK NACH A ODER NACH E ?

A
NACH A ZURUECK JETZT MIT THROW "B
LETZTE ZEILE IN PROG A

?A
IN B UND RUFT C
RUFE JETZT D
IN D JETZT
ZURUECK NACH A ODER NACH E ?
E
PROGRAMMENDE ERREICHT
```

Wichtig ist, daß mit CATCH als zweiter Eingabe eine Anweisungsliste eingegeben wird. Nur was auf diese Weise unserem CATCH "FEHLER vorgestellt worden ist, kann später auf seine Verbindung zu CATCH zurückgreifen und mit THROW "FEHLER zurückspringen. Daran müssen wir denken, sonst kann die «Fangschaltung» nicht klappen. Sehen wir uns hierzu noch ein weiteres kleines Beispiel an. Im vorangegangenen Abschnitt haben wir den Fehlerausgang bei der Mehrfachauswahl etwas aufwendig realisieren müssen. Vergleichen wir noch einmal aus Abschnitt 16.2.4.1 das Programm GRAPHIK:

```
TO GRAPHIK
LABEL "SCHLEIFE
RUN CASE RC BEFEHLE
GO "SCHLEIFE
END

TO CASE :FALL :FAELLE
IF NOT MEMBERP :FALL :FAELLE [OP [FEHLER]]
OUTPUT FIRST BF MEMBER :FALL :FAELLE
END

TO FEHLER
OP [GO "SCHLEIFE]
END

TO BEFEHLE
OP [L [LINKSDREHEN] R [RECHTSDREHEN] V [VORWAERTS] Z [RUECKWAERTS] S [
LOESCHEN] W [RADIEREN]]
END
```

Die Funktion FEHLER können wir einsparen und innerhalb von CASE direkt im Fehlerfall an den Anfang von GRAPHIK zurückverzweigen:

```
TO GRAPHIK1
LABEL "SCHLEIFE
CATCH "SCHLEIFE [RUN CASE1 RC BEFEHLE]
GO "SCHLEIFE
END

TO CASE1 :FALL :FAELLE
IF NOT MEMBERP :FALL :FAELLE [THROW "SCHLEIFE]
OUTPUT FIRST BF MEMBER :FALL :FAELLE
END
```

Logo kennt als Eingaben für THROW zwei Spezialwörter, nämlich
"TOPLEVEL und "ERROR. THROW "TOPLEVEL führt zu sofortigem
Programmabbruch und entspricht damit in der Wirkung einem direkt
eingetippten CTRL-G. THROW "ERROR wird vom Logosystem automatisch ausgeführt, wenn irgendein Fehler auftritt. Liegt kein entsprechendes
CATCH "ERROR vor, das vom Benutzer definiert worden sein muß,
druckt das Logosystem die entsprechende Fehlermeldung aus und pausiert.
Solche Fehlermeldungen kennen wir zur Genüge. Was passiert nun, wenn
wir so ein CATCH "ERROR in einer Benutzerfunktion vorsehen?

```
TO AUFDISK :DATEI
ERASEFILE :DATEI
SAVE :DATEI
END

?AUFDISK "DUDA
FILE NOT FOUND IN AUFDISK:
ERASEFILE :DATEI
```

AUFDISK soll also den Arbeitsspeicherinhalt auf der Diskette speichern
und die gleichnamige Datei vorher löschen. Erinnern wir uns, daß das
ERASEFILE bei bereits definierten Dateien der einzige Weg ist, um diese
geänderte Datei unter demselben Namen wieder abspeichern zu können. In
dem Beispiel hat aber die entsprechende Datei "DUDA nicht vorgelegen.
Die Fehlermeldung sagt es uns. Im Normalfall müßten wir jetzt selbst direkt
SAVE "DUDA eingeben. Ändern wir also jetzt unser Programm und
bauen wir CATCH "ERROR ein:

```
TO AUFDISK1 :DATEI
CATCH "ERROR [ERASEFILE :DATEI]
SAVE :DATEI
END

?AUFDISK1 "DUDA
0 PROCEDURES SAVED
```

Das THROW "ERROR wird von CATCH "ERROR aufgefangen, und
die unmittelbar nachfolgende Anweisungszeile kommt zur Ausführung. Da
jetzt der SAVE-Befehl angetroffen wird, wird wie gewünscht der Inhalt des
Arbeitsspeichers auf die Diskette geschrieben. (In diesem Falle keine
Benutzerfunktion, da alles mit BURY versteckt war.)
  Die Fehlerfangschaltung können wir auch benutzen, um die englischen
Fehlerkommentare zu unterdrücken und eigene vorzusehen:

```
TO ERF :DATEI
CATCH "ERROR [ERASEFILE :DATEI]
IF EMPTYP ERROR [STOP]
PR CHAR 7
PR [WELCHE DATEILOESCHEN ??]
<PR [DIE DATEI] :DATEI [GIBT'S NICHT!]>
PR [NOCH MAL]
END
```

Die Logofunktion ERROR ist eine Operation, die nach einem aufgetretenen Fehler die Fehlerbeschreibung liefert. Im Normalfall, wenn kein Fehler vorangegangen ist, liefert die Operation ERROR die leere Liste. Da bei einem Fehler ERROR eine Liste mit der vorgefundenen Fehlerbeschreibung liefert, wird die Funktion ERF nicht beendet, sondern liefert mit einem Klingeln einen deutlichen Rüffel.

Das Beispiel SYNTAXCHECKER ist rekursiv und führt jeweils die Eingabezeile aus. Bei einem Syntaxfehler klingelt es, und es wird ein Fehler mitgeteilt.

```
TO SYNTAXCHECKER
CATCH "ERROR [RUN RL]
IF NOT EMPTYP ERROR [TYPE CHAR 7 PR "FEHLER]
SYNTAXCHECKER
END


?SYNTAXCHECKER
PR3+7
FEHLER
PR3 +7
FEHLER
PR 3+7
10

PAUSING... IN SYNTAXCHECKER:
CATCH "ERROR [RUN RL]
SYNTAXCHECKER ?THROW "TOPLEVEL
```

SYNTAXCHECKER könnte natürlich ausgebaut werden und für den Logoanfängerunterricht in Verbindung mit Kapitel 1 Lernhilfen bieten, indem nicht einfach «Fehler», sondern aufgrund einer Analyse von ERROR ausführliche deutschsprachige Hinweise ausgegeben werden. Mit CTRL-G können wir das obige Programm nicht unterbrechen, sondern nur mit CTRL-Z und dem Befehl THROW "TOPLEVEL.

Abschließend sehen wir uns einen benutzerdefinierten Fehlerausgang an, der von zwei Funktionen angesprochen wird. IN ERF und VERARBEI-TEN springen wir bei auftretendem Fehler ins Leitprogramm zurück. Bei vorliegendem Fehler wird die Routine NOTAUSGANG angesprochen, die in einem Dialog den Fehler meldet, mittels PAUSE eine Datenkorrektur ermöglicht und einen erneuten Programmlauf zuläßt oder nicht – ganz wie wir wünschen.

```
TO LEITPROGRAMM
CATCH "NOTFALL [VERARBEITEN]
IF FEHLER [NOTAUSGANG LEITPROGRAMM]
PR [VERARBEITEN WAR OKAY]
END

TO VERARBEITEN
CATCH "ERROR [ERF :DATEI]
THROW "NOTFALL
END

TO ERF :DATEI
CATCH "ERROR [ERASEFILE :DATEI]
THROW "NOTFALL
END

TO FEHLER
MAKE "FEHLER ERROR
IF EMPTYP :FEHLER [OP "FALSE] [OP "TRUE]
END

TO NOTAUSGANG
PR [WAS SOLL JETZT GESCHEHEN ?]
PR [FOLGENDER FEHLER IST PASSIERT:]
PR :FEHLER
PR [BITTE DATEN KORRIGIEREN...]
PAUSE
PR [WEITERMACHEN .... ?]
TYPE [JA ODER NEIN]
IF FIRST RL = "JA [STOP]
THROW "TOPLEVEL
END
```

Das folgende Ablaufprotokoll soll das Beispiel im Test beschreiben. Löschen wir vorher noch im Arbeitsspeicher alle Variablen. Welche Fehler treten auf:

1. Im ersten Durchlauf hat der Parameter :DATEI der Funktion ERF keinen Wert (vgl. unten).

2. Nachdem wir dem Wort "DATEI den Wert "HIHAHU zugewiesen haben, läuft das Programm erneut an und stellt fest, daß auf der Diskette diese Datei nicht existiert. (vgl. unten). Wir listen jetzt erst einmal das Inhaltsverzeichnis der Diskette auf. Wir wollen ADRESSEN7 löschen.

3. Aus Versehen haben wir bei der Wertzuweisung für "DATEI statt "ADRESSEN7 ADRESSEN7 eingegeben. Doch diese Funktion existiert nicht.

Endlich hat alles geklappt.

```
?LEITPROGRAMM
WAS SOLL JETZT GESCHEHEN ?
FOLGENDER FEHLER IST PASSIERT:
36 [DATEI HAS NO VALUE] VERARBEITEN [CATCH
"ERROR [ERF :DATE I]] CATCH DATEI
BITTE DATEN KORRIGIEREN...
PAUSING... IN NOTAUSGANG:
PAUSE
NOTAUSGANG ?MAKE "DATEI "HIHAHU
NOTAUSGANG ?CO
WEITERMACHEN ....?
JA ODER NEINJA
WAS SOLL JETZT GESCHEHEN ?
FOLGENDER FEHLER IST PASSIERT:
17 [FILE NOT FOUND] ERF [CATCH "ERROR
[ERASEFILE :DATEI]] ERASEFILE []
BITTE DATEN KORRIGIEREN...
PAUSING... IN NOTAUSGANG:
PAUSE
NOTAUSGANG ?CATALOG

DISK VOLUME 254

A    2 HELLO
T    2 ADRESSEN0.LOGO
T    2 ADRESSEN1.LOGO
T    2 ADRESSEN2.LOGO
T    2 ADRESSEN3.LOGO
T    2 ADRESSEN4.LOGO
T    2 ADRESSEN5.LOGO
T    2 ADRESSEN6.LOGO
T    2 ADRESSEN7.LOGO
T    4 DATEIVERARBEITEN.LOGO
T    5 DATEI.LOGO
T    5 ERFASSEN.LOGO
T    3 DATEIZUSATZ.LOGO
T   15 TURTLESHAPES.LOGO
T    7 FEHLERAUSGANG.LOGO
```

```
NOTAUSGANG ?ADRESSEN7
I DON'T KNOW HOW TO ADRESSEN7
NOTAUSGANG ?MAKE "DATEI "ADRESSEN7
NOTAUSGANG ?CO
WEITERMACHEN .... ?
JA ODER NEINJA
VERARBEITEN WAR OKAY
VERARBEITEN WAR OKAY
VERARBEITEN WAR OKAY
?
```

Die rekursive Formulierung von Leitprogramm ist anschaulich. Doch wir sollten bei eigenen Programmen, wie oben in GRAFIK1, mit einem GO-Befehl an den Anfang zurückspringen, da durch vielfaches rekursives Aufrufen Speicherplatz unnötig belegt wird, was bei großen Programmen ins Gewicht fallen kann.

Bei der Verwendung von CATCH "ERROR sei darauf hingewiesen, daß in der vorliegenden Logo-Version die nachgestellte Anweisungsliste nur zuverlässig arbeitet, wenn Befehle als Anweisungen enthalten sind. Liegen Operationen vor, können Fehler auftauchen (vgl. hierzu das Beispiel NACHF in Kapitel 18).

17
Turnkey-Systeme in Logo

Unter einem Turnkey-System versteht man die Tatsache, daß ein Computer mit dem Einschalten des Stroms nach dem Laden des Betriebssystems auch noch die Anwendungssoftware für den jeweiligen Individualfall lädt und diese Anwendersoftware startet. Der Benutzer sieht nach dem Einschalten (Turnkey = Schlüsseldrehen) gleich seine Begrüßung und kann beginnen.

Logo bietet die Möglichkeit, die jeweils gewünschte Benutzersoftware nach dem Einschalten automatisch in den Arbeitsspeicher zu laden. Der Benutzer muß nur noch die jeweils vereinbarte Startfunktion eingeben und die RETURN-Taste drücken (hier das Leitprogramm namens START zur Ausführung bringen).

Beim Laden des Logosystems wird als letztes grundsätzlich die Datei «STARTUP» von der Diskette eingelesen. Es liegt am Benutzer, welchen Inhalt diese Diskettendatei hat. Der Hersteller hat in STARTUP einige selbstdefinierte Grafikbefehle unter dem Paketnamen "AIDS" abgelegt. Laden wir einmal die Datei "AIDS in den Speicher und stellen wir sie sicher. Mit ERASEFILE "STARTUP löschen wir diese Datei. Wir wollen das Programm aus Abschnitt 16.2.4.1 in den Arbeitsspeicher laden lassen. Wir müssen nur folgende Benutzerfunktion mit Namen START dort speichern:

Mit SETDISK 2 wird das Diskettenlaufwerk 2 angesprochen. Wird der Befehl weggelassen, wird grundsätzlich Laufwerk 1 angesprochen.

```
?PACKAGE "START "ICH
?BURY "ICH
?ERPS
?ERNS
?ERASEFILE "STARTUP
?UNBURY "ICH
?SAVE "STARTUP
1 PROCEDURES SAVED
```

```
TO START
SETDISK 2
LOAD " TURTLEGRAPHIK
GRAPHIK
END
```

Wir könnten auch jeweils das Inhaltsverzeichnis der Diskette ausgeben und vom Benutzer den Programmnamen eingeben lassen. Das Programm kann auch starten, sofern der Dateiname mit dem Programmnamen übereinstimmt und keine Eingabeparameter vorkommen.

```
TO START
SETDISK 2
CATALOG
PR [WELCHES PROGRAMM LADEN]
TYPE [DEN NAMEN BITTE :]
LOCAL "NAME
MAKE "NAME FIRST RL
LOAD :NAME
RUN ( LIST :NAME )
END
```

18
Strukturierte Listen

Dieser Abschnitt will grundsätzlich die Möglichkeiten andeuten, die in strukturierten Listen und den Eigenschaftslisten stecken. Die Programmbeispiele im dritten Hauptteil arbeiten fast alle mit strukturierten Listen oder mehreren Listen, die Beziehungen zueinander haben.

Bisher haben wir Listen bearbeitet, die als Elemente Wörter hatten. Im Kapitel 1 haben wir schon angedeutet, daß ein Element einer Liste wiederum eine Liste sein kann. Nehmen wir ein einfaches Beispiel einer dreielementigen Liste:

[[PUDEL DACKEL] [SIAM PERSER] [ENTE TAUBE]]

Jedes Einzelelement besteht aus einer zweielementigen Liste, deren Elemente Wörter sind. Das erste Listenelement nennt zwei Hundearten, dann folgen zwei Katzenarten und zwei Vogelarten.

Solch eine Liste wird auch als Liste zweiter Ordnung bezeichnet. Hätte das Listenelement statt Wörtern wiederum Listen, würde eine Liste dritter Ordnung vorliegen.

Viele Dinge lassen sich gut durch solche strukturierten Listen beschreiben. Dabei sind die Reihenfolge der Listenelemente und die Elemente selbst von Bedeutung.

Eine Liste zweiter Ordnung kann eine geordnete Folge von Zahlenpaaren sein. Die einzelnen Zahlenpaare könnten die x- und y-Koordinaten von Kurven oder Bildpunkten auf dem Bildschirm sein:

[[−10 12] [−5 7] [0 3] [5 7] [10 30]]

Ein weiteres Beispiel sei eine Tabelle aus fünf Zeilen und fünf Spalten, beziehungsweise ein Feld aus 5 × 5 Einzelfeldern:

[[A 3 5 ICH 7] [...] [...] [...] [...]]

Das erste Element der Liste entspräche Zeile 1 der Tabelle mit den fünf Spaltenelementen A, 3, 5, ICH, 7. Die vier Restzeilen sind nur angedeutet.

Sind die jeweiligen Einzelfelder in der Zeile ein Wort, so haben wir eine Liste zweiter Ordnung. Doch die Zeilenelemente können wiederum eine Liste sein. Jedes Einzelfeld der Tabelle könnte ein Zahlenpaar in Form einer zweielementigen Liste enthalten.

Als drittes Beispiel wollen wir folgendes Listenelement betrachten:
[[5 10] ORT BLINKEN]
Dieses Listenelement soll bedeuten, daß in der Bildschirmzeile 10 ab der fünften Schreibstelle der Inhalt der Variablen mit Namen "ORT in blinkender Form ausgegeben werden soll.
Sehen wir uns noch ein viertes Beispiel an:
[A [B C] B [G] C [D F G] D [] F[] G [H]]
Diese Liste soll beispielsweise eine Baumstruktur beschreiben. Sie könnte die Aufrufstruktur eines Benutzerprogramms sein, wobei das Leitprogramm den Namen A hätte und die Benutzerfunktionen B und C aufruft. Diese Benutzerfunktionen rufen weitere Funktionen auf usw.

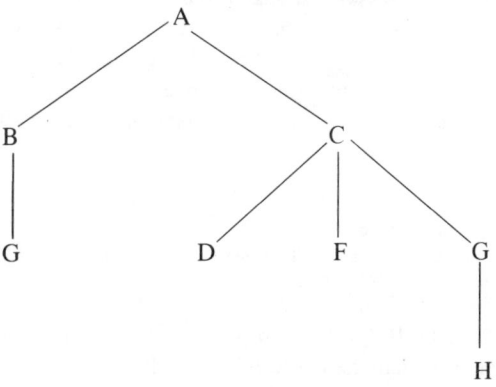

Ähnliche hierarchische Strukturen lassen sich für verschiedene Gegebenheiten aufstellen: Organisationspläne von Firmen, Stammbäume, Klassifikationen, Netzpläne usw. Diese Listen könnten an bestimmten Stellen noch zusätzlich Wegweiser (Zeiger) enthalten, die auf vorangegangene und nachfolgende Variable hinweisen und somit Datenketten beschreiben. Diese Zeiger können auch die Identifikationsnummer für Daten in anderen Dateien sein. Auf diese Weise können recht komplizierte Datenstrukturen beschrieben werden. Für das Verarbeiten solcher Daten müßten dann erst noch sinnvolle Benutzerfunktionen definiert werden.
    Als letztes Beispiel sei das Programm Spiegel aus Kapitel 10 in Form einer Liste gezeigt. Jede Anweisungszeile bildet ein Element der Liste. In Kapitel 19 gehen wir hierauf näher ein.

```
[[WORT] [IF EMPTYP :WORT [OP "]] [OP WOR
D LAST :WORT SPIEGEL BL :WORT]]
```

Als letztes wollen wir Eigenschaftslisten kennenlernen. Für diesen Datentyp bietet Logo eine Handvoll von Befehlen, um diesen Datentyp bequem handhaben zu können. Zur Verdeutlichung von Eigenschaftslisten wollen wir auf das erste Beispiel dieses Abschnitts zurückgreifen, in dem wir Haustiere aufgezählt hatten. Zur leichteren Lesbarkeit hätte man vor jedes Element dieser Haustierliste ein beschreibendes Wort stellen können:
[HUNDE [PUDEL DACKEL] KATZEN [SIAM PERSER] VÖGEL [ENTE TAUBE]]
Anders formuliert können wir sagen, daß die Eigenschaftsliste namens "HAUSTIERE die drei Eigenschaften "HUNDE, "KATZEN und "VÖGEL enthält, wobei jede Eigenschaft zwei Werte oder Beispiele beinhaltet.
Lernen wir jetzt die Logofunktionen für Eigenschaftslisten kennen:
Die Operation PLIST (Property List) liefert die Eigenschaftsliste, deren Name eingegeben worden ist.

```
?SHOW PLIST "HAUSTIERE
[VOEGEL [TAUBE ENTE] KATZEN [SIAM PERSER] HUNDE [DACKEL PUDEL]]
```

Die Operation GPROP (Get Property) liefert gezielt die angegebene Eigenschaft einer Eigenschaftsliste mit ihren Inhalten. Eingaben sind der Name der Eigenschaftsliste und der Name der Eigenschaft selbst.

```
?SHOW GPROP "HAUSTIERE "KATZEN
[SIAM PERSER]

?SHOW GPROP "HAUSTIERE "MAUESE
[]
```

Die Operation PPROP (Put Property) fügt in einer Eigenschaftsliste eine neue Eigenschaft mit deren Inhalten ein. Eingaben sind der Name der Eigenschaftsliste, die Eigenschaftsbezeichnung und der Inhalt dieser Eigenschaft. Enthält eine Eigenschaftsliste bereits diese Eigenschaft, so wird die neue Eigenschaft mit ihrem Inhalt zur aktuellen Eigenschaft der Liste. Die alte Eigenschaft ist damit gelöscht, beziehungsweise überschrieben.

```
?PPROP "HAUSTIERE "SPIELTIERE [HAMSTER MEERSCHWEIN]

?SHOW PLIST "HAUSTIERE
[SPIELTIERE [HAMSTER MEERSCHWEIN] VOEGEL [TAUBE ENTE] KATZEN [SIAM PER
SER] HUNDE [DACKEL PUDEL]]

?PPROP "HAUSTIERE "SPIELTIERE [PAPAGEI]

?SHOW PLIST "HAUSTIERE
[SPIELTIERE [PAPAGEI] VOEGEL [TAUBE ENTE] KATZEN [SIAM PERSER] HUNDE [
DACKEL PUDEL]]
```

Der Befehl REMPROP (Remove Property) löscht Eigenschaften in Eigenschaftslisten, das heißt, der Name und der Inhalt der Eigenschaft werden gelöscht.

```
?REMPROP "HAUSTIERE "SPIELTIERE

?SHOW PLIST "HAUSTIERE
[VOEGEL [TAUBE ENTE] KATZEN [SIAM PERSER] HUNDE [DACKEL PUDEL]]
```

Der Befehl PPS (Print Out Properties) listet alle Eigenschaftsvereinbarungen auf. Das gilt auch für Paketvereinbarungen in Verbindung mit der Verwaltung des Arbeitsspeichers (vgl. Kapitel 13)

```
?PPS
HAUSTIERE'S VOEGEL IS [TAUBE ENTE]
HAUSTIERE'S KATZEN IS [SIAM PERSER]
HAUSTIERE'S HUNDE IS [DACKEL PUDEL]
```

Diese Funktionen und insbesondere die Operationen GPROP und PPROP bieten den Vorteil, daß wir gekennzeichnete Listenelemente direkt ansprechen können, ohne daß wir die Stellung des Elements innerhalb der Liste kennen müssen. Eigenschaftslisten sind ein eigener Datentyp in Logo, der nicht mit den Befehlen für Wertzuweisungen angesprochen werden kann. Mit SAVE und LOAD werden natürlich ebenfalls die vorhandenen Eigenschaftslisten übertragen.

Im folgenden wollen wir einige Grundfunktionen entwickeln, die es erlauben, verkettete Eigenschaftslisten einfach zu bearbeiten. Die Verkettung erfolgt in der Weise, daß der Nachfolger oder Vorgänger der Liste in der Eigenschaftsliste notiert wird. Zur Verdeutlichung stellen wir vier Eigenschaftslisten vor, die miteinander verkettet sind:

```
?SHOW PLIST "ICH SHOW PLIST "DU SHOW PLI
ST "ER SHOW PLIST "SIE
[ ƏN [DU]]
[ ƏV [ICH] ƏN [ER]]
[ ƏN [SIE] ƏV [DU]]
[ ƏV [ER]]


?PPS
SIE'S ƏV IS [ER]
DU'S ƏV IS [ICH]
DU'S ƏN IS [ER]
ICH'S ƏN IS [DU]
ER'S ƏN IS [SIE]
ER'S ƏV IS [DU]
```

Wir haben diese vier Personalpronomen gewählt, um auch durch diese
logische Namensabfolge die Verkettung hervorzuheben. Weitere Eigenschaften weisen diese Listen noch nicht auf, da wir Grundfunktionen
bezüglich der Verkettung vorstellen wollen.

Als erstes wollen wir eine Benutzeroperation entwickeln, die den Nachfolger einer Eigenschaftsliste ermittelt:

```
TO NACHF :VON
OUTPUT FIRST GPROP :VON "ƏN
END
```

In dieser Form wird uns die Operation wenig Freude bieten, da beim
Arbeiten mit ihr bei fehlendem Nachfolger ein Programmabbruch die Folge
wäre. Bei fehlendem Nachfolger sollte die leere Liste geliefert werden. Mit
dem CATCH-Befehl können wir den auftretenden Programmfehler abfan-
gen und dann die leere Liste liefern.

```
TO NACHF :VON
CATCH "ERROR [OP FIRST GPROP :VON "ƏN]
END
```

Doch beim Austesten dieser Funktion stoßen wir auf einen weiteren
Schönheitsfehler. CATCH arbeitet nur eindeutig, wenn in der nachgestellten Anweisungsliste Befehle sind. OUTPUT «reicht» aufgetretene Fehler
nicht durch, so daß wir dennoch einen Programmabbruch erfahren würden.
Eine kleine Änderung beseitigt diesen Mangel.

```
TO NACHF :VON
CATCH "ERROR [MAKE "VON FIRST GPROP :VON "∂N OP :VON]
OP []
END

?PR NACHF "DU
ER

?SHOW NACHF "SIE
[]

?SHOW PLIST NACHF "DU
[∂N [SIE] ∂V [DU]]
```

Mit dieser Grundfunktion können wir mit wenig Aufwand zwei weitere Funktionen definieren, die die Anzahl der Nachfolger einer Liste und den n-ten Nachfolger einer Liste liefern.

```
TO ANZ.NACHF :VON
LOCAL "N
MAKE "N 0
LABEL "START
MAKE "VON NACHF :VON
IF EMPTYP :VON [OP :N]
MAKE "N :N + 1
GO "START
END

TO NTER.NACHF :VON :N
CATCH "ERROR [REPEAT :N [MAKE "VON NACHF :VON]]
IF EMPTYP ERROR [OP :VON] [OP []]
END

?PR ANZ.NACHF "ICH
3

?PR ANZ.NACHF "SIE
0

?SHOW NTER.NACHF "ICH 2
[]

?SHOW PLIST NTER.NACHF "ICH 3
[∂V [ER]]
```

In gleicher Weise lassen sich abgestellt auf die Vorgänger einer Eigenschaftsliste solche Funktionen definieren:

```
TO VORG :VON
CATCH "ERROR [MAKE "VON FIRST GPROP :VON "ƏV OP :VO
OP [ ]
END

TO ANZ.VORG :VON
LOCAL "N
MAKE "N 0
LABEL "START
MAKE "VON VORG :VON
IF EMPTYP :VON [OP :N]
MAKE "N :N + 1
GO "START
END

TO NTER.VORG :VON :N
CATCH "ERROR [REPEAT :N [MAKE "VON VORG :VON]]
IF EMPTYP ERROR [OP :VON] [OP [ ]]
END
```

Eine interessante Erweiterung unserer Funktionen wäre eine Suchfunktion, die einen bestimmten Nachfolger ermittelt, der durch vorgegebene Eigenschaften gekennzeichnet worden ist.

```
TO SUCH.NACHF :VON :MERKMAL
LABEL "START
MAKE "VON NACHF :VON
IF EMPTYP :VON [OP [ ]]
IF MEMBERP LAST :MERKMAL GPROP :VON FIRST
:MERKMAL [OP :VON]
GO "START
END
```

Der Funktionsparameter :MERKMAL ist eine Liste, die als erstes Element den Namen der Eigenschaft enthält, gefolgt vom Inhalt. Um diese Funktion zu testen, wollen wir unsere vier Eigenschaftslisten mit der Eigenschaft "MITFAHRER erweitern. Diese vier Eigenschaftslisten könnten das Ergebnis von Fahrzeugkontrollen sein, bei denen die Fahrzeuginsassen festgestellt worden sind. Sehen wir uns zuerst diese geänderten vier Listen an, bevor wir unsere Funktion SUCH.NACHF ausprobieren:

```
?PPS
DU'S ƏN IS [ER]
DU'S ƏV IS [ICH]
DU'S MITFAHRER IS [GERD CLAUDI]
SIE'S ƏV IS [ER]
ICH'S ƏN IS [DU]
ICH'S MITFAHRER IS [HEINZ KLAUS]
```

```
ICH'S PROCPKG IS START
ER'S  ƏV IS [DU]
ER'S  ƏN IS [SIE]
ER'S MITFAHRER IS [LISA ERNA SIE]


?SHOW SUCH.NACHF "ICH [MITFAHRER ERNA]
ER
?SHOW GPROP SUCH.NACHF "ICH [MITFAHRER ERNA]
"MITFAHRER [LISA ERNA SIE]
```

Diese Suchfunktion durchsucht den Datenbestand nur bezüglich eines Merkmals. Mit geringem Mehraufwand können andere Suchfunktionen definiert werden, die mehrere Kriterien überprüfen. Die vorgestellte Idee läßt sich schnell zu einem größeren Projekt fortentwickeln. Neue Bausteine könnten entworfen werden, um größere Datenbestände auf externen Speichern zu durchsuchen. Die Aussagen der Listen können durch weitere Merkmale erweitert werden. Abgestellt auf unser Kontrollsystem könnten Daten zusätzlich über den Kfz-Eigentümer, den Fahrer, die amtliche Kfz-Zulassung, den Pkw-Typ, das Datum der Polizeikontrolle und als Ergänzung zu den Namen noch die Personenkennziffer gesammelt werden. Über die Personenkennziffer gewinnt man schnell weitere personenbezogene Daten aus anderen Dateien anderer Behörden. Die Eigenschaftsliste ist im folgenden Beispiel um diese Eigenschaften erweitert worden.

```
?PPS
DU'S KFZZUL IS [OF RW 769]
DU'S PKW IS [BMW 7000]
DU'S DATUM IS [12 MAI 83]
DU'S FAHRER IS [LISA PK12]
DU'S ƏN IS [ER]
DU'S ƏV IS [ICH]
DU'S MITFAHRER IS [GERD PK987 CLAUDI PK 696]
SIE'S ƏV IS [ER]
ICH'S ƏN IS [DU]
ICH'S MITFAHRER IS [HEINZ KLAUS]
ICH'S PROCPKG IS START
ER'S ƏV IS [DU]
ER'S ƏN IS [SIE]
ER'S MITFAHRER IS [LISA ERNA SIE]
```

Viele Auswertungsfunktionen könnten wir mit wenig Aufwand erstellen, um unterschiedlichste Informationen zu gewinnen.

Zu welchen Personen hat XYZ mit der Personenkennziffer PK123 in den Monaten Mai bis August Kontakt gehabt?

Kennt Maier den Müller?

Welche Pkw-Typen bevorzugt XYZ als Leihwagen?

Aus welchen Wohnorten kommen die Kontaktpersonen von XYZ (geht nur in Verbindung mit der Personenkennziffer und vorhandenen Einwohnermeldedaten)?

Hat XYZ den Pkw mit der Zulassung OF... je gefahren?

19
Programme manipulieren Programme

Bisher haben wir Funktionen zu Gesamtprogrammen zusammengefaßt, und diese Programme haben Wörter und Listen verarbeitet. Doch die in Logo definierten Funktionen selbst können als Daten betrachtet werden, die dann wie gehabt als Listen und Wörter verarbeitet werden können. Die beiden grundsätzlichen Logofunktionen hierfür sind TEXT und DEFINE. Die Funktion TEXT wandelt die jeweils angegebene Benutzerfunktion in Daten um. Probieren wir's gleich einmal an der schon bekannten Funktion VERS aus.

```
?PO "VERS
TO VERS :FLUSS
PR ( SENTENCE "DIE :FLUSS [IST SO SCHOEN] )
PR SE [DRUM WOLLEN WIR DIE] :FLUSS [SEH'N] )
END
```

```
?PRINT TEXT "VERS
[FLUSS] [PR ( SENTENCE "DIE :FLUSS [IST SO SCHOEN]
          [DRUM WOLLEN WIR DIE] :FLUSS [SEH'N] )]
```

TEXT liefert also eine Benutzerfunktion in Form einer Liste. Jedes Listenelement entspricht einer Anweisungszeile der Benutzerfunktion, die wiederum eine Liste ist. Das erste Element ist immer eine Liste mit den Namen der in der Kopfzeile verwendeten Funktionsparameter. Hat eine Funktion keine Eingabevariablen, so ist die erste Liste die leere Liste.

Weisen wir einmal der Globalvariablen "FLUSS das Ergebnis von TEXT "VERS zu. Dann wollen wir einfach die einzelnen Listenelemente untereinander ausdrucken.

```
TO UNTER :LISTE
IF EMPTYP :LISTE [STOP]
PR FIRST :LISTE
UNTER BF :LISTE
END
```

```
?MAKE "FLUSS TEXT "VERS

?UNTER :FLUSS
FLUSS
PR < SENTENCE "DIE :FLUSS [IST SO SCHOEN] )
PR SE [DRUM WOLLEN WIR DIE] :FLUSS [SEH'N] )
```

Wir können natürlich auch jedes einzelne Element der Listenelemente
ermitteln und ausdrucken. Fügen wir zu diesem Zwecke eine weitere
Anweisungszeile in UNTER ein.

```
TO UNTER :LISTE
IF EMPTYP :LISTE [STOP]
TEST LISTP FIRST :LISTE
IFT [UNTER FIRST :LISTE]
IFF [PR FIRST :LISTE]
UNTER BF :LISTE
END

?UNTER :FLUSS
FLUSS
PR
<
SENTENCE
"DIE
:FLUSS
IST
SO
SCHOEN
)
PR
SE
DRUM
WOLLEN
WIR
DIE
:FLUSS
SEH'N
)
```

Mit diesen wenigen Erläuterungen wird klar, daß wir jedes Benutzerpro-
gramm bis ins kleinste Detail untersuchen und manipulieren können, sofern
auch die Umkehrung möglich ist, nämlich eine Liste mit Programmdaten zu
einer Funktion zu machen. Dieser Befehl lautet DEFINE. Erstellen wir
eine Benutzerfunktion mit dem Namen "DONAU, die den Anweisungen
der Globalvariablen "FLUSS entspricht.

```
?DEFINE "DONAU :FLUSS
?POTS
TO DONAU :FLUSS
TO UNTER :LISTE
TO VERS :FLUSS
```

Wir sollten uns ein wenig mit DEFINE vertraut machen. Die erste Eingabe von DEFINE ist der gewünschte Programmname, die zweite Eingabe ist eine Liste, die die Anweisungszeilen eines Benutzerprogramms in Form einzelner Listen enthält. Diese Liste kann das Ergebnis von unterschiedlichen Listenoperationen sein. Das nächste Beispiel zeigt, daß verschiedene Listen zu einer Gesamtliste zusammengesetzt werden, die dann ein neues Programm ergeben. In dem Mosel-Beispiel müssen wir jeweils bei den beiden Zusatzlisten :FLUSS mit BUTFIRST das erste Element entfernen, da die Eingabevariable hier zu einem Fehler führen würde.

```
?DEFINE "MOSEL (SE TEXT "DONAU BF :FLUSS BF :FLUSS)

?PO "MOSEL
TO MOSEL :FLUSS
PR ( SENTENCE "DIE :FLUSS [IST SO SCHOEN] )
PR SE [DRUM WOLLEN WIR DIE] :FLUSS [SEH'N] )
PR ( SENTENCE "DIE :FLUSS [IST SO SCHOEN] )
PR SE [DRUM WOLLEN WIR DIE] :FLUSS [SEH'N] )
PR ( SENTENCE "DIE :FLUSS [IST SO SCHOEN] )
PR SE [DRUM WOLLEN WIR DIE] :FLUSS [SEH'N] )
END
```

Das nächste Beispiel soll ein Programm zeigen, das ein neues Programm erzeugt. Ein eingegebenes Wort soll zu einem Programmnamen, einem Funktionsparameter und einer im Programm verwendeten Textkonstanten gleichen Namens werden. Sehen wir uns zur Verdeutlichung die durch TAUFE erzeugten Programme CLAUDI und LISA an, damit der kompliziert klingende Sachverhalt klar wird.

```
TO TAUFE
PRINT [WIE LAUTET DEIN VORNAME ?]
LOCAL "NAME
MAKE "NAME FIRST RL
PR LIST ( LIST :NAME ) ( LIST "PR "( "SE WORD ""
:NAME WORD ": :NAME "", ""WIE [GEHT ES ?] ") )
END

?TAUFE
WIE LAUTET DEIN VORNAME ?
CLAUDI
[CLAUDI] [PR ( SE "CLAUDI :CLAUDI ", "WIE [GEHT
ES ?] )]
```

```
?TAUFE
WIE LAUTET DEIN VORNAME ?
LISA
CLISA] CPR < SE "LISA :LISA ", "WIE [GEHT ES ?] >]
```

Das Programm TAUFE muß also eine entsprechende Liste erzeugen. Betrachten wir TAUFE in einer geänderten Version, in der die erzeugte Liste mit PRINT ausgedruckt wird, damit wir genau die Anweisungszeile studieren können. Wem so manches unklar ist, sollte TAUFE ändern und kontrollieren, was dann passiert. Nur so kann diese kleine Schwierigkeit mit Erfolg gemeistert werden. Wir müssen nämlich einmal mit WORD Anführungsstriche und Doppelpunkte vor den Inhalt der Variablen :NAME setzen, damit später die Anweisungszeile entsprechend "CLAUDI oder "LISA und :LISA als Inhalte bekommt. Ändern wir nun TAUFE und ersetzen den PRINT-Befehl durch den DEFINE-Befehl.

```
TO TAUFE
PRINT [WIE LAUTET DEIN VORNAME ?]
LOCAL "NAME
MAKE "NAME FIRST RL
DEFINE :NAME LIST (LIST :NAME) (LIST "PR "<
"SE WORD "" :NAM
E WORD ": :NAME "", ""WIE [GEHT ES ?] ">>
END

?TAUFE
WIE LAUTET DEIN VORNAME ?
CLAUDI

?TAUFE
WIE LAUTET DEIN VORNAME ?
LISA

?PO [CLAUDI LISA]
TO CLAUDI :CLAUDI
PR < SE "CLAUDI :CLAUDI ", "WIE [GEHT ES ?] >
END

TO LISA :LISA
PR < SE "LISA :LISA ", "WIE [GEHT ES ?] >
END

?CLAUDI [MEIN MAEDCHEN]
CLAUDI MEIN MAEDCHEN , WIE GEHT ES ?
?LISA [ , MEINE LISA]
LISA , MEINE LISA , WIE GEHT ES ?
```

In Kapitel 29 und 30 wollen wir ein Programm zum Analysieren von größeren Benutzerprogrammen kennenlernen und ein weiteres Programm, das gegebene Programmdaten in andere Programme umwandelt.

TEIL C

Größere Programmbeispiele

20

Logo in Deutsch

Aufgabe: In diesem Kapitel wollen wir unser eigenes Sprachsystem erstellen. Wir wollen deutschsprachige Befehle und Operationen erzeugen und Programme mit der neuen Sprache schreiben. Auf diese Weise können wir für Unterrichtszwecke unterschiedliche Logosysteme aufeinander abstimmen und den gleichen Sprachvorrat definieren. Auch altersstufenorientierte neue Sprachelemente können so erstellt werden. Abschließend überlegen wir uns Hilfsprogramme, die elegant solche Funktionen generieren. Folgende Befehle und Operationen sollen erzeugt werden:

Langform	Kurzform	Bedeutung
WENN		IF
WIEDERHOLE		REPEAT
DRUCK	DR	PRINT
LEERP		EMPTYP
LIEFERE		OUTPUT
ERSTES		FIRST
OHNEERSTES	OE	BUTFIRST

Lösungsweg 1: Jeder der genannten Befehle oder Operationen wird der Name einer benutzerdefinierten Funktion. Gleiches gilt auch für die Abkürzungen, die als neue Funktionen definiert werden müssen. In der Kopfzeile muß jeweils die entsprechende Eingabevariable vorgesehen werden. Der Inhalt der Funktion besteht nur aus einer Zeile mit der umzusetzenden Bedeutung der Funktion. Bei Operationen muß zusätzlich ein OUTPUT vorangestellt werden. Folgend werden eine Operation und ein Befehl gezeigt und anschließend getestet:

```
TO ERSTES :OBJ
OP FIRST :OBJ
END
```

```
TO DRUCK :OBJ
PRINT :OBJ
END

?
DRUCK ERSTES ERSTES [ICH DU]
I
?
```

Es folgt die Auflistung aller geforderten neuen Befehle und Operationen:

```
TO WENN :OBJ :LISTE
IF :OBJ :LISTE
END

TO WIEDERHOLE :OBJ :LISTE
REPEAT :OBJ :LISTE
END

TO DRUCK :OBJ
PRINT :OBJ
END

TO DR :OBJ
PR :OBJ
END

TO LEERP :OBJ
OUTPUT EMPTYP :OBJ
END

TO LIEFERE :OBJ
OUTPUT :OBJ
END

TO ERSTES :OBJ
OUTPUT FIRST :OBJ
END

TO OHNEERSTES :OBJ
OUTPUT BUTFIRST :OBJ
END

TO OE :OBJ
OUTPUT BF :OBJ
END
```

Das folgende Programm UNTEREINANDER soll unsere neue Sprache beispielhaft testen. Das eingegebene Wort soll senkrecht untereinander ausgedruckt werden.

```
TO UNTEREINANDER :WORT
WENN LEERP :WORT [HALT]
DRUCK ERSTES :WORT
UNTEREINANDER OHNEERSTES :WORT
END


UNTEREINANDER "STEIL
S
T
E
I
L
```

Die Kontrollstruktur HALT im vorangegangenen Beispiel ersetzt den Logobefehl STOP. Würden wir an dieser Stelle statt dessen STOP vorsehen, so würde dieses STOP nur innerhalb unseres WENN zur Ausführung gelangen, aber nicht UNTEREINANDER stoppen. Daher müssen wir innerhalb von WENN mit TOPLEVEL einen Gesamtabbruch erzwingen. TOPLEVEL und STOP sind ausführlich bereits im Kapitel Kontrollstrukturen besprochen worden.

```
TO HALT
THROW "TOPLEVEL
END
```

Die deutschsprachigen Operationen und Befehle sollten zu einem Paket verschnürt und unsichtbar im Speicher gehalten werden. Die Anwendung von Paketen wird in Kapitel 13 beschrieben.

Eine nützliche Hilfsroutine zum Definieren solcher Benutzerfunktionen stellt OPERATIONEN dar. Wir brauchen nur noch in einer Liste die Logooperationen und in einer weiteren Liste die Namen der neuen selbstdefinierten Operationen anzuführen. Diese beiden Listen und das Programm legen wir dann auf einer Diskette ab. Es folgt der Ausdruck von OPERATIONEN und ein kleiner Test.

```
TO OPERATIONEN :NEU :ALT
IF EMPTYP :NEU [STOP]
DEFINE FIRST :NEU LIST [OBJ] ( LIST "OUTPUT FIRST :ALT ":OBJ )
OPERATIONEN BF :NEU BF :ALT
END
```

```
?
?OPERATIONEN [LETZTES VORWAERTS] [LAST BL]
?
?
?OPERATIONEN [ZAEHLE LETZTES] [COUNT LAST]
?
?PO "ZAEHLE PO "LETZTES
TO ZAEHLE :OBJ
OUTPUT COUNT :OBJ
END

TO LETZTES :OBJ
OP LAST :OBJ
END
```

Befehle können wir entsprechend durch eine Routine erzeugen lassen.
Hierzu muß nur das Wort "OUTPUT in der dritten Zeile von OPERATIO-
NEN entfernt werden und ein neuer Funktionsname – beispielsweise BE-
FEHLE – vergeben werden.

```
TO BEFEHLE :NEU :ALT
IF EMPTYP :NEU [STOP]
DEFINE FIRST :NEU LIST [OBJ] ( LIST FIRST :ALT ":OBJ )
BEFEHLE BF :NEU BF :ALT
END
```

Lösungsweg 2: Die obige Lösung gilt für alle Logosysteme. Manche
Logosysteme erlauben ein Umtaufen der Namen der Systemfunktionen
selbst. In diesem Fall müssen wir nicht neue Funktionen erstellen. Hierzu
müssen wir als erstes den Modus zum Umdefinieren von Logofunktionen
einschalten. Das geschieht mit
MAKE "REDEFP "TRUE
Als nächstes brauchen wir Logo nur zu sagen, wie der neue Name einer
Funktion sein soll. Die Definition einer Logofunktion wird diesem neuen
Namen übertragen. Der Befehl lautet beispielsweise:
COPYDEF "DRUCK "PRINT.
Nach COPYDEF wird die neue Bezeichnung eingegeben und als zweites
die Logofunktionsbezeichnung.
Testen wir gleich einmal diese Möglichkeit, Logofunktionen umzubenen-
nen. Taufen wir die benötigten Logofunktionen für unser Beispiel UNTER-
EINANDER um. Ersetzen wir vorher noch das HALT durch STOP.

```
?
?MAKE "REDEFP "TRUE
?
?COPYDEF "WENN "IF
?COPYDEF "LEERP "EMPTYP
?COPYDEF "DRUCK "PRINT
?COPYDEF "ERSTES "FIRST
?COPYDEF "OHNEERSTES "BUTFIRST
?

TO UNTEREINANDER :WORT
WENN LEERP :WORT [STOP]
DRUCK ERSTES :WORT
UNTEREINANDER OHNEERSTES :WORT
END
```

Lassen wir jetzt unser UNTEREINANDER ablaufen, müßte alles klappen. Die Abbruchbedingung STOP bricht UNTEREINANDER ab, da WENN von Logo nicht als benutzerdefinierte Funktion, sondern als Systemfunktion (primitive) interpretiert wird. Das bestätigt auch Logo, wenn wir versuchen, die vermeintliche Benutzerfunktion WENN auszudrucken:

```
?PO "WENN
WENN IS A PRIMITIVE
```

Eine nützliche Hilfsroutine zum Umdefinieren von Logofunktionen ist folgendes Programm. Speichern wir dieses mit den entsprechenden Listen der alten und neuen Namen auf einer Diskette, so können wir jederzeit schnell unser deutsches Logo erzeugen.

```
TO UMTAUFEN :NEU :ALT
MAKE "REDEFP "TRUE
IF EMPTYP :NEU [STOP]
COPYDEF FIRST :NEU FIRST :ALT
UMDEFINIEREN BF :NEU BF :ALT
END
?
?
?PONS
ALT IS [PRINT PR REPEAT IF FIRST BUTFIRST BF OUTPUT EMPTYP]
NEU IS [DRUCK DR WIEDERHOLE WENN ERSTES OHNEERSTES OE LIEFERE LEERP]
?
```

In Apple-Logo lassen sich sogar die Funktionen TO und GO umdefinieren. Aber die Einsprungmarke, die mit LABEL definiert wird, kann nicht umbenannt werden, da auf Maschinenebene nach einer Sprunganweisung immer die Marke über LABEL gesucht wird.

```
?
?UMTAUFEN [PROGRAMM SPRINGE] [TO GO]
?
?PROGRAMM "SCHLEIFE :WORT
>LABEL "ANFANG
>DRUCK :WORT
>DRUCK [MIT CTRL-G STOPPEN]
>SPRINGE "ANFANG
>END
SCHLEIFE DEFINED
?
?
?SCHLEIFE [SO IST DAS ALSO !]
SO IST DAS ALSO !
MIT CTRL - G STOPPEN
SO IST DAS ALSO !
MIT CTRL - G STOPPEN
SO IST DAS ALSO !
MIT CTRL - G STOPPEN
STOPPED! IN SCHLEIFE:
DRUCK [MIT CTRL - G STOPPEN]
?
```

21
Scheckschreibung – Zahl in Worten

Aufgabe: Bei der Ausstellung von Schecks oder in Verträgen werden Zahlen häufig in Wörtern ausgeschrieben. Wir wollen ein Programm erstellen, das beliebige dreistellige Zahlen (1 bis 999) in die entsprechenden Wörter umwandelt.

Beispiel:

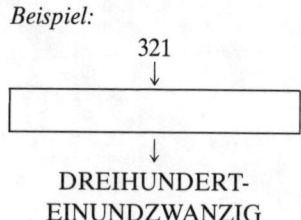

321
↓

↓
DREIHUNDERT-
EINUNDZWANZIG

Lösungsweg: Wir zerlegen diese Aufgabe in drei Teilprogramme. Die eingegebene Zahl kann drei-, zwei- oder einstellig sein. Die Teilprogramme erhalten die entsprechenden Namen DREISTELLIG, ZWEISTELLIG und EINSTELLIG.

Sinnvollerweise überprüfen wir auch gleich die Zahl auf ihre Zulässigkeit, bevor sie verarbeitet wird und zu Fehlern oder Programmabbrüchen führt. Diese Fehlerprüfung bezeichnen wir mit dem Namen FEHLERP. FEHLERP ist als Beispiel in Abschnitt 7.2 bereits beschrieben worden. FEHLERP untersucht, ob die Eingabe überhaupt eine Zahl ist, ob sie ganzzahlig ist und im Bereich von 1 bis 999 liegt. Führende Nullen sollen ebenfalls nicht zulässig sein.

Das bisher Gesagte können wir schematisch in einem sogenannten Struktogramm darstellen. Solche Fallunterscheidungen lassen sich auf diese Weise gut beschreiben.

Die zu verarbeitende Zahl mit der Prüfroutine FEHLERP auf Fehler untersuchen.		
3 Ziffern	Abhängig von der Anzahl der Ziffern unserer Zahl wird das Teilprogramm ausgeführt	
	2 Ziffern	
		1 Ziffer
dreistellig	zweistellig	einstellig

In Logo gibt es nur die Operation COUNT zum Zählen der Elemente einer Liste. Die selbstdefinierte Operation zum Ermitteln der Zeichen oder Ziffern eines Wortes nennen wir einfach LAENGE. Das Leitprogramm stellt sich dann wie folgt dar:

```
TO ZAHL.WORT :ZAHL
IF FEHLERP :ZAHL [STOP]
OP RUN LIST FALL LAENGE :ZAHL [EINSTELLIG
ZWEISTELLIG DREISTELLIG] :ZAHL
END
```

Die Mehrfachauswahl FALL ist bereits in Kapitel 24 erläutert worden. Die Operation LAENGE wandelt das eingegebene Wort in eine Liste um. Dann wird mit COUNT die Anzahl der Listenelemente gezählt. Die Umwandlung in eine Liste nimmt die Rekursion LG vor.

```
TO LAENGE :TXT
OP COUNT LG :TXT
END

TO LG :TXT
IF EMPTYP :TXT [OP []]
OP SE FIRST :TXT LG BF :TXT
END

TO FALL :FALL :FAELLE
OP ITEM :FALL :FAELLE
END
```

Jetzt machen wir uns an die Lösung der drei Teilprogramme. Nehmen wir uns ZWEISTELLIG vor. Sammeln wir einmal ungeordnet, was ZWEI-STELLIG alles zu berücksichtigen hat.

– Verarbeitet alles von 10 bis 99.

– Standardbeispiel wäre dreiundzwanzig für 23; das heißt die Einer plus das Wort «und» plus die Zehner.

– Sonderfälle sind die Zahlen 11 bis 19, die Zehner (20, 30, . . .) und die Zahlen 21, 31, . . . (einundzwanzig und nicht einsund. . .).

Die Lösung von ZWEISTELLIG könnte sein:

1. Falls die Zahl größer als 10 und kleiner als zwanzig ist, dann 11.BIS.19 und STOP.
2. Falls die Zahl eine Zehnerzahl ist (Null am Ende), dann das Programm ZEHNER und STOP.
3. Falls am Ende der Zahl eine Eins ist, dann den Sonderfall EIN.UND und STOP.
4. Ein Wort bilden durch Verarbeiten der letzten Ziffer, dem Wort «und» und den Zehnern.

```
TO ZWEISTELLIG :ZAHL
IF LAST :ZAHL = 0 [OP ZEHNER :ZAHL STOP]
IF LAST :ZAHL = 1 [OP EIN.UND :ZAHL STOP]
IF :ZAHL < 20 [OP 11.BIS.19 :ZAHL STOP]
OP ( WORD EINSTELLIG LAST :ZAHL "UND ZEHNER :ZAHL )
END


TO EIN.UND :ZAHL
IF :ZAHL = 11 [OP 11.BIS.19 :ZAHL]
OP WORD "EINUND ZEHNER :ZAHL
END

TO ZEHNER :ZAHL
OP FALL FIRST :ZAHL [ZEHN ZWANZIG DREISSIG VIERZIG FUENFZIG SECHZIG SIEBZIG ACHTZIG NEUNZIG]
END

TO 11.BIS.19 :ZAHL
OP FALL BF :ZAHL [ELF ZWOELF DREIZEHN VIERZEHN FUENFZEHN SECHZEHN SIEBZEHN ACHTZEHN NEUNZEHN]
END

TO EINSTELLIG :ZAHL
OP FALL :ZAHL [EINS ZWEI DREI VIER FUENF SECHS SIEBEN ACHT NEUN]
END
```

In ZWEISTELLIG ist die Reihenfolge der Lösungsschritte in 2, 3, 1 und 4 geändert worden. Wir brauchen dadurch nur zu prüfen, ob die Zahl kleiner als zwanzig ist. Der Teilbaustein DREISTELLIG wird in Form des Ausdrucks vorgestellt. Er benutzt die bekannten Teile ZWEISTELLIG und EINSTELLIG. HUNDERTER ist neu hinzugekommen und erzeugt die Hunderter.

```
TO DREISTELLIG :ZAHL
IF BF :ZAHL = 0 [OP HUNDERTER :ZAHL STOP]
IF BF :ZAHL < 10 [OP ( WORD HUNDERTER :ZAHL "UND EINSTELLIG
LAST :ZAHL ) STOP]
IF BF :ZAHL = 10 [OP ( WORD HUNDERTER :ZAHL "UNDZEHN ) STOP]
IF BF :ZAHL < 20 [OP ( WORD HUNDERTER :ZAHL "UND 11.BIS.19
BF :ZAHL ) STOP]
OP ( WORD HUNDERTER :ZAHL "UND ZWEISTELLIG BF :ZAHL )
END


TO HUNDERTER :ZAHL
OP WORD EINSTELLIG FIRST :ZAHL "HUNDERT
END
```

Programmtest

Abschließend wollen wir unser Programm testen. Die Zahlen von 309 bis 323 sollen gedruckt werden. Damit ist zumindest der Bereich der zweistelligen Zahlen ausgetestet. Zusätzlich sollten Zahlen getestet werden, die unser Prüfprogramm FEHLERP testen. Solche Zahlen wären zum Beispiel: 005, 3.6, .23, −6, 1000, 0. Wird auch 301 oder 1 richtig wiedergegeben?

```
?MAKE "I 309
?REPEAT 15 [PR ZAHL.WORT :I MAKE "I :I+1]
DREIHUNDERTUNDNEUN
DREIHUNDERTUNDZEHN
DREIHUNDERTUNDELF
DREIHUNDERTUNDZWOELF
DREIHUNDERTUNDDREIZEHN
DREIHUNDERTUNDVIERZEHN
DREIHUNDERTUNDFUENFZEHN
DREIHUNDERTUNDSECHZEHN
DREIHUNDERTUNDSIEBZEHN
DREIHUNDERTUNDACHTZEHN
DREIHUNDERTUNDNEUNZEHN
DREIHUNDERTUNDZWANZIG
DREIHUNDERTUNDEINUNDZWANZIG
DREIHUNDERTUNDZWEIUNDZWANZIG
DREIHUNDERTUNDDREIUNDZWANZIG
```

22
Muster im Text- und Grafikmodus

22.1 Texte in Großbuchstaben

Texte können auf verschiedene Weise in Großbuchstaben geschrieben werden. Bereits die Buchstabengröße wäre ein Diskussionspunkt. Für Plakate könnten Buchstaben je Druckerseite gewünscht sein. Die programmtechnische Lösung wäre ein weiterer Gesichtspunkt. Einfachster Fall wäre der Entwurf von Buchstaben als serielles Druckprogramm, wie wir es bereits elementar in Kapitel 2 gemacht haben. Jeder Buchstabe entspräche einem auf der Diskette gespeicherten Programm. Ein Leitprogramm müßte uns jeweils buchstabenabhängig das Großbuchstabenprogramm für diesen Buchstaben in den Arbeitsspeicher laden, zur Ausführung bringen, das Druckprogramm löschen und entsprechend mit dem Folgebuchstaben des Textes fortfahren.

Wir wollen hier ein bescheideneres Buchstabenformat wählen. Ein Buchstabe soll eine Größe von acht auf sieben Schreibstellen haben. Jeder Buchstabe soll dabei aus sich selbst aufgebaut sein. Sehen wir uns das Druckbeispiel auf der Folgeseite zur Verdeutlichung an.

Die Grundidee ist einfach. Jeder Buchstabe wird durch ein 8×7-Raster beschrieben:

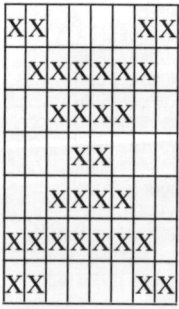

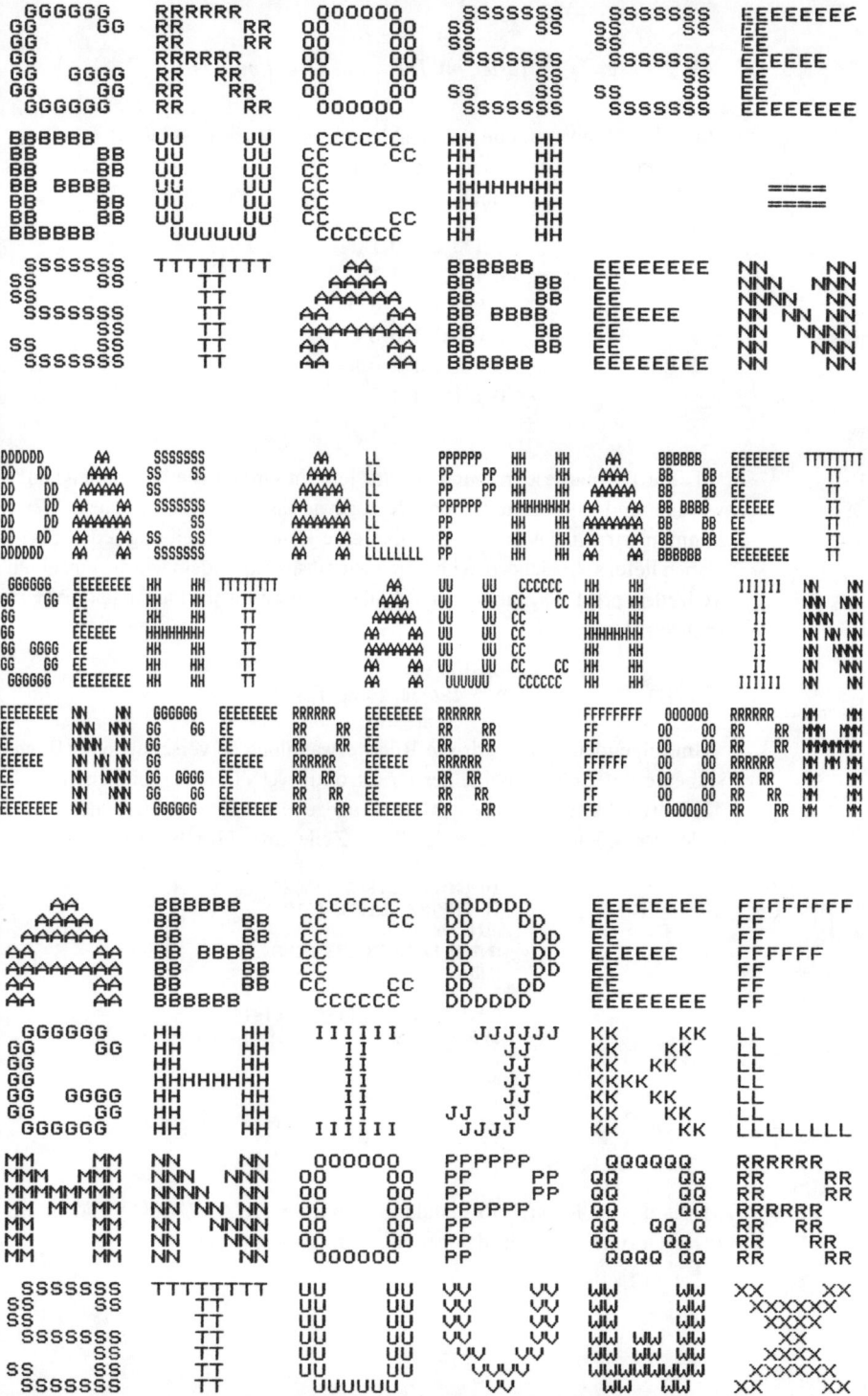

Ein Druckmuster ließe sich unabhängig vom Buchstaben als Binärmuster darstellen. Ein Leerzeichen wird mit Null und ein zu druckender Buchstabe durch Eins gekennzeichnet:

```
1 1 0 0 0 0 1 1
0 1 1 1 1 1 1 0
0 0 1 1 1 1 0 0
0 0 0 1 1 0 0 0
0 0 1 1 1 1 0 0
0 1 1 1 1 1 1 0
1 1 0 0 0 0 1 1
```

Diese Formatbeschreibung könnte jetzt in einer Liste zusammengefaßt werden und dem Buchstaben "X zugewiesen werden. Auf diese Weise könnten wir für das ganze Alphabet eine Druckbeschreibung jedes Buchstaben liefern. Speicherplatz können wir einsparen, indem wir die einzelnen Teilzeilen pro Buchstabens nicht binär, sondern als ihr Dezimaläquivalent speichern:

```
?PRINT :X
195 126 60 24 60 126 195
```

Im folgenden wollen wir die Rückverwandlung so verschlüsselter Buchstaben unter Zuhilfenahme der Druckroutine UNTER verdeutlichen. UNTER druckt uns jedes Element der eingegebenen Liste untereinander aus. Jede Druckzeile entspräche damit der Zeile eines Großbuchstabens.

```
TO UNTER :LISTE :MACHE
IF EMPTYP :LISTE [STOP]
RUN :MACHE
UNTER BF :LISTE :MACHE
END

?UNTER :X [PR FIRST :LISTE]
195
126
60
24
60
126
195
```

Mit der in Kapitel 10 erstellten Funktion DUALZAHL wandeln wir diese Dezimalzahlen in das benötigte Binärmuster um:

```
?UNTER :X [PR DUALZAHL FIRST :LISTE]
11000011
1111110
111100
11000
111100
1111110
11000011
```

In der ausgedruckten Form würde unser Buchstabe X verfälscht werden. Wir müssen die nicht ausgegebenen führenden Nullen voranstellen beziehungsweise alle Werte rechtsbündig ausdrucken. Die ebenfalls bekannte Funktion RBUEND macht das für uns. Da wir ein Zeichen Zwischenraum vorsehen wollen, lassen wir gleich alles auf neun Stellen rechtsbündig ausgeben:

```
?UNTER :X [PR RBUEND DUALZAHL FIRST :LIS
TE 9]
 11000011
  1111110
   111100
    11000
   111100
  1111110
 11000011
```

Die Funktion DUALZAHL wollen wir jetzt so ändern, daß statt der Ziffer 1 jeweils der gewünschte Druckbuchstabe erscheint und für 0 ein Leerzeichen.

```
TO WANDLE :ZIFF
IF :ZIFF = 1 [OP FIRST :TXT] [OP CHAR 32]
END

TO DUALZAHL :DEZ
IF :DEZ = 0 [OP " ]
OP WORD DUALZAHL QUOTIENT :DEZ 2 WANDLE REMAINDER
:DEZ 2
END
```

Da WANDLE für den PARAMETER :TXT eine Zuweisung benötigt, weisen wir ihr den Buchstaben "X als zu druckendes Zeichen zu.

```
?MAKE "TXT "X

?UNTER :X [PR RBUEND DUALZAHL FIRST :LISTE 9]
 XX   XX
 XXXXXX
 XXXX
   XX
 XXXX
 XXXXXX
 XX   XX
```

Der Kern unseres Großbuchstabenprojekts ist damit beschrieben. Jetzt
müssen wir berücksichtigen, daß ja mehrere solcher Buchstaben auf einer
Seite nebeneinander erscheinen sollen. Hierzu müssen wir von den vorgesehenen Buchstaben jeweils die gleiche Teilzeile aus der Listenbeschreibung
nehmen. Wird also die dritte Druckzeile ausgegeben, so muß für jeden
Buchstaben die dritte Dezimalzahl entnommen werden und wie oben
beschrieben in einer Zeile nacheinander umgewandelt werden. Dieses
Herauspicken macht die Funktion DECODER:

```
TO DECODER :LISTE :ELEMENT
OP RBUEND (DUALZAHL ITEM :ELEMENT :LISTE) 9
END
```

```
?PR DECODER :X 1 PR DECODER :X 2 PR DECODER :X 3
 XX   XX
 XXXXXX
 XXXX
```

Die Funktion ZEILE liefert jeweils eine Druckzeile für mehrere Buchstaben:

```
TO ZEILE :TXT :ZNR
IF EMPTYP :TXT [OP []]
OP SE DECODER DEF FIRST :TXT :ZNR ZEILE BF :TXT
:ZNR
END
```

```
?PR ZEILE "XXX 1 PR ZEILE "XXX 2 PR ZEILE "XXX 3
 XX   XX XX   XX XX   XX
 XXXXXX   XXXXXX   XXXXXX
 XXXX     XXXX     XXXX
```

Die Funktion DRUCKEN ist eine Zählschleife, die sieben Zeilen untereinander ausgeben läßt, indem sie für ZEILE über die Variable "I die
jeweilige Teilzeile vorschreibt.

```
TO DRUCKEN :TXT
LOCAL "I
MAKE "I 1
REPEAT 7 [PR ZEILE :TXT :I MAKE "I :I + 1]
PR []
END

?DRUCKEN "HEI\ FANS
  HH    HH  EEEEEEEE  IIIIII    FFFFFFFF    AA      NN    NN  SSSSSSS
  HH    HH  EE          II      FF         AAAA     NNN   NNN SS    SS
  HH    HH  EE          II      FF        AAAAAA    NNNN  NN  SS
  HHHHHHHH  EEEEEE      II      FFFFF     AA    AA  NN NN NN  SSSSSSS
  HH    HH  EE          II      FF       AAAAAAAA   NN   NNNN       SS
  HH    HH  EE          II      FF       AA    AA   NN   NNN SS    SS
  HH    HH  EEEEEEEE  IIIIII    FF       AA    AA   NN    NN  SSSSSSS
```

Die Verschlüsselung des Alphabets ist bei diesem Buch die aufwendigste
Arbeit gewesen. In mühsamer Arbeit sind die Buchstaben eines Matrix-
druckers aufgeschlüsselt worden, indem das Druckbild jedes Buchstabens
ausgezählt worden ist.

```
A IS [24 60 126 195 255 195 195]
B IS [252 195 195 222 195 195 252]
C IS [126 195 192 192 192 195 126]
D IS [252 198 195 195 195 198 252]
E IS [255 192 192 252 192 192 255]
F IS [255 192 192 252 192 192 192]
G IS [126 195 192 192 207 195 126]
H IS [195 195 195 255 195 195 195]
I IS [126 24 24 24 24 24 126]
J IS [63 12 12 12 12 204 120]
K IS [195 198 204 240 204 198 195]
L IS [192 192 192 192 192 192 255]
M IS [195 231 255 219 195 195 195]
N IS [195 231 243 219 207 199 195]
O IS [126 195 195 195 195 195 126]
P IS [252 195 195 252 192 192 192]
Q IS [126 195 195 195 205 198 123]
R IS [252 195 195 252 204 198 195]
S IS [127 195 192 127 3 195 127]
T IS [255 24 24 24 24 24 24]
U IS [195 195 195 195 195 195 126]
V IS [195 195 195 195 102 60 24]
W IS [195 195 195 219 219 255 102]
```

```
X IS [195 126 60 24 60 126 195]
Y IS [195 102 60 24 24 24 24]
Z IS [255 6 12 24 48 96 255]
* IS [0 102 60 255 60 102 0]
+ IS [0 24 24 255 24 24 0]
= IS [0 0 0 60 60 0 0]
  IS [0 0 0 0 0 0 0]
? IS [126 195 3 30 24 0 24]
. IS [0 0 0 0 0 24 24]
! IS [24 24 24 24 0 0 24]
```

Abschließend sei das Gesamtlisting des Programms angefügt. Die Funktion GROBU hat eine Liste als Eingabe. Jedes Element der Liste ein Wort, das jeweils die höchstzulässige Zeichenanzahl entsprechend der Druckerbreite lang ist.

```
TO GROBU :TXT
IF EMPTYP :TXT [STOP]
DRUCKEN FIRST :TXT
GROBU BF :TXT
END


TO DRUCKEN :TXT
LOCAL "I
MAKE "I 1
REPEAT 7 [PR ZEILE :TXT :I MAKE "I :I + 1]
PR []
END


TO ZEILE :TXT :ZNR
IF EMPTYP :TXT [OP []]
OP SE DECODER DEF FIRST :TXT :ZNR ZEILE BF :TXT :ZNR
END


TO DECODER :LISTE :ELEMENT
OP RBUEND (DUALZAHL ITEM :ELEMENT :LISTE) 9
END


TO RBUEND :WORT :LAENGE
OP WORD FUELLER " (:LAENGE - COUNTW :WORT) :WORT
END


TO DUALZAHL :DEZ
IF :DEZ = 0 [OP " ]
OP WORD DUALZAHL QUOTIENT :DEZ 2 WANDLE REMAINDER :DEZ 2
END


TO WANDLE :ZIFF
IF :ZIFF = 1 [OP FIRST :TXT] [OP CHAR 32]
END
```

```
TO FUELLER :C :ANZ
IF :ANZ = 0 [OP " ]
OP WORD :C FUELLER :C :ANZ - 1
END

TO WORTINLISTE :WORT
IF EMPTYP :WORT [OP []]
OP SE FIRST :WORT WORTINLISTE BF :WORT
END

TO COUNTW :WORT
OP COUNT WORTINLISTE :WORT
END
```

22.2 Punktraster auf dem Grafikschirm

Der Grafikbefehlssatz von Logo enthält neben den vielen Turtlekommandos einen Punktbefehl, der an der angegebenen Position einen Punkt macht. Der DOT-Befehl hat eine Liste als Eingabe, die die x-Koordinate und die y-Koordinate enthält. Die x-Werte haben einen Bereich zwischen -140 und $+140$, die y-Werte einen Bereich zwischen -120 und $+120$. Der Bildschirm könnte also mittels kariertem Papier als ein Raster aus 240 $\times$ 280 Bildpunkten dargestellt werden. Wenn wir uns die Mühe machen würden, Bilder in solcher Rasterform zu entwerfen und dann auch noch zeilenweise als Binärmuster auszuzählen, dann sind die notwendigen Programme zum Abbilden der Muster die geringste Arbeit.

Nehmen wir doch gleich die bekannten Muster aus Kapitel 2:

```
?UNTER :FINGER          ?UNTER :KIRCHE
01                      001
01                      0101
01                      1000111
01                      10001001
0111                    100010001
11111001                100010001
1111101                 111111111
111111
01111
0111
```

In Form einer Liste sind beide Figuren binär verschlüsselt worden. Die beiden Funktionen MUSTER und DOTS bilden uns solcherart beschriebene Muster ab:

```
TO MUSTER :POS :ƏZ
SETHEADING 90
REPEAT COUNT :ƏZ [START DOTS LAST :ƏZ MAKE "ƏZ BL
:ƏZ MAKE " POS SE FIRST :POS SUM YCOR 1]
END

TO START
PU
SETPOS :POS
END

TO DOTS :BIN
LABEL "START
IF FIRST :BIN = 1 [PD DOT POS PU FD 1] [PU FD 1]
MAKE "BIN BF :BIN
IF NOT EMPTYP :BIN [GO "START]
END
```

DOTS macht nur bei vorkommenden Einsen einen Punkt und wandert
horizontal einen Schritt nach rechts weiter. DOTS schreibt also eine Bild-
zeile. In Muster schreiben wir zeilenweise von unten nach oben. Dabei wird
die y-Koordinate nach jeder Zeile um den Wert 1 erhöht. Die Funktion
START positioniert nach jeder Zeile die Turtle an den Zeilenanfang der
Folgezeile. Der Flamingo ist in Form einer Operation definiert worden,
damit Verbesserungen leicht vorgenommen werden können:

```
TO FLAMINGO
LOCAL "S
MAKE "S [0011 01111 10001 0001 0001]
MAKE "S SE :S [000100000011111]
MAKE "S SE :S [0000100001111111]
MAKE "S SE :S [000001111111111111]
MAKE "S SE :S [000000001111111111]
MAKE "S SE :S [000000000001001]
MAKE "S SE :S [000000000001001]
MAKE "S SE :S [0000000000010001]
MAKE "S SE :S [00000000000100001]
MAKE "S SE :S [00000000000100001]
MAKE "S SE :S [000000000001]
MAKE "S SE :S [000000000001]
OP :S
END
```

Wir können entsprechend dem im vorangegangenen Kapitel beschriebenen Verfahren natürlich auch auf dem Grafikschirm schreiben, indem wir
Buchstaben in Form von Punktrastern abbilden. Im Folgebeispiel soll jeder

Buchstabe mit einem 5 × 7-Raster dargestellt werden. Zusätzlich sind eine Löschfunktion und vier Cursorbewegungsfunktionen vorgesehen, damit wir an beliebigen Bildschirmstellen schreiben können. Alle Funktionen sind tastengesteuert, das heißt, wenn wir dieses Schreibprogramm aufgerufen haben, bedienen wir unsere Eingabetastatur wie gehabt: Mit der DELETE-Taste wird ein Buchstabe gelöscht, mit den Tasten ↑, →, ↓ und ← wird die Turtle hin- und herbewegt. Mit der ESC-Taste verlassen wir diesen Schreibmodus.

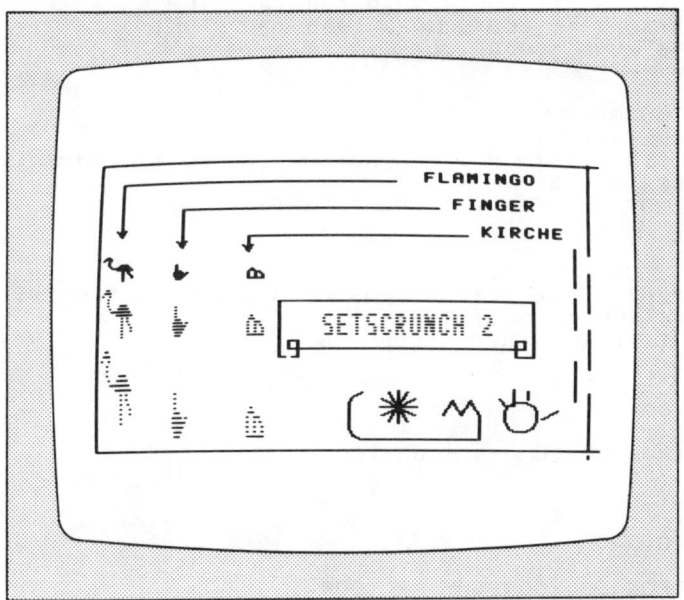

```
TO SCHREIBEN
LOCAL "RC
SETH 90
LABEL "ANF
MAKE "RC RC
IF :RC = CHAR 27 [STOP]
IF :RC = CHAR 95 [LOESCHEN POS GO "ANF]
TEST MEMBERP ASCII :RC [8 21 10 11]
IFT [RUN (LIST WORD "C ASCII :RC) GO "ANF]
Z POS THING :RC
GO "ANF
END
```

```
TO Z :POS :aZ
REPEAT 7 [ZEILE :POS LAST :aZ MAKE "aZ BL :aZ MAKE
"POS SE FIRST :POS SUM YCOR 1]
PU SETY YCOR - 6
FD 2
END

TO ZEILE :POS :aL
PU SETPOS :POS
MAKE "aL DUALZAHL :aL
IF :aL > "1111 [DOTS :aL STOP]
IF :aL > "111 [DOTS WORD "0 :aL STOP]
IF :aL > "11 [DOTS WORD "00 :aL STOP]
IF :aL > "1 [DOTS WORD "000 :aL STOP]
DOTS WORD "0000 :aL
END

TO DOTS :BIN
LABEL "START
IF FIRST :BIN = 1 [PD DOT POS PU FD 1] [PU FD 1]
MAKE "BIN BF :BIN
IF NOT EMPTYP :BIN [GO "START]
END

TO LOESCHEN :POS
REPEAT 7 [PU SETPOS :POS BK 3 C95 MAKE "POS SE FIR
:POS SUM 1 LAST :POS]
PU SETPOS SE XCOR YCOR - 6
END

TO C8
PU
SETPOS SE SUM -8 XCOR YCOR
PD
END

TO C10
PU
SETPOS SE XCOR SUM -9 YCOR
PD
END

TO C11
PU
SETPOS SE XCOR SUM 9 YCOR
PD
END

TO C21
PU
SETPOS SE SUM 8 XCOR YCOR
PD
END
```

```
TO C95
PD
PENERASE
BK 5
PU
END

E  IS  [31 16 16 30 16 16 31]
I  IS  [14 4 4 4 4 4 14]
O  IS  [14 17 17 17 17 17 14]
U  IS  [17 17 17 17 17 17 14]
6  IS  [7 8 16 30 17 17 14]
B  IS  [30 17 17 31 17 17 30]
H  IS  [17 17 17 31 17 17 17]
N  IS  [17 25 21 21 19 19 17]
T  IS  [31 4 4 4 4 4 4]
5  IS  [31 16 30 1 1 17 14]
A  IS  [14 17 17 31 17 17 17]
M  IS  [17 27 21 21 17 17 17]
S  IS  [15 16 16 14 1 1 15]
Y  IS  [17 17 17 14 4 4 4]
4  IS  [2 6 10 18 31 2 2]
F  IS  [31 16 16 30 16 16 16]
L  IS  [16 16 16 16 16 16 31]
R  IS  [30 17 17 30 20 18 17]
X  IS  [17 17 12 4 12 17 17]
3  IS  [30 1 2 4 2 1 30]
9  IS  [14 17 17 15 1 2 28]
K  IS  [17 18 20 24 20 18 17]
Q  IS  [14 17 17 17 21 18 13]
W  IS  [17 17 17 21 21 27 17]
2  IS  [14 17 1 2 12 16 31]
8  IS  [14 17 17 14 17 17 14]
D  IS  [28 18 17 17 17 18 28]
J  IS  [7 2 2 2 2 18 12]
P  IS  [30 17 17 30 16 16 16]
V  IS  [17 17 17 12 12 4 4]
   IS  [0 0 0 0 0 0 0]
7  IS  [31 1 1 2 4 8 8]
Z  IS  [31 1 2 4 8 16 31]
1  IS  [4 12 20 4 4 4 31]
0  IS  [14 17 19 21 25 17 14]
G  IS  [14 17 16 19 17 17 15]
C  IS  [14 17 16 16 16 17 14]
```

Da wir schon Bildchen und Beschriftungen machen können, wollen wir als Ergänzung zu Abschnitt 16.2.4.1 einen andersartigen Zeichenstift für die Turtle definieren. Wir wollen entsprechend den Ziffern einer Uhr nur die Ziffern von 1 bis 12 eintippen, um dann jeweils einen Strich in dieser Richtung mit einer Schrittweite 5 zu erhalten. Für 10 und 11 sind die Tasten A und B vorgesehen.

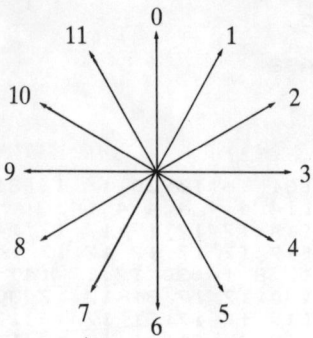

Das Programm SCHREIBEN2 löst diese Aufgabe. Auch hier sind die bereits bekannte Löschfunktion und die Cursorsteuerungsfunktionen vorgesehen.

```
TO SCHREIBEN2
LOCAL "RC
LABEL "ANF
MAKE "RC RC
IF :RC = CHAR 27 [STOP]
TEST MEMBERP ASCII :RC [8 21 10 11 95]
IFT [RUN (LIST WORD "C ASCII :RC) GO "ANF]
STRICHINRICHTUNG :RC
GO "ANF
END


TO STRICHINRICHTUNG :KURS
TEST NUMBERP :KURS
IFF [IF :KURS = "A [MAKE "KURS "10] [MAKE
"KURS 11]]
PENDOWN
SETHEADING :KURS * 30
FD 5
END
```

Wenn wir SCHREIBEN, SCHREIBEN2 und MUSTER im Arbeitsspeicher haben, können wir alles mögliche erstellen. Diagramme, Rahmen, Unterstreichungen, Bilder, große und kleine Schriftzüge, Beschriftungen von Zeichnungen (vgl. Kapitel 27). Die unterschiedliche Schrifthöhe erreichen wir, indem wir mit SETSCRUNCH den Abbildungsmaßstab verändern. In der Abbildung ist mit Werten von 1, 2 und 3 als Eingabe für SETSCRUNCH gearbeitet worden.

23
Bombardieren

Die Idee zu diesem Computerspiel ist schnell erzählt. Jede Partei richtet vier dem Gegner nicht bekannte Stützpunkte oder Stellungen ein. Aus 25 möglichen Positionen wählt jede Partei vier Positionen aus. Ähnlich dem Spiel Schiffe-Versenken hat jede Partei wechselweise einen Bombenabwurf oder einen Kanonenschuß frei, um ein gegnerisches Ziel zu zerstören. Jede Partei gibt jeweils nur ein mögliches Ziel an. Ist das Ziel getroffen, wird mit Pipen die Stellung sichtbar Stück für Stück ausradiert. Bei einem Fehlschuß wird dieser nur angezeigt. Sehen wir uns einfach das folgende Foto mitten aus dem Spiel an:

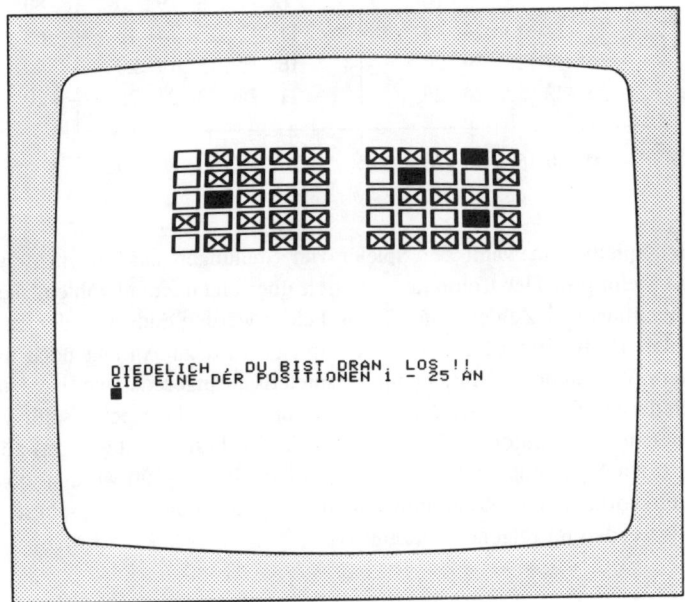

Wir sehen je Partei 25 Quadrate auf dem Schirm abgebildet. Ein Treffer ist durch vollständiges Ausfüllen kenntlich gemacht. Das Quadrat wird bei einem Fehlschuß einfach gekreuzt. Die Felder sind mit den Nummern 1 bis 25 bezeichnet. Bei der jeweiligen Aufforderung zum Bombenabwurf muß also nur eine der genannten Zahlen eingetippt werden.

Wir sehen, daß dieses Spiel mittels Turtlegrafik und unter Verwendung des unteren Textfensters gelöst worden ist. Die Turtle zeichnet die Quadrate, kreuzt oder füllt sie. Für jedes Feld ist per Programm der linke untere Eckpunkt mit seinen Koordinaten festgelegt. Die Zuordnung von Koordinaten und Stützpunktnummern soll im folgenden Koordinatensystem verdeutlicht werden. Die linken Felder sind den rechten Feldern spiegelbildlich zugeordnet, das heißt, die Eckpunkte haben bei gleichen y-Werten nur negative x-Werte. Die linken Felder sind die Stellungen des Spielers, die vom Computer unter Beschuß genommen werden.

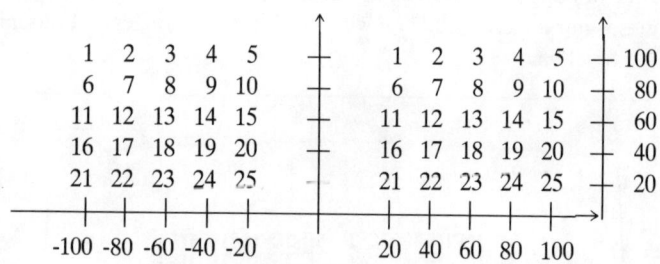

Bei Spielbeginn wählt der Spieler vier Stellungen aus, indem er vier Zahlen eintippt. Der Computer ermittelt über einen Zufallszahlengenerator ebenfalls vier Zahlen. Die fünfzig Felder werden dann von der Turtle auf den Bildschirm gezeichnet. Der Spieler wird zu Anfang noch nach seinem Vornamen gefragt, damit er spielerisch angeredet werden kann. Nach diesem Festlegen der Anfangsbedingungen werden wechselseitig vom Spieler und Computer Schüsse auf vermeintlich besetzte Stellungen abgefeuert. Nach jedem Schuß jeder Partei muß dann überprüft werden, ob ein Treffer vorliegt. Die Programme für die Aufbau- und Anfangsphase des Spiels werden im folgenden gezeigt:

```
TO BOMBARDIEREN
SETCURSOR [0 0]
CLEARTEXT
ERKLAERUNG
DEIN.NAME
POS.GEGNER
FELDAUFBAU
HIDETURTLE
LABEL "DUELL
BEDIENER
COMPUTER
GO "DUELL
END


TO ERKLAERUNG
END

TO DEIN.NAME
CLEARTEXT
PR [HALLO PARTNER, WIE HEISST DU ?]
MAKE "NAME FIRST RL
REPEAT 5 [PR " ]
PR SE [ICH BEGRUESSE DICH, LIEBER] :NAME
REPEAT 5 [PR " ]
PR [GIB DIE VIER STELLUNGEN EIN UND]
PR "
PR [WAEHLE VIER ZAHLEN VON 1 BIS 25]
MAKE "POS.SPIELER RL
END

TO POS.GEGNER
MAKE "POS.GEGNER []
MAKE "MERKE []
LABEL "START
MAKE "POS.GEGNER SE :POS.GEGNER ZUFALL
IF COUNT :POS.GEGNER < 4 [GO "START]
MAKE "MERKE []
END

TO FELDAUFBAU
CLEARSCREEN
SCHLACHTFELD [-20 -40 -60 -80 -100] YW
SCHLACHTFELD XW YW
END


TO SCHLACHTFELD :X :Y
IF EMPTYP :X [STOP]
REPEAT 5 [Q SE FIRST :X FIRST :Y MAKE "Y BF :Y]
SCHLACHTFELD BF :X YW
END
```

```
TO YW
OP [100 80 60 40 20]
END

TO XW
OP [20 40 60 80 100]
END

TO ZUFALL
LOCAL "SCHUSS
LABEL "ANF
MAKE "SCHUSS SUM 1 RANDOM 25
IF MEMBERP :SCHUSS :MERKE [GO "ANF]
MAKE "MERKE SE :MERKE :SCHUSS
OP :SCHUSS
END

TO Q :WO
PU
SETPOS :WO
PD
REPEAT 4 [FD 15 RT 90]
END
```

Die gewählten Stellungen des Spielers werden in der Globalvariablen :POS.SPIELER gespeichert, die mit ZUFALL erzeugten des Computers in :POS.GEGNER. Für den Computer muß noch die Variable :MERKE vereinbart werden, damit der Computer eine Kontrollmöglichkeit hat, um festzustellen, welche Stellungen er bereits unter Beschuß genommen hat. Zeigen wir den Dialog und die Inhalte der Globalvariablen bis zum Zeitpunkt nach dem ersten Schlagabtausch:

```
?BOMBARDIEREN
HALLO PARTNER, WIE HEISST DU ?
DIEDELICH


ICH BEGRUESSE DICH, LIEBER DIEDELICH


GIB DIE VIER STELLUNGEN EIN UND

WAEHLE VIER ZAHLEN VON 1 BIS 25

11 13 15 17


DIEDELICH , DU BIST DRAN. LOS !!
GIB EINE DER POSITIONEN 1 - 25 AN
10
```

```
SO, MEIN FREUND JETZT BIST DU REIF !
DIEDELICH , DU BIST DRAN. LOS !!
GIB EINE DER POSITIONEN 1 - 25 AN

PAUSING... IN BEDIENER:
ERGEBNIS FIRST RL "GEGNER
BEDIENER ?PONS
POS.GEGNER IS [5 3 8 17]
MERKE IS [22]
POS.SPIELER IS [11 13 15 17]
NAME IS DIEDELICH
```

Wir haben die Stellung 10 bombardiert. Leider daneben. Die gegnerischen Stellungen sind 5, 3, 8 und 17. Auch der Computer hat ein Luftloch hinterlassen. Der Computer merkt sich in :MERKE die gewählte Stellung, hier die Zahl 22. Die Spielerwahl finden wir in :POS.SPIELER mit 11, 13, 15 und 17 wieder.

Im Leitprogramm finden wir für jeden Spielzug die Teilprogramme BEDIENER und COMPUTER. Verfolgen wir einmal BEDIENER:

```
TO BEDIENER
CLEARTEXT
PR SE :NAME [ , DU BIST DRAN. LOS !!]
PR [GIB EINE DER POSITIONEN 1 - 25 AN]
ERGEBNIS FIRST RL "GEGNER
IF EMPTYP :POS.GEGNER [GRATULIERE]
END


TO COMPUTER
CLEARTEXT
TXT.BLINKEN "SO, MEIN FREUND JETZT BIST DU REIF !
WAIT 20
ERGEBNIS ZUFALL "SPIELER
IF EMPTYP :POS.SPIELER [COMPUTERSIEG]
END


TO ERGEBNIS :SCHUSS :WER
TEST GETROFFEN? :SCHUSS :WER
IFT [TREFFER KOORDINATEN :SCHUSS :WER]
IFF [DANEBEN KOORDINATEN :SCHUSS :WER]
END

TO GRATULIERE
CLEARTEXT
TXT.BLINKEN WORD :NAME " DU HAST GEWONNEN !!!
THROW "TOPLEVEL
END
```

```
TO GETROFFEN? :POS :PARTEI
OP RUN (LIST :PARTEI)
END

TO TREFFER :WO
PU
SETPOS :WO
PD
REPEAT 15 [SETPOS :WO BELL SETPOS SE SUM FIRST :WO 15 LAST :WO
MAKE "WO SE FIRST :WO SUM LAST :WO 1]
END

TO DANEBEN :WO
BELL
PU
SETPOS :WO
PD SETPOS SE SUM FIRST :WO 15 SUM LAST :WO 15
SETH 270 FD 15
SETPOS SE SUM FIRST :WO 15 LAST :WO
SETH 360
BELL
END

TO KOORDINATEN :N :NAME
LOCAL "UMR
MAKE "UMR UMR QUOTIENT :N 5 REMAINDER :N 5
TEST :NAME = "GEGNER
IFT [OP :UMR]
MAKE "UMR SE 120 - FIRST :UMR BF :UMR
OP SE -1 * FIRST :UMR BF :UMR
END

TO UMR :NUMQ :NUMR
TEST :NUMR > 0
IFT [MAKE "NUMQ :NUMQ + 1]
IFF [MAKE "NUMR 5]
OP SE ITEM :NUMR XW ITEM :NUMQ YW
END
```

Nach jedem Feuern wird das Ergebnis abhängig von der Eingabe geliefert. Das Prüfwort GETROFFEN? liefert entweder "TRUE oder "FALSE.
TREFFER markiert eine getroffene Stellung. Die Koordinationen der
gewählten Stellung werden durch KOORDINATEN und UMR ermittelt.
DANEBEN markiert einen Fehlschuß durch Kreuzen des Kästchens. Innerhalb von GETROFFEN? wird beim Schuß des Spielers (Bedieners) die
Funktion SPIELER aufgerufen, die einen Treffer feststellt und die die
entsprechende Zahl aus der Merkliste herausnimmt. Hat diese Merkliste
keine Elemente mehr, hat der Bediener gewonnen und wird durch GRA-
TULIERE beglückwünscht. Das Spiel ist beendet.

Der Spielzug des Computers ist entsprechend aufgebaut und benutzt die gleichen Hilfsfunktionen. Mit ZUFALL wird eine Zahl ermittelt und in :MERKE registriert. Beachten wir auch, daß überprüft wird, ob die Zufallszahl nicht schon einmal verwendet worden ist. In diesem Fall wird der Wählvorgang wiederholt.

```
TO GEGNER
TEST MEMBERP :POS :POS.GEGNER
IFF [OP "FALSE]
MAKE "POS.GEGNER ELMTWEG :POS :POS.GEGNER
OP "TRUE
END

TO SPIELER
TEST MEMBERP :POS :POS.SPIELER
IFF [OP "FALSE]
MAKE "POS.SPIELER ELMTWEG :POS :POS.SPIELER
OP "TRUE
END

TO ELMTWEG :N :LISTE
IF FIRST :LISTE = :N [OP SE BF :LISTE]
OP SE FIRST :LISTE ELMTWEG :N BF :LISTE
END
```

```
TO BELL
TYPE CHAR 7
END

TO GRATULIERE
CLEARTEXT
TXT.BLINKEN WORD :NAME " DU HAST GEWONNEN !!!
THROW "TOPLEVEL
END

TO COMPUTERSIEG
TEXTSCREEN
CLEARTEXT
SETCURSOR [0 0]
REPEAT 10 [PR " ]
PR SE [PECH GEHABT, LIEBER] :NAME
THROW "TOPLEVEL
END

TO TXT.BLINKEN :TXT
LABEL "START
IF EMPTYP :TXT [STOP]
TYPE BLINKEN FIRST :TXT
MAKE "TXT BF :TXT
GO "START
END

TO BLINKEN :ZCHN
TEST ASCII :ZCHN < 64
IFT [OP CHAR (192 + ASCII :ZCHN)]
IFF [OP CHAR (128 + ASCII :ZCHN)]
END
```

Abschließend wird die Programmstruktur mit seiner Hierarchie dokumentiert. Beachten wir, daß die Funktionen SPIELER, GEGNER und
ELMTWEG nicht vorkommen, da sie nur indirekt durch GETROFFEN?
aufgerufen werden.*

```
0:BOMBARDIEREN
1:...ERKLAERUNG
1:...DEIN.NAME
1:...FELDAUFBAU
2:.....SCHLACHTFELD*
3:.........Q
3:.........SCHLACHTFELD*+
3:.........YW
2:......YW+
2:.....SCHLACHTFELD*+
2:......XW
2:......YW+
1:...POS.GEGNER
2:......ZUFALL
1:...BEDIENER
2:......ERGEBNIS
3:.........GETROFFEN?
3:.........TREFFER
4:...........BELL
3:.........KOORDINATEN
4:...........UMR
3:.........DANEBEN
4:...........BELL+
4:...........BELL+
3:.........KOORDINATEN+
2:......GRATULIERE
3:.........TXT.BLINKEN
4:...........BLINKEN
1:...COMPUTER
2:......TXT.BLINKEN+
2:......ERGEBNIS+
2:......ZUFALL+
2:......COMPUTERSIEG
```

Dieses Programm kann natürlich modifiziert werden. Es könnte für zwei
Spieler umgestaltet werden. Wir müssen dann nur eine zweite Eingabe
vorsehen und den Zufallsmechanismus in COMPUTER herausnehmen.
Die gleichbleibenden Dialoge könnten interessanter gestaltet werden und
abhängig von den noch nicht zerstörten Stellungen sein. Nach einer bestimmten Spielphase könnten Umgruppierungen der Stellungen vorgesehen
werden usw.

---

* Siehe Erklärungen auf Seite 290 und Kapitel 29.

24
Dateiverarbeitung

Im folgenden lernen wir ein Konzept zur Dateiverarbeitung kennen, das uns erlaubt, mehrere Dateien im Zugriff zu halten und Datensätze direkt anzusprechen. Unter einer Datei verstehen wir eine Ansammlung gleichartiger Datensätze auf einem externen Datenträger (Diskette). Ein Datensatz besteht aus mehreren Datenfeldern und beschreibt einen Sachverhalt, beispielsweise die Adresse eines Schülers oder die Daten eines Kunden und dergleichen. Die Dateiverarbeitung wird als ein Kernpunkt schulischen EDV-Unterrichts gefordert. Praktisches Arbeiten mit Dateien, ihr Erstellen, Ändern, Ausdrucken, Auswerten und das Zusammenspielen mehrerer Dateien wären eine sinnvolle Ergänzung, hätte man nur einfache Dateikonzepte für Ausbildungszwecke auf Personalcomputern.

Logo hat keine speziellen Dateifunktionen und kann auch nur auf Disketten mit SAVE und LOAD zugreifen. Doch wir können sehr einfach selbst kommerziell orientierte Dateiverarbeitungskonzepte erstellen, da Logo uns gestattet, neue mächtige Benutzerfunktionen als Werkzeuge zu definieren und dann mit ihnen zu arbeiten. Diese Dateifunktionen können versteckt im Arbeitsspeicher gehalten werden und gehören zum nützlichen Befehlsstandard.

Stellen wir im folgenden das Prinzip der Dateiverarbeitung, Dateien und die neuen Dateibefehle in Form einer Programmskizze vor:

```
TO DATEIVERARBEITUNG
OEFFNENDATEI "DATEIX
OEFFNENDATEI "DATEIY
ANFANGSWERTE.DEFINIEREN
LABEL "WIEDERHOLE
SATZLESEN "DATEIX :SATZNRX
SATZLESEN "DATEIY :SATZNRY
VERARBEITEN.DER.SAETZE
IF DATEIENDE [SCHLIESSENDATEI]
GO "WIEDERHOLE
END
```

Als Beispieldatei stellen wir uns eine elementare Adreßdatei vor, die aus folgenden Datenfeldern besteht:

ADRNR	NAME	VORNAME	STRASSE	PLZ	ORT	TELEFON

Um aus der Datei ADRESSEN den siebenten Datensatz zu gewinnen, müssen wir nur den Lesebefehl wie folgt eingeben:

```
?SATZLESEN "ADRESSEN 7
?PONS
TELEFON IS 99999
ORT IS DARMSTADT
PLZ IS 6100
STRASSE IS HAUGASSE 11
VORNAME IS BERTOLD
ADRNR IS 7
3SATZ IS [ ]
NAME IS UNHOLD
```

Hätten wir anschließend den Datensatz einer anderen Datei eingelesen, würden zusätzliche Globalvariable im Arbeitsspeicher stehen. Vor dem ersten Benutzen des Lese- oder Schreibbefehls muß jede im Zugriff stehende Datei mit OEFFNENDATEI eröffnet worden sein. Im Verarbeitungsteil unserer Programmskizze würden jetzt Benutzerfunktionen mit den uns bekannten Daten der Datensätze Veränderungen, Auswertungen oder Druckerausgaben vornehmen oder neue Datensätze bilden und in eine neue Datei schreiben.

Unser Dateiverarbeitungskonzept kennt somit folgende Grundbefehle:

OEFFNENDATEI ‹dateiname›
SCHLIESSENDATEI ‹dateiname›
SATZLESEN ‹dateiname› ‹satznummer›
SATZSCHREIBEN ‹dateiname› ‹satznummer›

Diese gleichbleibenden Grundbefehle sollen den gleichzeitigen Zugriff auf mehrere Dateien gestatten.

Wie lösen wir diese Aufgabe grundsätzlich in Logo?

Der Befehl PACKAGE erlaubt uns, im Arbeitsspeicher beliebige Teilmengen von Funktionen und/oder Variablen zu etikettieren. Solche markierten Daten können dann isoliert von und zu Disketten übertragen werden. Die Datenfelder eines Datensatzes können somit eindeutig mit dem Namen einer speziellen Datei markiert werden. Damit können Datenfelder eines Datensatzes von anderen Datensätzen anderer Dateien unterschieden werden. Selbst Namensgleichheit von Datenfeldern verschiedener Datensätze könnten so gemeistert werden. Dennoch sollten wir unbedingt Namensgleichheiten bei verschiedenen Datenfeldern vermeiden. Die Merkmale jeder Datei werden in einer Eigenschaftsliste «notiert». Dies geschieht mit OEFFNENDATEI. Der Name der Eigenschaftsliste ist der Dateiname selbst. Ein wesentliches Dateimerkmal ist der Datensatzaufbau ("@SATZDEF"), der eine Liste mit den Feldnamen der Datensätze beinhaltet. Wer Paßwörter und Zugriffsberechtigungen in unserem Dateikonzept hinzufügen möchte, trägt diese Dateieigenschaft ebenfalls in diese Eigenschaftsliste ein und läßt entsprechend formulierte Kontrollfunktionen hierauf fußen. Eine Dateibeschreibung residiert grundsätzlich auf der Diskette unter dem Dateinamen mit dem Suffix 0 (Beispiele: ADRESSEN0 oder KLASSE12B0).

Jeder Datensatz bildet auf der Diskette eine Diskettendatei mit dem Dateinamen zuzüglich der Satznummer. Sehen wir uns die Datei ADRESSEN einmal an:

```
DISK VOLUME 254

A    2  HELLO
T    2  ADRESSEN0.LOGO
T    2  ADRESSEN1.LOGO
T    2  ADRESSEN2.LOGO
T    2  ADRESSEN3.LOGO
T    2  ADRESSEN4.LOGO
T    2  ADRESSEN5.LOGO
T    2  ADRESSEN6.LOGO
T    2  ADRESSEN7.LOGO
```

Lesen wir zur Verdeutlichung ADRESSEN0 und ADRESSEN1 direkt in den Arbeitsspeicher ein:

```
?LOAD "ADRESSEN0
?LOAD "ADRESSEN1

?PONS
aSATZ IS [1 MEIER GERHARD HAUPTSTR. 10 6000
FRANKFURT 123456 ]
aSATZDEF IS [ADRNR NAME VORNAME STRASSE PLZ
ORT TELEFON]
```

Einmal erhalten wir die Dateidefinition in der Globalvariablen
"@SATZDEF. Der Inhalt von ADRESSEN1 ist eine Liste mit den Inhalten der Datenfelder. Diese Liste hat den Namen "@SATZ. Durch eine
Zuordnungsvorschrift lassen sich einfach jeweiliger Name und Wert zuweisen. Sehen wir uns nun die entsprechend definierten Dateibefehle an:

```
TO OEFFNENDATEI :DATEI
LOAD WORD :DATEI "0
PPROP :DATEI "aSATZDEF :aSATZDEF
PPROP :DATEI "VALPKG :DATEI
END

TO SATZLESEN :DATEI :SATZNR
LOAD (WORD :DATEI :SATZNR)
PPROP :DATEI "aSATZ :aSATZ
WERTZUWEISEN GPROP :DATEI "aSATZDEF
END

TO WERTZUWEISEN :aFELDER
REPEAT COUNT :aFELDER [MAKE FIRST :aFELD
ER FIRST :aSATZ MAKE "aSATZ BF :aSATZ MA
KE "aFELDER BF :aFELDER]
END
```

Die Eröffnungsfunktion OEFFNENDATEI liest die Merkmale der gewünschten Datei und legt die Merkmale in der Eigenschaftsliste :DATEI
ab, die noch den Paketnamen :DATEI erhält.

```
?OEFFNENDATEI "ADRESSEN

?PONS
aSATZDEF IS [ADRNR NAME VORNAME STRASSE PLZ ORT
TELEFON]

?PR PLIST "ADRESSEN
VALPKG ADRESSEN aSATZ [7 UNHOLD BERTOLD
HAUGASSE 11 6100 DARMSTADT 99999] aSATZDEF
[ADRNR NAME VORNAME STRASSE PLZ ORT TELEFON]
```

Lesen wir jetzt einen Datensatz ein:

```
?SATZLESEN "ADRESSEN 1

?PR PLIST "ADRESSEN
aSATZ [1 MEIER GERHARD HAUPTSTR. 10 6000 FRANKFURT
123456] VALPKG ADRESSEN aSATZDEF [ADRNR NAME
VORNAME STRASSE PLZ ORT TELEFON]
```

```
?PONS
TELEFON IS 123456
ORT IS FRANKFURT
PLZ IS 6000
STRASSE IS HAUPTSTR. 10
VORNAME IS GERHARD
ADRNR IS 1
@SATZ IS [ ]
@SATZDEF IS [ADRNR NAME VORNAME STRASSE PLZ
ORT TELEFON]
NAME IS MEIER
```

Für unsere «Buchhaltung» erhält die Eigenschaftsliste noch den Datensatzinhalt unter @SATZ abgelegt. Die Funktion WERTZUWEISEN erzeugt die entsprechenden Feldnamen mit ihren aktuellen Inhalten. Das Festhalten des jeweils letzten Datensatzes innerhalb der Eigenschaftsliste :DATEI ist eine reine Rückversicherung, da nach dem Wertzuweisen der Datensatz @SATZ leer ist und bei irgendwelchen zukünftigen Verarbeitungsfällen diesbezüglich Schwierigkeiten hiermit abgefangen werden könnten.

Das Schreiben von Datensätzen auf die Diskette arbeitet nach den gleichen Prinzipien. Die Funktion stellt alle Datenfeldinhalte zu einer Liste zusammen, die dann entsprechend mit dem Wort "SCHREIBEN etikettiert wird. Dieses Paket namens "SCHREIBEN wird dann jeweils isoliert aus dem Speicher als Teilmenge auf der Diskette unter dem gewünschten Dateinamen abgelegt.

```
TO SATZSCHREIBEN :DATEI :SATZNR
SATZBILDEN GPROP :DATEI "@SATZDEF
PPROP :DATEI "@SATZ :@SATZ
PPROP "@SATZ "VALPKG "SCHREIBEN
CATCH "ERROR [ERASEFILE WORD :DATEI :SATZNR]
SAVE WORD :DATEI :SATZNR "SCHREIBEN
END

TO SATZBILDEN :@FELDER
MAKE "@SATZ [ ]
REPEAT COUNT :@FELDER [MAKE "@SATZ SE :@SATZ
THING FIRST :@FELDER MAKE "@FELDER BF :@FELDER]
END
```

Bevor wir mit diesen Routinen arbeiten können, müssen wir im Direktmodus den Datensatzaufbau einmalig als Dateibeschreibung festlegen und auf die Diskette schreiben. Vorher sollten wir alles löschen oder verstecken, auch Eigenschaftslisten! Nur die Variable "@SATZDEF soll Inhalt der Dateibeschreibung auf der Diskette werden.

```
?MAKE "ƏSATZDEF [ADRNR NAME VORNAME STRASSE PLZ
ORT TELEFON]

?SAVE "ADRESSEN0
0 PROCEDURES SAVED

?CATALOG

DISK VOLUME 254

A    2 HELLO
T    2 ADRESSEN0.LOGO
```

Abschließend stellen wir ein elementares Datenerfassungsprogramm vor, das keine Prüf- und Fehlerroutinen enthält. Diese lassen sich schnell hinzufügen. Ein simpler Schutz gegen ein Überschreiben vorhandener Sätze (Irrtum bei der Eingabe der Satznummer) wird durch Weglassen der Zeile mit "CATCH ERROR... erreicht. Bei einem Fehler bricht das Programm ab. Zumindest für die Erstdatenerfassung ist das möglich. Für Änderungsdienste muß diese Zeile wieder vorhanden sein. Der Änderungsdienst ließe sich einfach durch Frage nach dem Feldnamen oder ein entsprechendes Änderungsmenü erreichen. Der Wert wird dann zum neuen Inhalt des Datenfeldes. Anschließend rufen wir nur die Routine SATZSCHREIBEN auf, und der geänderte Satz steht auf der Diskette.

```
TO ERFASSEN :DATEI
OEFFNENDATEI :DATEI
LABEL "START
DE.SATZ :ƏSATZDEF
SATZSCHREIBEN :DATEI FIRST THING FIRST :ƏSATZDEF
IF NOT ENDE? [GO "START]
SCHLIESSENDATEI :DATEI
END


TO DE.SATZ :LISTE
CLEARTEXT
SETCURSOR [0 0]
LZ 2
PR [BITTE FOLGENDE DATEN EINGEBEN ...]
LZ 2
REPEAT COUNT :LISTE [DE.WORT FIRST :LISTE LZ 1
MAKE "LISTE BF :LISTE]
END


TO DE.WORT :ƏNAME
TAB 5 CHAR 32
TYPE :ƏNAME
TAB 16 ".
```

```
TYPE ":
MAKE :@NAME RL
END

TO TAB :POS :ZCHN
IF :POS = FIRST CURSOR [STOP]
TYPE :ZCHN
TAB :POS :ZCHN
END

TO LZ :N
REPEAT :N [PR " ]
END

TO ENDE?
SETCURSOR [0 23]
TYPE [WEITERE SAETZE ZU ERFASSEN?]
TYPE CHAR 7
TEST FIRST RL = "JA
IFT [OP "FALSE]
IFF [OP "TRUE]
END

TO SCHLIESSENDATEI :DATEI
THROW "TOPLEVEL
END


?ERFASSEN "ADRESSEN

BITTE FOLGENDE DATEN EINGEBEN ...

      ADRNR......:1

      NAME.......:MEIER

      VORNAME....:GERHARD

      STRASSE....:HAUPTSTR.\ 10

      PLZ........:6000

      ORT........:FRANKFURT

      TELEFON....:123456

0 PROCEDURES SAVED
WEITERE SAETZE ZU ERFASSEN?JA
```

Die beiden kleinen Folgebeispiele sollen eine Verarbeitung solcher erstellten Dateien demonstrieren. Im ersten Fall wollen wir gezielt die Adressen bestimmter Sätze auf Adreßkleber ausdrucken.

```
TO AUSGABE :NRN
OEFFNENDATEI "ADRESSEN
LABEL "START
IF EMPTYP :NRN [STOP]
SATZLESEN "ADRESSEN FIRST :NRN
VERARBEITEN
MAKE "NRN BF :NRN
GO "START
END

TO VERARBEITEN
PR "  PR "
(PR :VORNAME :NAME)
(PR :STRASSE)
(PR :PLZ :ORT)
END


?AUSGABE [1 7 3]


GERHARD MEIER
HAUPTSTR. 10
6000 FRANKFURT


BERTOLD UNHOLD
HAUGASSE 11
6100 DARMSTADT


HANNES SCHWAFEL
SABBELGASS
3000 HANNOVER
```

Aufwendige formatierte Druckerausgaben können unter Ausnutzung der Funktionen aus Kapitel 26 schnell realisiert werden.

Wollen wir Dateien seriell von einer Anfangsnummer bis zu einer Endnummer ausgeben, hilft uns folgende Allerweltsfunktion, die für jede Datei funktioniert.

```
TO AUSGABE2 :VON :BIS :DATEI :WAS
OEFFNENDATEI :DATEI
LOCAL "ANZ
MAKE "ANZ SUM 1 (:BIS - :VON)
REPEAT :ANZ [SATZLESEN :DATEI :VON RUN :WAS
MAKE "VON :VON + 1]
END


?AUSGABE2 1 7 "ADRESSEN [(PR :NAME :TELEFON :ORT)]
MEIER 123456 FRANKFURT
PALOMA 111111 EINSSTADT
SCHWAFEL 332145 HANNOVER
AUF DER ERBSE 412356 GRIMMBACH
BLASS 123456 HAMBURG
VON PROCHASKA - LUENEBURG
UNHOLD 99999 DARMSTADT


?AUSGABE2 3 5 "ADRESSEN [VERARBEITEN]


HANNES SCHWAFEL
SABBELGASS
3000 HANNOVER


PRINZESSE AUF DER ERBSE
MAERCHENWEG 4
4123 GRIMMBACH


PAUL BLASS
HOHE BLEICHE 4
2000 HAMBURG
```

Das Inhaltsverzeichnis einer Diskette läßt nur gut 70 Einträge zu. Das könnte schon, auch bei Demonstrationsbeispielen, etwas wenig an Datensätzen sein, vor allem, wenn wir mehrere Dateien im Zugriff haben wollen. Wir könnten mehrere Sätze zu einem Block zusammenfassen und diesen Block unter einer fortlaufenden Zählnummer auf der Diskette speichern. Bei einem Blockungsfaktor von 10 kommen wir somit auf mehr als 700 Datensätze.

Der Änderungsaufwand ist nicht groß. Wir müßten nur die Satznummern entsprechend umrechnen. Die Datensatznummern 1 bis 10 erhalten die Blocknummer 1, die von 11 bis 20 die Blocknummer 2 usw. Die kleine Funktion BLOCKNR erledigt das:

```
TO BLOCKNR :N
IF LAST :N = 0 [OP BL :N]
OP SUM 1 INT :N / 10
END
```

In den Dateibefehlen muß jetzt nur noch BLOCKNR an den richtigen Stellen in die Anweisungszeilen eingefügt werden. Anschließend müssen wir noch in WERTZUWEISEN und SATZBILDEN Änderungen vornehmen, um eine Liste (Block) mit mehreren Sätzen zusammenzusetzen. Beim Lesen holen wir einfach mit ITEM und der letzten Ziffer der Satznummer den Satz aus dem Block. Die letzte Ziffer an der Satznummer bestimmt, an welcher Stelle des Blocks der Satz herausgenommen und eingefügt werden soll.

25
Bildschirmorientierte Datenerfassung

In diesem Kapitel erarbeiten wir ein Programm, das die Erfassung von Datensätzen über Bildschirmmasken erlaubt. Das Programm liefert nicht nur eine Maske, sondern kann beliebig viele Masken erzeugen. Über eine strukturierte Liste wird dem Erfassungsprogramm die gewünschte Beschreibung gegeben und der Schirmaufbau daraus hergeleitet. Ein weiterer Kern ist die Cursorsteuerung, um die einzelnen Datenfelder zu erreichen oder Zeichen zu löschen. Wir wollen jede einzelne Taste hinterfragen, um Programmfehler zu vermeiden. Das erfordert manch kleine Hilfsroutine, da wir ja jeden Schritt vorgeben müssen. Befassen wir uns als erstes mit der Definition von Bildschirmmasken und deren Aufbau.

Der Bildschirm kann durch folgendes Raster vorgegeben werden. Diese Tabelle hat 24 Zeilen und pro Zeile 40 Schreibstellen. Die Schreibstellen sind von 0 bis 39 durchnumeriert. Das gleiche gilt für die Zeilen 0 bis 23. In diesen Vordruck haben wir das Aussehen einer Bildschirmmaske eingezeichnet.

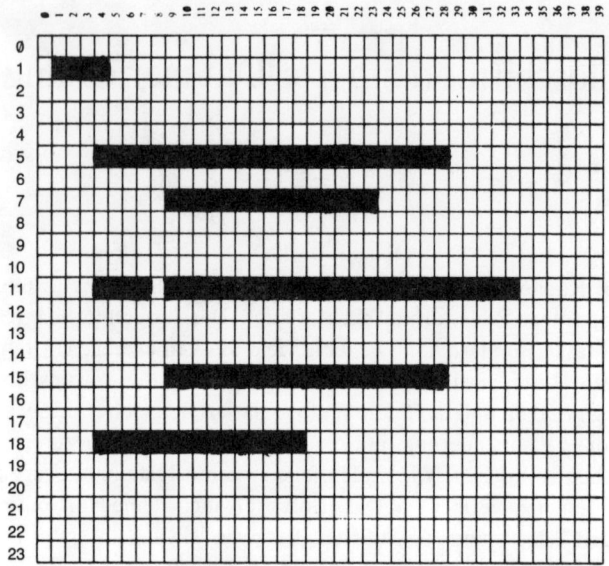

Die schwarzen Felder sollen als helle Felder auf dem Schirm erscheinen. Unter jedem Feld soll dessen Bezeichnung stehen. Jedes Feld ist somit ein Datenfeld eines Datensatzes. Die Länge jedes Feldes ist durch das letzte helle Feld begrenzt.

Der Maskenaufbau für diesen Fall läßt sich tabellarisch zusammenfassen:

Feldname:	Wortlänge:	Position des 1. Zeichens:	
SNR	4	Spalte 1	Zeile 1
NAME	25	Spalte 4	Zeile 5
VORNAME	15	Spalte 9	Zeile 7
PLZ	4	Spalte 4	Zeile 11
ORT	25	Spalte 9	Zeile 11
STR	20	Spalte 9	Zeile 15
TEL	15	Spalte 4	Zeile 18

Schematisch könnten wir für jedes Merkmal eine Liste definieren:

```
LAENGE IS [4 25 15 4 25 20 15]
STELLE IS [[1 1] [4 5] [9 7] [4 11] [9 11] [9 15]
[4 18]]
FELDER IS [SNR NAME VORNAME PLZ ORT STR TEL]
```

Nehmen wir aus jeder Liste jeweils das dritte Element, so haben wir die Beschreibung eines Datenfeldes auf dem Bildschirm mit seiner Lage, Länge und seiner Bezeichnung. Man könnte auch eine strukturierte Liste bilden, die jede Zeile in Form einer Liste beschreibt. Diese Beschreibung soll der Variablen MASKE1 zugewiesen sein:

```
[SNR 4 [1 1]]
[NAME 25 [4 5]]
[VORNAME 15 [9 7]]
[PLZ 4 [4 11]]
[ORT 25 [9 11]]
[STR 20 [9 15]]
[TEL 15 [4 18]]


MASKE1 IS [[SNR 4 [1 1]] [NAME 25 [4 5]]
   [VORNAME 15 [9 7]] [PLZ 4 [4 11]] [ORT
25 [9 11]] [STR 20 [9 15]] [TEL 15 [4 18
]]]
```

In der gezeigten Weise können somit beliebige Strukturen einer Bildschirmmaske beschrieben werden. Für den jeweiligen Fall müssen wir nur die gewünschte Maskenbeschreibung dem Programm zur Verfügung stellen. Diese strukturierte Liste liegt dann als Globalvariable mit bekanntem Namen vor.

Sehen wir uns nachfolgend die Bausteine zum Programm MASKE an. Damit die gewünschte Schirmmaske erzeugt wird, brauchen wir nur MASKE aufzurufen und für :DEFINITION den Namen der Variablen mit der strukturierten Maskenbeschreibung eingeben. In unserem Beispiel hätten wir MASKE :MASKE1 eingeben müssen:

```
TO MASKE :DEFINITION
LISTEN :DEFINITION
FELDER :STELLE :LAENGE
BZCHNG :STELLE :FELDER
END

TO LISTEN :DEF
MAKE "FELDER MACH.LISTE :DEF 1
MAKE "LAENGE MACH.LISTE :DEF 2
MAKE "STELLE MACH.LISTE :DEF 3
END

TO FELDER :WO :WAS
IF EMPTYP :WO [STOP]
SETCURSOR FIRST :WO
STRICH FIRST :WAS CHAR 160
FELDER BF :WO BF :WAS
END

TO BZCHNG :WO :WIE
IF EMPTYP :WO [STOP]
C FIRST FIRST :WO (1 + LAST FIRST :WO)
TYPE FIRST :WIE
BZCHNG BF :WO BF :WIE
END
```

```
TO MACH.LISTE :LISTE :STELLE
IF EMPTYP :LISTE [OP []]
OP FPUT ITEM :STELLE FIRST :LISTE MACH.LISTE BF :LISTE :STELLE
END

TO STRICH :L :ZCHN
REPEAT :L [TYPE :ZCHN]
END

TO C :S :Z
SETCURSOR SE :S :Z
END
```

Der Baustein LISTEN erzeugt die drei Globalvariablen :LAENGE, :STELLE und :FELDER mit Hilfe von MACH.LISTE.
Der Baustein FELDER zeichnet die hellen Bereiche auf dem Bildschirm. BZCHNG schreibt eine Zeile tiefer unter das helle Feld dessen Bezeichnung.
Das Leitprogramm für unser Erfassungsprogramm lautet:

```
TO DE :DEF
CLEARTEXT
MASKE :DEF
LABEL "ANFANG
VERARBEITEN DE.SATZ :STELLE :LAENGE
LOESCHEN
IF ENDE? [STOP] [GO "ANFANG]
END
```

Der zweite Hauptteil ist das Teilprogramm DE.SATZ mit seinen Funktionen. DE.SATZ hat als Eingaben alle Anfangspositionen der Felder und die Gesamtlängen der Felder. In der zweiten Zeile wird DE.WORT aufgerufen, das mit der Startposition eines Feldes und dessen Länge versehen wird.

```
TO DE.SATZ :WO :L
IF EMPTYP :WO [OP []]
OP SE DE.WORT FIRST :WO FIRST :L DE.SATZ BF :WO
BF :L
END

TO DE.WORT :POS :L
LOCAL "WORT MAKE "WORT "  LOCAL "ZCHN
BLINKEN :POS
LABEL "ANF
MAKE "ZCHN RC
RUN CASE ASCIIZCHN [8 [LOESCH.ZCHN] 13 [Z 32
OP :WORT] >31 [ KETTEN]]
GO "ANF
END
```

```
TO ASCIIZCHN
IF ASCII :ZCHN ) 31 [OP ")31]
OP ASCII :ZCHN
END

TO CASE :FALL :FAELLE
IF NOT MEMBERP :FALL :FAELLE [OP FEHLER]
OUTPUT FIRST BF MEMBER :FALL :FAELLE
END

TO FEHLER
OP [GO "ANF]
END

TO MEMBER :? :?OBJ
IF EMPTYP :?OBJ [OP :?OBJ]
IF :? = FIRST :?OBJ [OP :?OBJ]
OP MEMBER :? BF :?OBJ
END

TO LOESCH.ZCHN
IF FIRST CURSOR = FIRST :POS [STOP]
LOCAL "POS
BS
MAKE "POS CURSOR
IF :L = 0 [Z 160 Z 32] [Z 160 Z 160]
BLINKEN :POS
MAKE "WORT BL :WORT
MAKE "L :L + 1
END

TO BLINKEN :WO
SETCURSOR :WO
TYPE CHAR 223
SETCURSOR :WO
END

TO KETTEN
TEST :L ) 0
IF NOT :L > 0 [STOP]
ZAUSG :ZCHN
MAKE "L :L - 1
MAKE "WORT WORD :WORT :ZCHN
END

TO ZAUSG :Z
TEST ASCII :Z ( 64
IFT [Z (128 + ASCII :Z)]
IFF [Z (64 + ASCII :Z)]
IF :L > 1 [Z 223] [Z 32]
BS
END

TO BS
SETCURSOR SE SUM -1 FIRST CURSOR LAST CURSOR
END

TO Z :NUM
TYPE CHAR :NUM
END
```

Was macht DE.WORT? Damit der Bediener die Schreibposition erkennt, soll diese jeweilige Stelle blinken. Jetzt wird mit READCHARACTER (RC) der Variablen "ZCHN der Tastenwert zugewiesen. Da wir alles unter Kontrolle haben wollten, müssen wir die verschiedenen Fälle überprüfen und danach handeln. Nicht zugelassen sind alle Zeichen in der ASCII-Tabelle mit einem Dezimalwert kleiner als 32. Von diesem Zeichenvorrat werden aber die Zeichen Nr. 8 und Nr. 13 benötigt. Das Zeichen Nr. 8 bedeutet nämlich «Löschen eines Zeichens», und Nr. 13 signalisiert, daß die Datenfeldeingabe beendet werden soll. Sind die Zeichen größer als die Dezimalnummer laut ASCII-Tabelle, so wird das Zeichen aufgehoben und mit den anderen gültigen Zeichen verkettet. Dieses Eingeben eines Zeichens erfolgt so lange in einer Schleife, bis die Eingabe eines Datenfeldes ordnungsgemäß beendet worden ist.

Die Funktion KETTEN liefert das invertierte Zeichen und gibt es auf dem Bildschirm mittels der Funktion ZAUSG (Zeichenausgabe) aus. In ZAUSG muß das Blinkzeichen (Cursor) von uns verwaltet und um eine Stelle weitergeschoben werden. Aber Achtung, bei Erreichen der letzten Stelle vom Feld darf das nicht mehr geschehen. Mit BS (für Backspace) wird ein Rückschritt gemacht, da nach dem Setzen des Blinkers eine andere Position erreicht wird (der echte – hier unsichtbare – Cursor wandert nach dem eingegebenen Zeichen weiter). In KETTEN wird die Feldlänge nach Null heruntergezählt, um eine Kontrolle über das Erreichen des Feldendes zu haben. Wenn Null erreicht ist, wird KETTEN sofort abgebrochen, und DE.WORT läuft so lange in einer Dauerschleife, bis die Returntaste (ASCII-Zeichen Nr. 13) gedrückt worden ist.

Als Alternative zu der vielleicht zu aufwendigen und komplizierten Fallauswahl wird eine andere Variante für DE.WORT gezeigt:

```
TO DE.WORT :POS :L
LOCAL "WORT MAKE "WORT " LOCAL "ZCHN
BLINKEN :POS
LABEL "ANF
MAKE "ZCHN RC
TEST ASCII :ZCHN = 13
IFT [TYPE CHAR 32 OP :WORT]
TEST ASCII :ZCHN = 8
IFT [LOESCH.ZCHN GO "ANF]
TEST ASCII :ZCHN < 32
IFT [GO "ANF]
KETTEN
GO "ANF
END
```

```
TO DE.SATZ :WO :L
LOCAL "SATZ MAKE "SATZ [ ]
LABEL "ANF
IF EMPTYP :WO [OP [ ]]
MAKE "SATZ SE :SATZ DE.WORT FIRST :WO FIRST :L
MAKE "WO BF :WO MAKE "L BF :L
GO "ANF
END
```

Wenn ein Datensatz erfaßt worden ist, sollte er jetzt eigentlich auf die Diskette geschrieben werden. Hier müßte jetzt die entsprechende Routine in VERARBEITEN vorkommen. Anschließend werden die Daten in den Feldern gelöscht, indem erneut die schon bekannte Routine FELDER aufgerufen wird. Damit eine Endemöglichkeit vorgesehen ist, haben wir die schon aus Kapitel 14 bekannten Funktionen ENDE? und HINWEIS eingebaut.

```
TO VERARBEITEN :SATZ
C 1 23
TYPE [EIN SATZ IST ERFASST]
END

TO LOESCHEN
FELDER :STELLE :LAENGE
END

TO ENDE?
HINWEIS [BEENDEN MIT ESC - TASTE]
WAIT 120
IF KEYP [OP EQUALP RC CHAR 27] [OP "FALSE]
END

TO HINWEIS :TXT
C 1 23
TYPE CHAR 7
TYPE :TXT
WAIT 60
C 1 23
REPEAT 38 [TYPE CHAR 32]
END
```

Damit ist das Gesamtprogramm vorgestellt, dessen Struktur aus 24 Funktionen schon umfangreich ist:*

```
0 :DE
1 :...MASKE
2 :......LISTEN
3 :........MACH.LISTE*
```

* Erklärungen zur folgenden Darstellung siehe Seite 290 und Kapitel 29.

```
4:...........MACH.LISTE*+
3:.........MACH.LISTE*+
3:.........MACH.LISTE*+
2:......FELDER*
3:.........STRICH
3:.........FELDER*+
2:......BZCHNG*
3:.........C
3:.........BZCHNG*+
1:...VERARBEITEN
2:......C+
1:...DE.SATZ*
2:......DE.WORT
3:.........BLINKEN
3:.........CASE
4:...........FEHLER
4:...........MEMBER*
5:............MEMBER*+
3:.........ASCIIZCHN
3:.........LOESCH.ZCHN
4:...........BS
4:...........Z
4:...........Z+
4:...........Z+
4:...........Z+
4:...........BLINKEN+
3:.........Z+
3:.........KETTEN
4:...........ZAUSG
5:..............Z+
5:..............Z+
5:..............Z+
5:..............Z+
5:..............BS+
2:......DE.SATZ*+
1:...LOESCHEN
2:......FELDER*+
1:...ENDE?
2:......HINWEIS
3:.........C+
3:.........C+
```

Beim Testen der vorgestellten Version könnte der Wunsch nach einem schnelleren Laufverhalten aufkommen. Durch die aufwendige Fallauswahl und verschiedene rekursive Funktionen wird eine bemerkbare Zeit zwischen Tastenanschlag und Zeichenausgabe auf dem Schirm benötigt. Daher sollte die Alternative zu DE.WORT bevorzugt werden. Weiterhin entfallen damit die Funktionen MEMBER, CASE, ASCIIZCHN, FEHLER. DE-.SATZ sollte ebenfalls zur Speicherentlastung iterativ formuliert werden. Die so geänderte Version ist fühlbar schneller und selbst schnellen Tastenanschlagsfolgen gewachsen.

26
Universelle Druckroutine

Im Kapitel 25 haben wir strukturierte Listen verwendet, um das Format einer Bildschirmmaske zu beschreiben. Zur Vereinfachung von Datenausgaben auf Bildschirm oder Drucker wollen wir eine Druckroutine benutzen, die alle denkbaren Formate zur Datenausgabe einhält, sofern die Form der folgenden strukturierten Liste beschrieben wird.

Die Druckroutine arbeitet zeilenorientiert. Der einfachste Fall einer Zeile ist die Leerzeile (Zeilenvorschub). Der Normalfall einer Zeile beinhaltet die Ausgabe von Variableninhalten an bestimmten Stellen. Wir sagen beispielsweise: ab Stelle 5 den Namen, ab Stelle 25 den Vornamen usw.

Sehen wir uns ein einfaches Beispiel an, das nur die Variable :CHIP verwendet. Der Inhalt von CHIP ist das Wort "WISSEN.

```
?DRUCKEN                          ?UNTER :@FORMAT
WISSEN   WISSEN   WISSEN          [[1 CHIP] [9 CHIP] [17 CHIP]]
         WISSEN                   [[9 CHIP]]
         WISSEN                   [[9 CHIP]]
                                  1
         WISSEN                   [[9 CHIP]]
                                  1
         WISSEN                   [[9 CHIP]]


?PONS
CHIP IS WISSEN
@FORMAT IS [[[1 CHIP] [9 CHIP] [17 CHIP]] [[9 CHIP]] [[9 CHI
P]] 1 [[9 CHIP]] 1 [[9 CHIP]]]
```

In der Darstellung haben wir jede Zeilendefinition neben die entsprechende gedruckte Zeile gesetzt, um das bisher Gesagte zu verdeutlichen. Jede Zeilenbeschreibung ist ein Element der Formatbeschreibung. Diese Beschreibung ist der Inhalt der Globalvariablen :@FORMAT. Die Druckroutine benutzt diesen Variablennamen und erwartet einen entsprechenden Inhalt. Mit jedem neu definierten Inhalt von :@FORMAT ergibt sich ein anderes Druckbild.

```
WISSEN       WISSEN      [[9 CHIP] [23 CHIP]]
   WISSEN    WISSEN      [[11 CHIP] [21 CHIP]]
      WISSEN             [[16 CHIP]]
   WISSEN    WISSEN      [[11 CHIP] [21 CHIP]]
WISSEN          WISSEN   [[9 CHIP] [23 CHIP]]
```

Sehen wir uns das Programm an:

```
TO DRUCKEN
LOCAL "ZEILE LOCAL "LISTE
MAKE "LISTE :@FORMAT
LABEL "BEGINN
MAKE "ZEILE FIRST :LISTE
TEST NUMBERP :ZEILE
IFF [DRZEILE :ZEILE]
IFT [LEERZEILE :ZEILE]
MAKE "LISTE BF :LISTE
IF NOT EMPTYP :LISTE [GO "BEGINN]
END

TO DRZEILE :ZL
IF EMPTYP :ZL [PR "  STOP]
TAB FIRST FIRST :ZL
TYPE THING LAST FIRST :ZL
DRZEILE BF :ZL
END

TO LEERZEILE :N
REPEAT :N [PR " ]
END

TO TAB2 :@
IF :@ = FIRST CURSOR [STOP]
TYPE "
TAB :@
END
```

DRUCKEN ist eine einfache Schleife, die so lange aus der Variablen
:@FORMAT ein Element (jeweils die Beschreibung einer Zeile) ent-
nimmt, bis sie leer ist. Ist dieses Element eine Liste, wird diese Druckzeile
mit DRZEILE ausgegeben. Ist es eine Zahl, werden entsprechende Leerzeilen ausgegeben.

DRZEILE holt sich aus der eingegebenen Zeilenbeschreibung jeweils
ein Element mit der Vorgabe der Schreibstelle und dem Namen der
Variablen. Die Schreibposition wird mittels TAB angesteuert und dann der
Variableninhalt gedruckt.

Der Entwurf von Listbildern ist bei Endlosformularen keine Arbeit. Man muß nur die Zeilen und die entsprechenden Anfangspositionen der auszugebenden Datenfelder auf dem Vordruck auszählen. Nehmen wir als Beispiel das Giroüberweisungsformular:

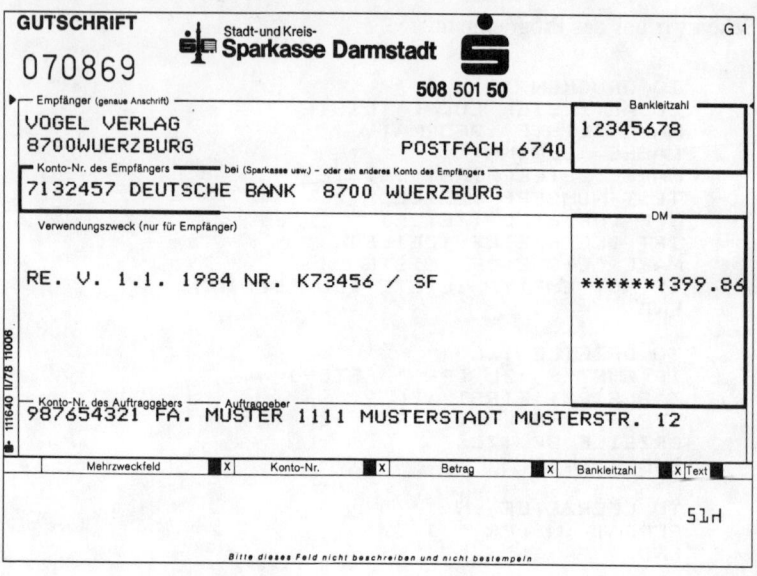

Das Formular hat 26 Zeilen und je Zeile 56 Zeichen (gezählt ab dem ersten abgedruckten Zeichen). Die Auszählung ergibt dann:

Zeile	Inhalt
1 5	5 Leerzeilen
6	ab Schreibstelle 1 die Firma, ab Stelle 44 die Bankleitzahl
7	ab Stelle 1 die Anschrift
8	Leerzeile
9	ab Stelle 1 die Kontonummer und Bank
10 12	3 Leerzeilen

| 13 | ab Stelle 1 den Rechnungsbetrag, ab Stelle 42 den Rechnungsbetrag rechtsbündig mit führenden Sternchen |

14 ⎫
  ⎬ 6 Leerzeilen
19 ⎭

20   ab Stelle 1 den Auftraggeber

21 ⎫
  ⎬ 5 Leerzeilen
26 ⎭

Die zugehörige Liste lautet dann:

```
?SHOW :@FORMAT
[5 [[1 FIRMENNAME] [44 BLZ]] [[1 PLZ] [5 ORT] [30 STRASSE]]
1 [[1 KONTO] [9 BANK] [24 PLZ.B] [29 ORT.B]] 3 [[1 RE.BEZUG]
[44 BETRAG]] 6 [[1 ABSENDER]] 5]
```

Drucken wir jetzt die Elemente (Zeilenbeschreibungen) von :@FOR-
MAT untereinander aus:

```
?UNTER :@FORMAT
5
[[1 FIRMENNAME] [44 BLZ]]
[[1 PLZ] [5 ORT] [30 STRASSE]]
1
[[1 KONTO] [9 BANK] [24 PLZ.B] [29 ORT.B]]
3
[[1 RE.BEZUG] [44 BETRAG]]
6
[[1 ABSENDER]]
5
```

Abschließend wollen wir zwei weitere TAB-Funktionen kennenlernen.
Die erste Variante benutzt nur den REPEAT-Befehl. Die zweite Variante
ist etwas komplizierter. Sie steuert direkt den Druckerkopf eines Matrix-
druckers. Wir müssen die jeweilige Druckstelle entsprechend den Dots je
Zeile umrechnen. Bei der gewählten Schrift werden für 80 Zeichen je Zeile
640 Dots in einer Dot-Zeile verwendet. Also ist ein Zeichen 8 Dots breit.
Der Drucker muß als Befehl zum Einnehmen einer Position folgende sechs
Zeichen empfangen:

```
ESC    F    n3 n2 n1 n0
                   └──────── vierstellige Zahl mit führenden Nullen
              └───────────── Buchstabe F
       └────────────────────── ESCAPE-Kode (ASCII 27)
```

Die vierstellige Zahl gibt die Dot-Position 0 bis 0640 an. Die entsprechende Umrechnung macht unser Programm DOTPOS.

```
TO TAB1 :N
REPEAT ( :N - FIRST CURSOR) [TYPE " ]
END

TO TAB :STELLE
; [DRUCKERSCHRIFT PICA, 640 DOTS / LINE]
; [APPLE DOT MATRIX PRINTER]
TYPE (WORD CHAR 27 "F DOTPOS ( :STELLE - 1) * 8)
END

TO DOTPOS :DOTS
IF :DOTS < 10 [OP WORD "000 :DOTS]
IF :DOTS < 100 [OP WORD "00 :DOTS]
OP WORD "0 :DOTS
END
```

Wollen wir nur den Drucker mitlaufen lassen, müssen wir den Befehl
.PRINTER 9 eingeben und nicht .PRINTER 1. Bei .PRINTER 9 läuft der
Bildschirm mit, andernfalls würde das Erreichen der Schreibstelle nicht
erkannt werden, da CURSOR ausschließlich eine Funktion für den Bildschirm hat.

Wenn wir strukturierte Listen definieren, sollten wir bei größeren Listen
diese immer als Operation definieren, damit wir leicht mit dem Editor
Fehler verbessern können. Man verzählt sich ja schnell bei den Klammern.
Wenn dieser Inhalt ausgetestet ist, weist man ihn der Globalvariablen
"@FORMAT zu.

```
TO F
OP [[[9 CHIP] [23 CHIP]] [[11 CHIP] [21 CHIP]] [[1
6 CHIP]] [[11 CHIP] [21 CHIP]] [[9 CHIP] [23 CHIP]
]]
END

?MAKE "@FORMAT F
```

```
?UNTER :aFORMAT
[[9 CHIP] [23 CHIP]]
[[11 CHIP] [21 CHIP]]
[[16 CHIP]]
[[11 CHIP] [21 CHIP]]
[[9 CHIP] [23 CHIP]]
```

Einfach ist es auch, wenn wir für das Ein- und Ausschalten des Druckers kleine Hilfsroutinen formulieren, die an den entsprechenden Stellen im Programm aufgerufen werden. Arbeiten wir im Direktmodus, sollten wir als Funktionsnamen nur einbuchstabige Wörter nehmen, um uns die Tipparbeit zu erleichtern. So etwas ist in der Testphase eine praktische Hilfe. Die zweite Zeile in DRUCKEREIN legt die Schreibbreite für den Drucker auf 80 Zeichen pro Zeile fest.

```
TO DRUCKEREIN
.PRINTER 1
PR WORD CHAR 9 "80N
END

TO DRUCKERAUS
.PRINTER 0
END
```

27
Zeichnen von Funktionsgraphen

Zum mathematischen Schulalltag gehört das Aufstellen von Wertetabellen irgendwelcher Funktionen. Die in der Wertetabelle gesammelten Punkte mit ihren x-Werten und y-Werten werden dann in ein Koordinatensystem übertragen. Hat man einen vernünftigen Maßstab für die Koordinatenachsen gewählt, kommt die Kurve (Graph der Funktion) heraus. So etwas ist ein klassischer Arbeitsauftrag für einen Computer. Nennen wir das Programm GRAPH. Das Programm soll Polynome zeichnen. Nehmen wir zur Illustration das Polynom vierten Grades:

$$y = \frac{1}{4} x^4 - 2 x^2 + 2$$

Allgemein werden Polynome wie folgt gekennzeichnet:

$$y = a_n x^n + a_{n-1} x^{n-1} + \ldots + a_4 x^4 + a_3 x^3 + a_2 \times^2 + a_1 \times^1 + a_0$$

In unserem Beispiel hätte das Polynom vierten Grades folgende Werte für die Koeffizienten:

$$a_4 = 0,25$$
$$a_3 = 0$$
$$a_2 = -2$$
$$a_1 = 0$$
$$a_0 = 2$$

Lassen wir jetzt den Computer diese Kurve zeichnen.

```
?GRAPH [.25 0 -2 0 2] -3.  3.  .2 []
       -3.          4.25                                      *
       -2.8         1.6864                          *
       -2.6  -9.55973N2                    *
       -2.4        -1.2256            *
       -2.2        -1.8236  *
       -2.          -2.   *
       -1.8        -1.8556 *
       -1.6        -1.4816     *
       -1.4        -.959605        *
       -1.2        -.361605            *
       -1.          .249994              *
   -.800002         .822394                  *
   -.600002        1.31239                     *
   -.400002        1.6864                          *
   -.200002        1.9204                            *
 -2.26498N6        2.                                 *
    .199998        1.9204                            *
    .399998        1.6864                          *
    .599998        1.3124                      *
    .799997         .822406                  *
    .999997         .250007                *
        1.2        -.361593            *
        1.4        -.959593        *
        1.6        -1.48159     *
        1.8        -1.8556  *
        2.          -2.   *
        2.2        -1.82361 *
        2.4        -1.22561        *
        2.6  -9.56254N2               *
        2.8         1.68636                        *
        3.          4.24994                                *
```

Die x-Werte und y-Werte werden von oben nach unten in zwei Kolonnen rechtsbündig untereinander geschrieben. Jede Zeile stellt mit ihrem x-Wert praktisch die x-Achse dar. Der restliche Teil der Zeile ist der Bereich zum Zeichnen des y-Wertes. Eine x-Achse, das heißt eine Senkrechte, mit dem y-Wert Null wird nicht gezeichnet. Die kann jeder bei Bedarf schnell mit Lineal und Bleistift nachzeichnen.

Der Bereich der x-Werte geht von −3 bis +3. Die x-Werte nehmen jeweils um 0,2 zu. Vergleichen wir noch einmal den Aufruf von GRAPH. Wir finden die Koeffizienten in Form einer Liste wieder und daneben die x-Bereiche und die Zunahme von x. Als letztes ist eine leere Liste eingegeben, deren Bedeutung wir weiter unten kennenlernen. Wir können in dieser Liste eine untere und obere Schranke eingeben, damit nur y-Werte aus diesem eingegrenzten Bereich abgebildet werden.

Sehen wir uns die Programmstruktur von GRAPH an, um dann die wesentlichen Funktionen kennenzulernen:

```
0:GRAPH
1:...YWERTE
2:.....FOR
2:......HORNER
1:...BILDGRENZEN
1:...MINMAX*
2:.....MINMAX*+
2:.....MINMAX*+
2:.....MINMAX*+
1:...BILDGRENZEN+
1:...WHILE
1:...DRUCKEN
2:.....ZAHLENPAAR
3:........RBUEND
4:..........FUELLER*
5:............FUELLER*+
4:..........COUNTW
5:............WORTINLISTE*
6:..............WORTINLISTE*+
3:........RBUEND+
2:......DRUCK.Y.WERT
3:........TAB
3:........BILDPUNKT
3:........TAB+
3:........BILDPUNKT+
3:........TAB+
3:........BILDPUNKT+
```

Erklärungen zur Darstellung
siehe Seite 290 und Kapitel 29.

Sehen wir uns gleich das Leitprogramm GRAPH an:

```
TO GRAPH :FVX :XA :XE :DX :SCHRANKEN
YWERTE :FVX :XA :XE :DX
TEST EMPTYP :SCHRANKEN
IFT [BILDGRENZEN MINMAX FIRST :YW FIRST :YW :YW]
IFF [BILDGRENZEN :SCHRANKEN]
WHILE [NOT EMPTYP :YW] [DRUCKEN]
END
```

Die Funktion YWERTE ermittelt die y-Koordinaten für die Wertetabelle. Das Ergebnis von YWERTE befindet sich in der Variablen :YW und ist eine Liste. BILDGRENZEN berechnet den Abbildungsmaßstab für die y-Werte. Da die Druckzeile oder Bildschirmzeile nur eine vorgegebene Anzahl von Schreibstellen hat, muß auf diesen Bereich alles an errechneten y-Werten verteilt werden. Der kleinste und der größte y-Wert müssen gerade noch auf dem linken und rechten Abbildungsrand des Schirms oder Druckers erscheinen. Das Errechnen dieses y-Achsen-Maßstabs erledigt BILDGRENZEN. MINMAX ermittelt für BILDGRENZEN den kleinsten und größten y-Wert. DRUCKEN gibt uns wahlweise die Koordinaten und die Kurve oder nur die Kurve aus, wobei im letzten Fall der eingesparte Platz für die beiden Koordinaten mit zum Zeichenbereich der Kurve genommen wird und der Funktionsgraph genauer wird.

Sehen wir uns jetzt die Teilprogramme von GRAPH im Detail an.

```
TO YWERTE :FVX :XA :XE :DX
MAKE "YW []
FOR "I :XA :XE :DX [MAKE "YW SE :YW HORNER :FVX :I]
END

TO BILDGRENZEN :MINMAX
MAKE "MIN FIRST :MINMAX
MAKE "MAX LAST :MINMAX
TEST :MIN < 0
IFT [MAKE "SCHRITT BF (:BEREICH / (:MIN - :MAX))]
IFF [MAKE "SCHRITT (:BEREICH / (:MAX - :MIN))]
END

TO MINMAX :MIN :MAX :YW
IF EMPTYP :YW [OP SE :MIN :MAX]
IF FIRST :YW < :MIN [OP MINMAX FIRST :YW :MAX BF :YW]
TEST FIRST :YW > :MAX
IFT [OP MINMAX :MIN FIRST :YW BF :YW]
IFF [OP MINMAX :MIN :MAX BF :YW]
END

TO DRUCKEN
TEST :KOORDINATEN?
IFT [TYPE ZAHLENPAAR]
DRUCK.Y.WERT FIRST :YW
MAKE "XA :XA + :DX
MAKE "YW BF :YW
END


TO HORNER :POLY :ARG
LOCAL "S MAKE "S 0
LABEL "START
IF (COUNT :POLY) = 1 [OP SUM :S FIRST :POLY]
MAKE "S (SUM :S FIRST :POLY) * :ARG
MAKE "POLY BF :POLY
GO "START
END

TO DRUCK.Y.WERT :Y
TEST OR :Y < :MIN :Y > :MAX
IFT [PR " STOP]
TEST :Y < 0
```

```
IFT [TAB BILDPUNKT :Y - :MIN PR " * STOP]
TEST :MIN < 0
IFT [TAB BILDPUNKT :Y + BF :MIN PR " * STOP]
IFF [TAB BILDPUNKT :Y - :MIN PR " *]
END

TO ZAHLENPAAR
OP SE RBUEND :XA 10 CHAR 32 RBUEND FIRST
:YW 10 CHAR 32
END

TO BILDPUNKT :ə
OP ROUND (:ə * :SCHRITT)
END

TO TAB :ə
IF NOT (:ə > 1) [STOP]
REPEAT (:ə - 1) [TYPE " ]
END
```

YWERTE besteht nur aus einer FOR-Schleife und der Anweisung, wie
der y-Wert berechnet werden muß. Diese Berechnungsvorschrift heißt
HORNER. Die Horner-Vorschrift zum Berechnen von y-Werten für Polynome kann in jedem Oberstufenmathematikbuch nachgesehen werden.
Das Programm HORNER ist dem genau nachempfunden.

In Bildgrenzen wird der Abbildungsbereich für eine y-Werteinheit berechnet und in :SCHRITT gespeichert. Angenommen, wir haben 38
Schreibstellen auf dem Bildschirm zur Verfügung, und die y-Werte liegen
im Bereich von 1 bis 100. Die erste Schreibstelle auf dem Schirm ist für den
y-Wert 1 und die 38. Schreibstelle für den Wert 100. Je y-Wert steht somit
nur 0,38 einer Schreibstelle zur Verfügung. Daraus folgt, daß sich mehrere
umgerechnete y-Werte eine Schreibstelle teilen müssen. Der umzurechnen-
de Bereich ist in der Variablen :BEREICH festgelegt, da dieser abhängig
vom Drucker und dem Bildschirm veränderlich ist. Wir müssen also, bevor
wir GRAPH benutzen, diesen Wert festlegen. Benutzen wir die volle
Schirmzeile, müssen wir eingeben: MAKE "BEREICH 38. Hingewiesen
sei auf die elegante Zusatzlösung mit Hilfe des Startprogramms START,
das diese Werte in einem Dialog erfragt. Bei diesem Dialog wird auch
gefragt, ob die Kurve mit oder ohne Koordinatenwerten gezeichnet werden
soll. In der Variablen :KOORDINATEN? wird "TRUE oder "FALSE
abgelegt. :KOORDINATEN? wird in der Routine DRUCKEN benötigt.
Die restlichen Funktionen werden nun aufgelistet.

```
TO START
PR [WIRD DER DRUCKER BENUTZT ? ( J / N )]
TEST EQUALP FIRST RL "J
IFT [MAKE "DRUCKER? "TRUE]
IFF [MAKE "DRUCKER? "FALSE]
PR [KOORDINATEN AUSGEBEN ? ( J / N )]
TEST EQUALP FIRST RL "J
IFT [MAKE "KOORDINATEN? "TRUE]
IFF [MAKE "KOORDINATEN? "FALSE]
TEST :KOORDINATEN?
IFT [IF :DRUCKER? [MAKE "BEREICH 37 DRUCKER.EIN]
[MAKE "BEREICH 17]]
IFF [IF :DRUCKER? [MAKE "BEREICH 60] [MAKE
"BEREICH 37]]
END

TO DRUCKER.EIN
.PRINTER 1
PR (WORD CHAR 27 CHAR 81 CHAR 14)
PR WORD CHAR 9 "60N
END
```

Die bereits erwähnte Routine START legt sogenannte Parameter fest, die eine Auswahlmöglichkeit zwischen Schirm und Drucker sowie Abbildungen mit und ohne Zahlen ermöglichen. Nach dem Ablauf von START beginnen wir wie schon beim Eingangsbeispiel, indem wir GRAPH und die zusätzlichen Eingabewerte eintippen.

```
?START
WIRD DER DRUCKER BENUTZT ? ( J / N )
J
KOORDINATEN AUSGEBEN ? ( J / N )
J


?GRAPH [6 -16 12 0 0] -2. 2. .2 []
         -2.          272.

      -1.8      195.178                        *
      -1.6      135.578                    *
      -1.4       90.4737                 *
      -1.2       57.3697             *
      -1.        34.0001          *
    -.800001     18.3297       *
    -.600001      8.55365    *
    -.400001      3.09763  *
    -.200001       .617609 *
   -1.3113N6   2.06342N11  *
     .199999       .361596 *
     .399999      1.04959  *
     .599999      1.6416   *
     .799998      1.9456   *
     .999998      2.       *
      1.2         2.0736   *
      1.4         2.66559  *
      1.6         4.50557  *
      1.8         8.55355   *
      2.         15.9999      *
```

Das Beispiel zeigt uns, daß im x-Bereich von −0,4 und 1,4 die y-Werte zusammenfallen. Lassen wir die Kurve noch einmal, jetzt aber nur im angegebenen Bereich ausdrucken. Auch die Schrittweite für : X ändern wir.

```
?GRAPH [6 -16 12 0 0] -.3 1.4 .05 []
       -.3         1.5606                              *
       -.25        1.02344                        *
       -.2          .6176                    *
       -.15         .327038              *
       -.1          .1366             *
 -5.00001N2    3.20376N2  *
 -5.96046N8   4.26326N14  *
  4.99999N2   2.80374N2   *
  9.99999N2     .1046        *
        .15     .219037           *
        .2      .3616                *
        .25     .523437                *
        .3      .6966                   *
        .35     .874037                    *
        .4     1.0496                         *
        .45    1.21804                          *
        .5     1.375                             *
        .55    1.51704                             *
        .6     1.6416                               *
    .649999    1.74704                                 *
    .699999    1.8326                                    *
    .749999    1.89844                                    *
    .799999    1.9456                                      *
    .849999    1.97604                                      *
    .899999    1.9926                                        *
    .949999    1.99904                                       *
    .999999    2.                                            *
       1.05    2.00104                                       *
       1.1     2.0086                                        *
       1.15    2.03004                                       *
       1.2     2.0736                                          *
       1.25    2.14843                                          *
       1.3     2.2646                                             *
       1.35    2.43303                                               *
```

Das Ergebnis sieht schon besser aus. An diesem Beispiel sehen wir deutlich, welchen Vorteil die jeweilige Umrechnung des Abbildungsmaß-stabs auf die tatsächlich vorgekommenen y-Werte bietet.

Wie schon erwähnt, können wir diese Umrechnungsautomatik abschal-ten, indem wir selbst eine gewünschte Unter- und Obergrenze eingeben. Nur y-Werte einschließlich der Grenzen werden abgebildet.

```
?GRAPH [6 -16 12 0 0] -2. 2. .2 [-3 3]
        -2.       272.
       -1.8     195.178
       -1.6     135.578
       -1.4      90.4737
       -1.2      57.3697
        -1.       34.0001
      -.800001    18.3297
      -.600001     8.55365
      -.400001     3.09763
      -.200001      .617609              *
    -1.3113N6   2.06342N11           *
       .199999      .361596             *
       .399999     1.04959                *
       .599999     1.6416                   *
       .799998     1.9456                     *
       .999998    2.                            *
       1.2         2.0736                        *
       1.4         2.66559                          *
       1.6         4.50557
       1.8         8.55355
       2.         15.9999
```

Das Programm GRAPH kann durch geringe Änderung auch für andere Funktionstypen genutzt werden. Wir lassen einmal die Sinusfunktion im Bereich von 0° bis 360° ausdrucken:

```
?GRAPH [SIN :I] 0. 360. 10. []
   0.         0.                              *
  10.     .173648                          *
  20.     .34202                         *
  30.         .5                       *
  40.     .642788                     *
  50.     .766044                   *
  60.     .866025                  *
  70.     .939693                 *
  80.     .984808                *
  90.         1.                 *
 100.     .984808                *
 110.     .939693                 *
 120.     .866025                  *
 130.     .766044                   *
 140.     .642788                     *
 150.         .5                       *
 160.     .34202                         *
 170.     .173648                          *
 180.         0.                            *
 190.    -.173648                         *
 200.    -.34202                        *
 210.        -.5                       *
 220.    -.642788                    *
 230.    -.766044                  *
 240.    -.866025                *
 250.    -.939693               *
 260.    -.984808              *
 270.        -1.              *
 280.    -.984808              *
 290.    -.939693              *
 300.    -.866025                *
 310.    -.766044                  *
 320.    -.642788                    *
 330.        -.5                       *
 340.    -.34202                         *
 350.    -.173648                          *
 360.         0.                            *
```

Neben dieser Grundfunktion lassen sich auch verkettete trigonometrische Funktionen zeichnen. Gezeichnet wird anschließend $y = \sin x \cos x$.

```
?GRAPH [PRODUCT SIN :I COS :I] 0. 360. 10. []
     0.        0.                                    *
    10.      .17101                                        *
    20.      .321394                                          *
    30.      .433013                                            *
    40.      .492404                                             *
    50.      .492404                                             *
    60.      .433013                                            *
    70.      .321394                                          *
    80.      .17101                                        *
    90.        0.                              *
   100.     -.17101                        *
   110.     -.321394              *
   120.     -.433013        *
   130.     -.492404      *
   140.     -.492404      *
   150.     -.433013        *
   160.     -.321394              *
   170.     -.17101                        *
   180.        0.                              *
   190.      .17101                                        *
   200.      .321394                                          *
   210.      .433013                                            *
   220.      .492404                                             *
   230.      .492404                                             *
   240.      .433013                                            *
   250.      .321394                                          *
   260.      .17101                                        *
   270.        0.                              *
   280.     -.17101                        *
   290.     -.321394              *
   300.     -.433013        *
   310.     -.492404      *
   320.     -.492404      *
   330.     -.433013        *
   340.     -.321394              *
   350.     -.17101                        *
   360.        0.                              *
```

Nur die Benutzerfunktion muß geändert werden. Bei der Eingabe müssen wir darauf achten, daß der Funktionsterm in Abhängigkeit von der Variablen :I formuliert werden muß. Vergleichen wir hierzu genau die beiden Aufrufe von GRAPH in den beiden letzten Beispielen.

```
TO YWERTE :FVX :XA :XE :DX
MAKE "YW [ ]
FOR "I :XA :XE :DX SE [MAKE "YW SE :YW] :FVX
END
```

Die Druckereinschaltroutine DRUCKER.EIN ist natürlich abhängig vom jeweiligen Druckertyp. Hier handelt es sich um einen Itoh-Drucker, der als Apple-Standarddrucker seit 1983 angeboten wird. Die Druckbreite von 60 Zeichen bezieht sich auf die vergrößerten Buchstabentypen. Diese Werte können natürlich jeweils beliebig modifiziert werden. Bei verdichteten Druckertypen können bis zu 120 Zeichen je Zeile ausgegeben werden. Abzüglich der 22 Zeichen für das Zahlenpaar bleiben dann immerhin noch 98 Stellen für die Zeichnung übrig.

Logo bietet noch eine weitere Möglichkeit. Wir könnten die Turtlegrafik hierfür einsetzen. Die Turtle kann sich von Punkt zu Punkt bewegen und zeichnet damit einen geschlossenen Kurvenzug.

Was müssen wir tun?

Als erstes müssen wir die Maßstäbe für die *x*-Achse und die *y*-Achse auf die eingegebenen Bereiche umrechnen.

Zweitens brauchen wir nur noch jedes Wertepaar dem Graphikbefehl SETPOS in Form einer Liste einzugeben. Die Turtle bewegt sich dann von ihrem alten Standort zu der angegebenen Position. Weiterer Vorteil ist, daß wir ein Koordinatenkreuz zeichnen lassen können. Die Schirmbereiche der Turtle sind:

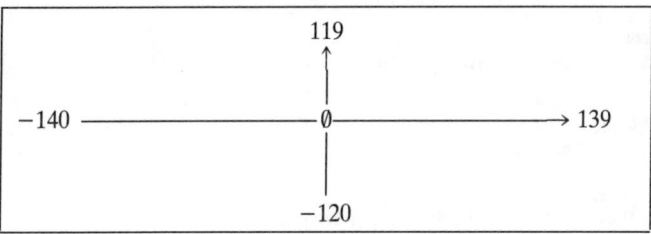

Wir müssen nur ändern: GRAPH
     DRUCKEN
     DRUCK.Y.WERT
     START
     Die Funktion START ist neu formuliert worden und gibt gleich einige
Hinweise für den Benutzer. Abhängig vom größten Absolutwert der x-
Eingabe wird der Abbildungsmaßstab für die x-Werte berechnet.
Neue Funktionen sind BEGINN und X. BEGINN löscht den Graphik-
schirm und zeichnet das Koordinatenkreuz. X rechnet die x-Koordinate für
die Abbildungskoordinate um und entspricht damit BILDPUNKT für die y-
Werte.

```
TO START
TEXTSCREEN
CLEARTEXT
PR [WIR SIND IM TURTLE - MODUS]
PR "
PR [DER X-BEREICH: VON -140 BIS 139]
PR [DER Y-BEREICH: VON -120 BIS 119]
PR "
PR [DIE Y - WERTE WERDEN AUF DEN Y - BEREICH UMGERECHNET.]
PR " PR "
PR [DIE X-SKALA MUESSEN WIR WAEHLEN:]
PR [WELCHES SOLL DER GROESSTE ZAHLENBETRAG FUER DEN XWERT WERDEN ?]
PR [GEMEINT IST DIE ZAHL OHNE VORZEICHEN.]
PR " PR "
PR [WELCHEN WERT BITTE ?]
MAKE "XSKALA FIRST RL
MAKE "XSKALA 140 / :XSKALA
PR [UND JETZT DEN PROGRAMMAUFRUF ..GRAPH..]
RUN RL
END


TO GRAPH :FVX :XA :XE :DX :SCHRANKEN
YWERTE :FVX :XA :XE :DX
TEST EMPTYP :SCHRANKEN
IFT [BILDGRENZEN MINMAX FIRST :YW FIRST :YW :YW]
IFF [BILDGRENZEN :SCHRANKEN]
CLEARSCREEN
BEGINN
WHILE [NOT EMPTYP :YW] [DRUCKEN]
END


TO BEGINN
SETPOS [0 240] HOME
SETPOS [300 0] HOME
FULLSCREEN
PU SETPOS SE X :XA BILDPUNKT FIRST :YW PD
END
```

```
TO DRUCKEN
DRUCK.Y.WERT FIRST :YW
MAKE "XA :XA + :DX
MAKE "YW BF :YW
END

TO DRUCK.Y.WERT :Y
TEST OR :Y < :MIN :Y > :MAX
IFT [PR " STOP]
SETPOS SE X :XA BILDPUNKT :Y
END

TO X :@
OP :XSKALA * :XA
END
```

Im folgenden wollen wir drei Funktionen darstellen lassen. Der erste Funktionsgraph ist uns schon bekannt.

```
?START
WIR SIND IM TURTLE - MODUS

DER X-BEREICH: VON -140 BIS 139
DER Y-BEREICH: VON -120 BIS 119

DIE Y - WERTE WERDEN AUF DEN Y -
BEREICH UMGERECHNET.

DIE X-SKALA MUESSEN WIR WAEHLEN:
WELCHES SOLL DER GROESSTE ZAHLENBETRAG FUER DEN
XWERT WERDEN ?
GEMEINT IST DIE ZAHL OHNE VORZEICHEN.


WELCHEN WERT BITTE ?

3.
UND JETZT DEN PROGRAMMAUFRUF ..GRAPH..

GRAPH [.25 0 -2 0 2] -3. 3. .2 []
```

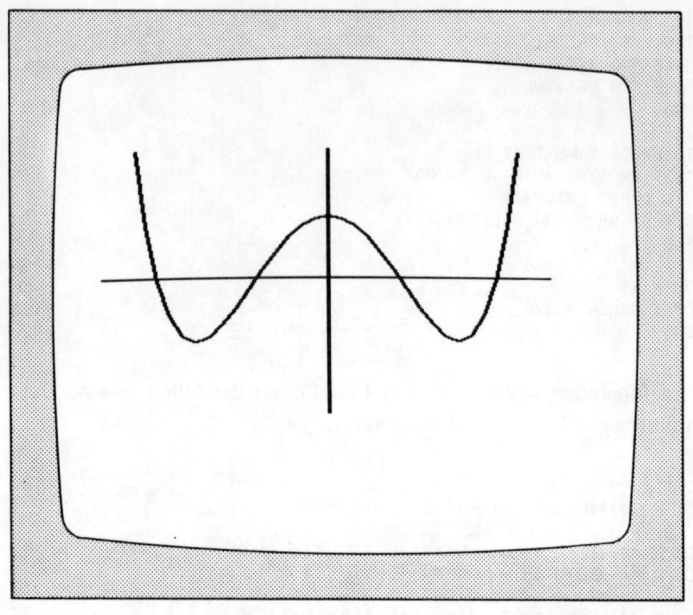

Die nächste Funktion soll $y = (\sin x)^2$ sein. Sie soll nur Werte zwischen 0°
und 360° zeichnen bei einer Schrittweite von 5 Grad.
Der Aufruf lautet:

GRAPH [PRODUCT SIN :I SIN :I] 0 360 5 []

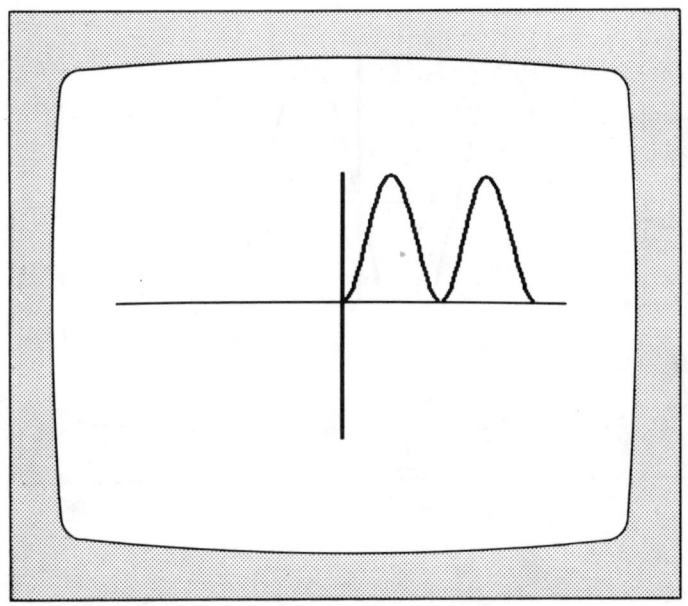

Die nächste Funktion ist $y = \sin x \cdot \cos x$ im Bereich zwischen $-180°$ und $180°$ bei einer Schrittweite von 10 Grad.

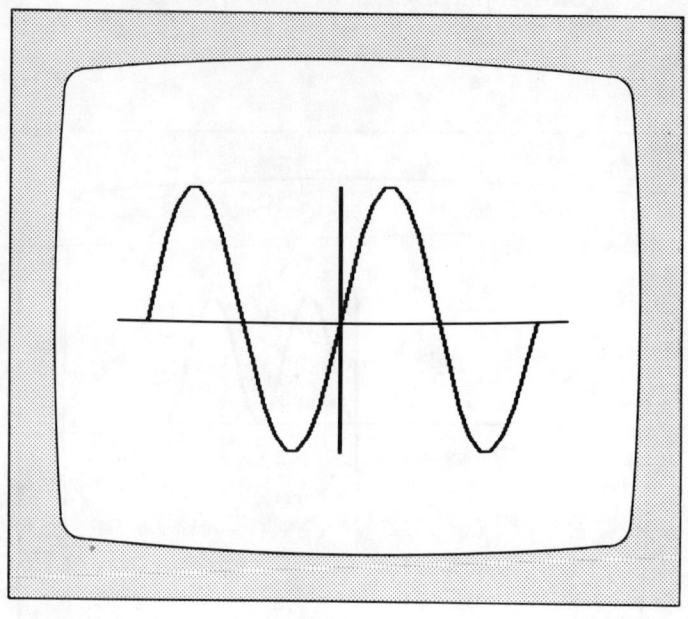

28
Arbeiten mit Bereichsvariablen (Arrays)

Unter einer Bereichsvariablen (Array) verstehen wir einen Datentyp, der eine Anzahl von Werten zum selben Zeitpunkt speichern kann, wobei jeder einzelne Wert über eine Kombination von Namen und Index zugänglich ist. Solche ein- oder zweidimensionalen Bereichsvariablen nennt man in der Mathematik Vektoren oder Matrizen. Eine zweidimensionale Bereichsvariable ist im Klartext eine Tabelle. Eine Tabelle besteht aus Zeilen und Spalten. Jedes Feld der Tabelle läßt sich über die Zeilennummer und die Spaltennummer kennzeichnen. Die eindimensionale Bereichsvariable ist der Sonderfall der Tabelle, die Liste, die beispielsweise nur eine Zeile hat mit den entsprechenden Spalten. Die Logoliste ist letztlich eine Bereichsvariable, bei der nicht über einen Index das gewünschte Element der Liste angesprochen werden kann, sondern nur seriell von links oder rechts die einzelnen Listenelemente abgearbeitet werden können. Die vorliegenden Logoversionen für Personalcomputer haben keine Arrayfunktionen. Doch das ist nicht schlimm, da wir leicht in Logo die benötigten Elementarfunktionen selbst definieren können. Im Folgekapitel stellen wir eine Handvoll solcher Grundfunktionen und ihre Handhabung vor. Die Funktionen werden anschließend mit einer kurzen Besprechung aufgelistet. Dann folgen Abschnitte, die mit diesen Arrayfunktionen Arbeitsbeispiele bieten.

28.1   Selbstdefinierte Tabellenfunktionen

Elementare Funktionen zum Definieren und Bearbeiten von Tabellen wären:
- Definieren einer Tabelle
- Lesen eines Wertes aus der Tabelle
- Schreiben eines Wertes in die Tabelle
- Ermitteln der Dimension einer definierten Tabelle

Neben diesen elementaren Funktionen sollen noch zwei praktische Hilfsfunktionen hinzukommen, die es erlauben, alle Felder einer Tabelle mit
Werten zu füllen und alle Felder einer Tabelle auszudrucken.

Die Namen der benutzerdefinierten Elementarfunktionen sind:
- DEFV   (Definieren eines Vektors)
- LV   (Lesen eines Vektorfeldes)
- SV   (Schreiben eines Vektorfeldes)
- DIMV   (Dimension eines schon definierten Vektors)

Lernen wir die genannten Funktionen an einem Beispiel kennen. Wir
wollen eine Tabelle definieren, die vier Zeilen und fünf Spalten hat. Der
Name der Tabelle sei TABELLE. Dann wollen wir einige Werte mit der
Funktion SV in die Tabelle eintragen.

Spalte:	1	2	3	4	5
Zeile: 1	123	ABER	ABC	HALLO	HUHU
2		34			
3			GERD		
4				LISA	12.3

```
?DEFV "TABELLE 4 5

?SV "TABELLE 1 1 123
?SV "TABELLE 1 2 "ABER
?SV "TABELLE 1 3 "ABC
?SV "TABELLE 1 4 "HALLO
?SV "TABELLE 1 5 "HUHU

?SV "TABELLE 2 2 34
?SV "TABELLE 3 3 "GERD
?SV "TABELLE 4 4 "LISA
?SV "TABELLE 4 5 12.3

?PRINT LV "TABELLE 1 2
ABER
?PRINT LV "TABELLE 3 3
GERD
```

Das Schreiben von Werten in eine Tabelle mit der Funktion SV verlangt vier Eingaben: Namen des Arrays, Zeilennummer, Spaltennummer und den einzutragenden Wert. Das Lesen von Werten aus einer Tabelle verlangt die drei folgenden Angaben: Namen des Arrays, Zeilennummer und Spaltennummer. Angemerkt sei, daß wir die Felder mit beliebigen Daten belegen können – Zahlen, Wörter und Listen. In anderen Programmiersprachen sind Arrays in der Regel jeweils nur für einen Datentyp zulässig. Darüber hinaus kann die Dimension einer Tabelle während des Programmlaufs bedarfsgesteuert festgelegt werden! In vielen Sprachen muß eine Tabelle bei der Programmerstellung schon in seinen Dimensionen festgelegt werden und ist damit statisch.

Stellen wir noch die restlichen Funktionen vor. DIMV ist eine Operation, die eine zweielementige Liste liefert. Die erste Zahl gibt die Anzahl der Zeilen an, die zweite Zahl liefert die Anzahl der Spalten je Zeile. Der Tabellenname ist die Eingabe für DIMV.

```
?
?PR DIMV "TABELLE
4 5
```

Die Hilfsfunktion DRUCKV druckt eine Tabelle zeilenweise aus. Es muß nur jeweils der Tabellenname eingegeben werden.

```
?DRUCKV "TABELLE
123 ABER ABC HALLO HUHU
. 34 . . .
. . GERD . .
. . . LISA 12.3
```

Inhaltlich nicht belegte Felder sind in unserer Version mit einem Punkt belegt. Wir könnten auch diese Felder mit Null oder dem leeren Wort belegen. Wer das für seine Zwecke anders benötigt, muß in der Funktion DEFV die hier verwendete Operation SPALTE modifizieren (siehe unten).

Die Hilfsfunktion FUELLV ermöglicht uns, in einem kleinen Benutzerdialog alle Felder einer Tabelle mit Werten zu belegen, damit wir bei Testphasen Tabellen für den gewünschten Zweck bequem mit Daten füllen können. Soll ein Feld nicht belegt werden, so müssen wir das vereinbarte Nichtbesetztzeichen eingeben. Der Dialog zum Füllen der Felder sei vorgeführt:

```
?FUELLV "TABELLE
TABELLE MIT FELD 1 1 ...:123
TABELLE MIT FELD 1 2 ...:ABER
TABELLE MIT FELD 1 3 ...:ABC
TABELLE MIT FELD 1 4 ...:HALLO
TABELLE MIT FELD 1 5 ...:HUHU
TABELLE MIT FELD 2 1 ...:.
TABELLE MIT FELD 2 2 ...:34
TABELLE MIT FELD 2 3 ...:.
TABELLE MIT FELD 2 4 ...:.
TABELLE MIT FELD 2 5 ...:.
TABELLE MIT FELD 3 1 ...:.
TABELLE MIT FELD 3 2 ...:.
TABELLE MIT FELD 3 3 ...:GERD
TABELLE MIT FELD 3 4 ...:.
TABELLE MIT FELD 3 5 ...:.
TABELLE MIT FELD 4 1 ...:.
TABELLE MIT FELD 4 2 ...:.
TABELLE MIT FELD 4 3 ...:.
TABELLE MIT FELD 4 4 ...:LISA
TABELLE MIT FELD 4 5 ...:12.3
```

Wie sehen jetzt die einzelnen Funktionen aus, und welche Überlegungen liegen ihnen zugrunde? Benutzt werden jeweils Logolisten. Jede Zeile einer Tabelle ist eine Liste. Der Name dieser Zeile setzt sich zusammen aus dem vorgegebenen Namen zuzüglich der Zeilennummer. Jedes Element dieser Liste ist folglich ein Spaltenelement der Tabelle. Dieser Zusammenhang wird deutlich, wenn wir uns die Variablen ansehen, die durch die Funktion DEFV erzeugt werden. Alle Variablen sind in diesem Konzept Globalvariable.

```
?DEFV "TABELLE 4 5

?PONS
VTABELLE IS [4 5]
VTABELLE4 IS [. . . . .]
VTABELLE3 IS [. . . . .]
VTABELLE2 IS [. . . . .]
VTABELLE1 IS [. . . . .]
```

Alle Variablennamen erhalten per Programm noch den Zusatzbuchstaben V, damit Variablennamen sofort erkannt werden können und nicht mit anderen Variablen so schnell verwechselbar sind. Die Variable "VTABEL-LE enthält die zweielementige Liste, die die Dimension der Tabelle angibt. Die Funktion DIMV liefert einfach diesen Variableninhalt. Die schon oben erwähnte Funktion SPALTE erzeugt bei der Definition einer Tabelle

jeweils die einzelnen Spaltenelemente und belegt somit die Felder einer
Zeile mit dem vereinbarten «Nichtbelegtzeichen». Wir müssen nur das
Zeichen ". gegen ein anderes Zeichen austauschen, um eine andere Vorbe-
legung zu bekommen.

```
TO DEFV :NAME :Z :S
FOR "I 1 :Z 1 [MAKE ( WORD "V :NAME :I ) SPALTE :S]
MAKE (WORD "V :NAME) SE :Z :S
END

TO SPALTE :S
LOCAL "SP MAKE "SP [ ]
REPEAT :S [MAKE "SP SE :SP ".]
OP :SP
END

TO DIMV :NAME
OP THING WORD "V :NAME
END
```

Das Lesen eines Elements aus der Tabelle erfolgt in der Weise, daß aus
dem eingegebenen Tabellennamen und der angegebenen Zeilennummer
der entsprechende Globalvariablenname konstruiert wird. Mit der bekannten Logofunktion ITEM wird dann das entsprechende n-te Element der
Liste gemäß der Spaltennummer gewonnen. Da bei Lese- und Schreibvor-
gängen häufig Indexgrenzen überschritten werden, ist es sinnvoll, sich einen
kontrollierten Fehlerausgang mittels CATCH zu konstruieren, um gerade
in der Testphase über eine Fehlerbehandlungsfunktion Auskünfte über
lokale Variable ausdrucken zu lassen. Die hier gezeigte Funktion FEHLER
sollte jeder nach seinen Bedürfnissen modifizieren. Wird zum Beispiel das
THROW "TOPLEVEL weggelassen, läuft das Programm trotz Fehler
weiter.

```
TO LV :NAME :Z :S
CATCH "ERROR [OP ITEM :S THING (WORD "V :NAME :Z)]
FEHLER
END

TO FEHLER
LOCAL "FEHLER MAKE "FEHLER ERROR
IF EMPTYP :FEHLER [STOP]
PR [FALSCHER INDEX ?]
PR :FEHLER
THROW "TOPLEVEL
END
```

Die Funktion zum Schreiben in ein Tabellenfeld entspricht von der Idee her der Lesefunktion. Die Operation EINSETZEN leistet das Entscheidende. Alle Zeilenelemente vor dem gewünschten Feldelement werden ermittelt. Dann wird als nächstes das neue Feldelement in der Liste angehängt. Der Rest der alten Tabellenzeile ohne das jetzt an erster Stelle stehende alte Feldelement wird angehängt. Auch hier haben wir den Fehlerausgang vorgesehen.

```
TO SV :NAME :Z :S :WERT
CATCH "ERROR [MAKE (WORD "V :NAME :Z) EINSETZEN
THING (WORD "V :NAME :Z) :S :WERT]
FEHLER
END

TO EINSETZEN :V :S :WERT
IF :S = 1 [OP SE :WERT BF :V]
OP SE FIRST :V EINSETZEN BF :V :S - 1 :WERT
END
```

Die Hilfsfunktionen DRUCKV und FUELLV benutzen die bekannte Kontrollstruktur FOR, mit der bequem solche indexorientierten Schleifen definiert werden können.

```
TO DRUCKV :NAME
FOR "I 1 FIRST DIMV :NAME 1 [FOR "J 1 LAST DIMV
:NAME 1 [TYPE LV :NAME :I :J TYPE " ] PR "]
END

TO FUELLV :NAME
FOR "I 1 FIRST DIMV :NAME 1 [FOR "J 1 LAST DIMV
:NAME 1 [SV :NAME :I :J WERTV]]
END

TO FOR :VARƏ :AƏ :EƏ :SƏ :BEFEHL
LOCAL :VARƏ
MAKE :VARƏ :AƏ
REPEAT SUM 1 ((:EƏ - :AƏ) / :SƏ [RUN :BEFEHL MAKE
:VARƏ :SƏ + THING :VARƏ]
END

TO WERTV
TYPE (SE :NAME [MIT FELD] :I :J "...:)
OUTPUT FIRST RL
END
```

Wir können diese Funktionen benutzen, um eindimensionale Bereichsvariable (indizierte Listen) zu erzeugen. Der Wert für die Spalte ist dann jeweils eine konstante 1. Wir könnten auch neue Funktionen erzeugen, die wir einfach wie folgt gewinnen:

```
TO DEFV1 :NAME :ELEMENTE
DEFV :NAME 1 :ELEMENTE
END

TO SV1 :NAME :ELEMENT :WERT
SV :NAME 1 :ELEMENT :WERT
END

TO LV1 :NAME :ELEMENTE
OP LV :NAME 1 :ELEMENTE
END


?DEFV1 "LISTE 8
?SV1 "LISTE 5 "5.FELD

?PONS
VLISTE IS [1 8]
VLISTE1 IS [. ... 5.FELD ...]

?PR LV1 "LISTE 5
5.FELD
```

Da der Arbeitsspeicher letztlich nicht unbegrenzt ist, sollte man nicht zwingend mit dieser Lösung den freien Speicherraum weiter einengen, da die Arrayfunktionen ja später zusätzlich zu den Anwendungsprogrammen im Arbeitsspeicher stehen.

Man sollte diese Arrayfunktionen zu einem Paket verschnüren, mit BURY im Speicher versteckt halten und diese Funktionen auf der Diskette speichern. Um Platz im Arbeitsspeicher zu sparen, können die Funktionen DRUCKV und FUELLV aus diesem Elementarpaket gestrichen werden.

Die Arrayfunktionen lassen auch das Verarbeiten von Listen als Feldelemente zu. Damit sind die hier vorgestellten Tabellen an keinen bestimmten Datentyp gebunden. Damit die Funktionen auch Listen als Feldelemente verarbeiten, muß in der Funktion EINSETZEN dafür gesorgt werden, daß die Liste als geschlossene Liste ein Element der Tabellenzeile wird. Listen werden in LISTE? noch einmal in eckige Klammern gesetzt, da SENTENCE sonst die Listenelemente übernehmen würde, aber nicht die Liste insgesamt. Damit das Gesagte deutlich wird, sollten wir einfach beide Versionen austesten und die Wirkung bei Listen mit der alten Funktion EINSETZEN betrachten.

```
TO EINSETZENL :V :S :WERT
IF :S = 1 [OP SE LISTE? :WERT BF :V]
OP SE LISTE? FIRST :V EINSETZENL BF :V :S - 1 :WER'
END

TO LISTE? :OBJ
IF LISTP :OBJ [OP (LIST :OBJ)] [OP :OBJ]
END


?DEFV "TAB 2 3

?FUELLV "TAB
TAB MIT FELD 1 1 ...:ICH
TAB MIT FELD 1 2 ...:[FELD 1,2]
TAB MIT FELD 1 3 ...:HANS
TAB MIT FELD 2 1 ...:[A]
TAB MIT FELD 2 2 ...:.
TAB MIT FELD 2 3 ...:[A B C]

?PR LV "TAB 1 2
FELD 1,2

?DRUCKV "TAB
ICH FELD 1,2 HANS
A . A B C

?PONS
VTAB IS [2 3]
VTAB2 IS [[A] . [A B C]]
VTAB1 IS [ICH [FELD 1,2] HANS]
```

Abschließend wird das Gesamtlisting der obigen Elementarfunktionen zusammenhängend abgebildet:

```
TO DEFV :NAME :Z :S
FOR "I 1 :Z 1 [MAKE ( WORD "V :NAME :I ) SPALTE :S]
MAKE (WORD "V :NAME) SE :Z :S
END

TO SPALTE :S
LOCAL "SP MAKE "SP []
REPEAT :S [MAKE "SP SE :SP ".]
OP :SP
END

TO DIMV :NAME
OP THING WORD "V :NAME
END
```

```
TO LV :NAME :Z :S
CATCH "ERROR [OP ITEM :S THING (WORD "V :NAME :Z)]
FEHLER
END

TO SV :NAME :Z :S :WERT
CATCH "ERROR [MAKE (WORD "V :NAME :Z) EINSETZENL THING (WORD "V
:NAME :Z) :S :WERT]
FEHLER
END

TO FEHLER
LOCAL "FEHLER MAKE "FEHLER ERROR
IF EMPTYP :FEHLER [STOP]
PR [FALSCHER INDEX ?]
PR :FEHLER
THROW "TOPLEVEL
END

TO EINSETZEN :V :S :WERT
IF :S = 1 [OP SE :WERT BF :V]
OP SE FIRST :V EINSETZEN BF :V :S - 1 :WERT
END

TO FUELLV :NAME
FOR "I 1 FIRST DIMV :NAME 1 [FOR "J 1 LAST DIMV :NAME 1 [SV :NAME
:I :J WERTV]]
END

TO WERTV
TYPE (SE :NAME [MIT FELD] :I :J "...:)
OUTPUT FIRST RL
END

TO DRUCKV :NAME
FOR "I 1 FIRST DIMV :NAME 1 [FOR "J 1 LAST DIMV :NAME 1 [TYPE LV
:NAME :I :J TYPE " ] PR " ]
END

TO FOR :VARƏ :AƏ :EƏ :SƏ :BEFEHL
LOCAL :VARƏ
MAKE :VARƏ :AƏ
REPEAT SUM 1 (:EƏ - :AƏ) / :SƏ [RUN :BEFEHL MAKE :VARƏ :SƏ + THING
:VARƏ]
END
```

28.2 Rechnen mit Matrizen

Wir wollen als Ergänzung zu den Arrayfunktionen noch Matrizen addieren, multiplizieren und transponieren. Beginnen wir mit der Addition zweier Matrizen, deren Ergebnis in einer dritten Matrix gespeichert wird. Wir wollen in diesem Abschnitt von quadratischen Matrizen ausgehen, das heißt, die gleiche Anzahl von Zeilen und Spalten liegen bei jeder Matrix vor.

Die Addition von Matrizen ist wie folgt definiert:

$$\begin{vmatrix} a_1 & a_2 \\ b_1 & b_2 \end{vmatrix} + \begin{vmatrix} c_1 & c_2 \\ d_1 & d_2 \end{vmatrix} = \begin{vmatrix} a_1 + c_1 & a_2 + c_2 \\ b_1 + d_1 & b_2 + d_2 \end{vmatrix}$$

Jedes Feldelement wird mit dem entsprechenden Feldelement addiert und ergibt das neue Feldelement der Ergebnistabelle.

Sehen wir uns die entsprechende Benutzerfunktion MATADD an, die als Eingabe nur die drei Namen der Matrizen verlangt. Die Eingabevariable :C nimmt den Namen der Ergebnismatrix auf.

```
TO MATADD :A :B :C
FOR "I 1 FIRST DIMV :A 1 [FOR "J 1 LAST DIMV :A 1
[SV :C :I :J SUM LV :A :I :J LV :B :I :J]]
END
```

Testen wir gleich die neue Funktion und definieren wir eine 3×3-Matrix, die dann auf bekannte Weise mit den Zahlen von 1 bis 9 belegt wird. Hier soll im Beispiel die Matrix "A mit sich selbst addiert und das Ergebnis in der Matrix "A gespeichert werden.

```
?DEFV "A 3 3
?FUELLV "A
A MIT FELD 1 1 ...:1
A MIT FELD 1 2 ...:2
A MIT FELD 1 3 ...:3
A MIT FELD 2 1 ...:4
A MIT FELD 2 2 ...:5
A MIT FELD 2 3 ...:6
```

```
A MIT FELD 3 1 ...:7
A MIT FELD 3 2 ...:8
A MIT FELD 3 3 ...:9

?DRUCKV "A
1 2 3
4 5 6
7 8 9

?MATADD "A "A "A
?DRUCKV "A
2 4 6
8 10 12
14 16 18
```

Wird eine Matrix mit einer Zahl multipliziert, so wird jedes Feldelement
mit dieser Zahl multipliziert. Die Eingabevariablen sind: :A für die mit der
Zahl zu multiplizierende Matrix, :C die Ergebnismatrix und :ZAHL der
konstante Zahlenwert.

```
TO MATMULTZ :A :C :ZAHL
FOR "I 1 FIRST DIMV :A 1 [FOR "J 1
LAST DIMV :A 1 [SV :C :I
:J < LV :A :I :J ) * :ZAHL]]
END
```

In dem Beispiel wird die schon bekannte Matrix "A mit der Zahl 100
multipliziert und das Ergebnis gleich in "A wiederum gespeichert.

```
?MATMULTZ "A "A 100
?DRUCKV "A
200 400 600
800 1000 1200
1400 1600 1800
```

Das Multiplizieren von Matrizen ist schon etwas aufwendiger. Sehen wir
uns gleich die Regeln hierzu an.

$$\begin{vmatrix} a_1 & a_2 \\ b_1 & b_2 \end{vmatrix} + \begin{vmatrix} c_1 & c_2 \\ d_1 & d_2 \end{vmatrix} = \begin{vmatrix} a_1c_1 + a_2d_2 & a_1c_2 + a_2d_2 \\ b_1c_1 + b_2d_2 & b_1c_2 + b_2d_2 \end{vmatrix}$$

Ein neues Feldelement der Ergebnismatrix entsteht durch das Aufsum-
mieren von Produkten bestimmter einzelner Elemente. Die Elemente einer
Zeile werden mit den Elementen der entsprechenden Spalte multipliziert.
Das erste neue Feldelement entsteht im Beispiel durch Multiplikation des

ersten Zeilenelements mit dem ersten Spaltenelement der ersten Spalte der
zweiten Matrix, zusammengezählt mit dem Produkt vom zweiten Element
der ersten Matrixzeile und dem zweiten Element der ersten Spalte der
anderen Matrix. Das Gewinnen solch eines neuen Feldelements steht in
Verbindung mit der Funktion FELDC, die nur die Multiplikation bildet.
FELDC mußte gebildet werden, da der Apple-Rechner keine längeren
Eingabezeilen zuläßt und auf diese Weise Abhilfe geschaffen werden konn-
te.

```
TO MATMULT :A :B :C
FOR "I 1 FIRST DIMV :A 1 [FOR "K 1 LAST DIMV :B 1
[MAKE "S 0 FOR "J 1 LAST DIMV :A 1 [MAKE "S :S +
FELDC] SV :C :I :K :S ]]
END


TO FELDC
OP (LV :A :I :J) * (LV :B :J :K)
END
```

Definieren wir auf schon bekannte Weise die drei Matrizen A, B und C.
In der Matrix C soll das Ergebnis der Multiplikation gespeichert werden.
Die beiden Matrizen werden mit den Zahlen 1, 2, 3, 4 und 5, 6, 7 und 8
durch Benutzen der Hilfsroutine FUELLV belegt.

```
?DRUCKV "A
1 2
3 4

?DRUCKV "B
5 6
7 8


?MATMULT "A "B "C
?DRUCKV "C
19 22
43 50
```

Das Transponieren einer Matrix bedeutet das Vertauschen von Zeilen
und Spalten. Am einfachsten wird die Erklärung durch das kleine Beispiel:
Die Matrix A soll transponiert werden in die Ergebnismatrix von C.

```
?DRUCKV "A
A B C
D E F
G H I
```

```
?DEFV "C 3 3
?MATTRANS "A "C

?DRUCKV "C
A  D  G
B  E  H
C  F  I
```

Die zugehörige Funktion MATTRANS lautet:

```
TO MATTRANS :A :C
FOR "I 1 FIRST DIMV :A 1 [FOR "J 1 LAST DIMV :A 1
[SV :C :J :I LV :A :I :J]]
END
```

28.3 Querschreiben von Texten

In diesem Beispielabschnitt wollen wir die Einzelwörter eines Satzes jeweils
senkrecht nebeneinander schreiben. Stellen wir die Aufgabe schematisch
dar.

Überlegen wir uns die voraussichtlichen Teilprogramme von QUER-
TEXT. Wir wollen unsere Arrayfunktionen benutzen. Wir könnten beispielsweise eine Matrix füllen und sie dann mit der Funktion MATTRANS
transponieren. Da wir in jedem Falle eine Matrix mit den Elementen des

Satzes füllen müssen, verzichten wir auf diese naheliegende Lösung. Jedes einzelne Wort belegt in der Matrix eine Spalte. Das erste Wort belegt die erste Spalte (Senkrechte der Tabelle). Die einzelnen Buchstaben belegen die einzelnen Felder der Spalte. Wenn wir auf diese Art und Weise die Matrix mit Buchstaben füllen, brauchen wir beim Ausdrucken nur die einzelnen Zeilen der Matrix der Reihe nach auszudrucken, um die senkrechten Wörter zu gewinnen. Da wir in unserer Funktion nur den Satz mit beliebig vielen Wörtern eingeben wollen, müssen wir Funktionen vorsehen, die uns die Matrix richtig definiert, das heißt die notwendige Spalten- und Zeilenanzahl ermittelt.

QUERTEXT kann wie folgt grob gegliedert werden:
- Dimensionieren der Matrix, das heißt Ermitteln, wie viele Zeilen und Spalten notwendig sind
- Spaltenorientiertes Füllen der Matrix
- Ausdrucken der Matrixzeilen

Überlegen wir uns den Teilbereich DIMENSIONIEREN genauer. Die Anzahl der Spalten entspricht der Anzahl der Wörter des Satzes (für jedes Wort eine Spalte). Die Anzahl der Buchstaben des längsten Wortes bestimmt die Anzahl der Elemente pro Spalte, und das bedeutet ja die gesuchte Anzahl von Zeilen für die Dimensionierung der Matrix. Wir müssen somit noch eine Operation definieren, die alle Wörter des Satzes untersucht und die Anzahl der Buchstaben des längsten Wortes liefert. Mit diesem Wert und der Anzahl der Elemente des Satzes können wir nun die Matrix definieren, der wir einfach den Namen "A geben wollen.

```
TO DIMENSIONIEREN
DEFV "A MAX.WORT.LAENGE :SATZ COUNT :SATZ
END


TO MAX.WORT.LAENGE :SATZ
IF COUNT :SATZ = 1 [OP COUNTW FIRST :SATZ]
OP MAXIMUM COUNTW FIRST :SATZ MAX.WORT.LAENGE
BF :SATZ
END


TO MAXIMUM :A :B
TEST :A > :B
IFT [OP :A]
IFF [OP :B]
END
```

Testen wir gleich einmal den bisherigen Entwurf mit seinen Teilkomponenten:

```
TO QUERTEXT :SATZ
DIMENSIONIEREN
END

?PR MAX.WORT.LAENGE [ICH GESTERN DU]
7

?QUERTEXT [ICH GESTERN DU]
?DRUCKV "A
. . .
. . .
. . .
. . .
. . .
. . .
?PR DIMV "A
7 3
```

Jetzt müssen wir die Funktion entwerfen, die unsere Tabelle spaltenweise füllt. MATRIXFUELLEN arbeitet rekursiv und ruft die Funktion WORT.IN.SPALTE auf, die mit dem jeweiligen Wort und der zugehörigen Spaltennummer beliefert wird. Da im Regelfall mit der ersten Spalte begonnen wird, erhält MATRIXFUELLEN beim Aufruf den Anfangswert 1 für die Eingabevariable :SPALTENNR.

```
TO MATRIXFUELLEN :LISTE :SPALTENNR
IF EMPTYP :LISTE [STOP]
WORT.IN.SPALTE SPIEGEL FIRST :LISTE :SPALTENNR
MATRIXFUELLEN BF :LISTE :SPALTENNR + 1
END


TO WORT.IN.SPALTE :WORT :SNR
FOR "I 1 COUNTW :WORT 1 [SV "A :I :SNR FIRST
:WORT MAKE "WORT BF :WORT]
END
```

Testen wir auch gleich diese neue Komponente:

```
?MATRIXFUELLEN [ICH GESTERN DU] 1
?DRUCKV "A
I G D
C E U
H S .
. T .
. E .
. R .
. N .
```

Als Abschluß bleibt noch die Ausgaberoutine. Die zu Testzwecken nützliche Hilfsroutine DRUCKV ist doch etwas mager. Kern der Ausgaberoutine ist eine FOR-Schleife, in der jeweils die Funktion DRUCKZEILE aufgerufen wird. Damit die einzelnen Spalten auseinandergezogen werden, kann in DRUCKZEILE ein beliebiger Füller vorgegeben werden. Es können Leerzeichen oder sonstige Zeichen sein. Untersuchen wir einmal DRUCKZEILE:

```
?PRINT DRUCKZEILE 1 1 "_____
_____I_____G_____D
?PRINT DRUCKZEILE 2 1 "\ \ \ \ \
      C     E     U
?PRINT DRUCKZEILE 2 1 ".....
.....C.....E.....U

TO AUSGABEV
FOR "I 1 FIRST DIMV "A 1 [PR DRUCKZEILE :I
1 "    ]
END

TO DRUCKZEILE :Z :S :FUELLER
IF :S > LAST DIMV "A [OP " ]
OP (WORD :FUELLER LV "A :Z :S DRUCKZEILE :Z
:S + 1 :FUELLER)
END
```

Damit ist unser Programmentwurf abgeschlossen. Das Leitprogramm QUERTEXT sieht wie folgt aus. Überprüfen wir es noch einmal. Vergessen wir aber nicht, zur Pflege des Arbeitsspeichers ERNS einzugeben, damit die nicht mehr benötigten Globalvariablen vorheriger Beispiele gelöscht sind.

```
TO QUERTEXT :SATZ
DIMENSIONIEREN
MATRIXFUELLEN :SATZ 1
AUSGABEV
END

?ERNS
?QUERTEXT [CHIP WISSEN VOM VOGEL VERLAG]

        C    W    V    V    V
        H    I    O    O    E
        I    S    M    G    R
        P    S    .    E    L
        .    E    .    L    A
        .    N    .    .    G
```

Die Punkte stammen noch vom Dimensionieren der Tabelle durch DEFV. Wer die Punkte durch Leerzeichen ersetzt haben möchte, muß in DEFV die Routine Spalte ändern und statt des dort vorgesehenen Punkts das Leerzeichen eingeben.

Wir wollen zum Abschluß noch einige Spielereien mit der Ausgaberoutine kennenlernen.

Variante 2:

```
P    N    M    L    G
I    E    O    E    A
H    S    V    G    L
C    S    .    O    R
.    I    .    V    E
.    W    .    .    V
```

Variante 3:

```
                P    N    M    L    G
           I  ' E    O    E    A
      H    S    V    G    L
      C    S    .    O    R
   .  I    .    V    E
   .  W    .    .    V
```

Variante 4:

```
                .    N    .    .    G
           .    E    .    L    A
      P    S    .    E    L
      I    S    M    G    R
   H    I    O    O    E
C    W    V    V    V
```

Variante 2 läßt sich einfach realisieren, indem beim Füllen der Matrix das jeweilige Wort schnell noch mit der bekannten Rekursion SPIEGEL umgedreht wird:

Variante 3 verbessert die Variante 2, indem die einzelnen Druckzeilen gegeneinander nach rechts versetzt werden. In der Ausgaberoutine ist einfach nur die Funktion SCHRAEG hinzugefügt worden, die die Operation FUELLER aus Kapitel 10 verwendet.

```
TO AUSGABEV
FOR "I 1 FIRST DIMV "A 1 [PR WORD SCHRAEG
:I DRUCKZEILE :I 1"        ]
END

TO SCHRAEG :ZNR
OP FUELLER "      (FIRST DIMV "A) - :ZNR
END
```

Variante 4 beginnt mit allen Anfangsbuchstaben im Gegensatz zur Variante 3 auf der untersten Zeile. Hierfür mußte die Funktion WORT.IN-.SPALTE geändert werden. Die Spaltenelemente sind mit den jeweiligen Buchstaben in umgekehrter Reihenfolge belegt worden: also nicht von 1 bis 6, sondern von 6 bis 1. Der erste Buchstabe des jeweiligen Wortes wurde an die sechste Stelle gesetzt.

```
TO WORT.IN.SPALTE1 :WORT :SNR
FOR "I FIRST DIMV "A (1 + FIRST DIMV "A) - COUNTW
:WORT -1 [ SV "A :I :SNR FIRST :WORT MAKE
"WORT BF :WORT]
END
```

Aus Platzgründen wird nicht das Gesamtlisting angeführt. Wir listen nur die Funktionsnamen auf, die über das Stichwortverzeichnis aus den vorangegangenen Abschnitten entnommen werden können.

```
TO WORT.IN.SPALTE1 :WORT :SNR
TO SPIEGEL :WORT
TO SCHRAEG :ZNR
TO AUSGABEV
TO DRUCKZEILE :Z :S :FUELLER
TO WORT.IN.SPALTE :WORT :SNR
TO COUNTW :WORT
TO MAX.WORT.LAENGE :SATZ
TO MAXIMUM :A :B
TO DIMENSIONIEREN
TO FUELLER :ZCHN :ANZAHL
```

```
TO QUERTEXT :SATZ
TO WORTINLISTE :WORT
TO MATRIXFUELLEN :LISTE :SPALTENNR
TO LV :NAME :Z :S
TO SV :NAME :Z :S :WERT
TO DIMV :NAME
TO EINSETZEN :V :S :WERT
TO DEFV :NAME :Z :S
TO SPALTE :S
TO FEHLER
TO FOR :VAR@ :A@ :E@ :S@ :BEFEHL
TO DRUCKV :NAME
```

Zur Programmdokumentation ist das einfache Auflisten der Funktionsnamen doch letztlich unübersichtlich. Mit einem Programm, das weiter
unten dargestellt wird, haben wir uns die Struktur des Programms QUER-
TEXT ermitteln lassen.

```
?PROGRAMMSTRUKTUR
WIE LAUTET<N> DIE LEITFUNKTION<EN> ?
QUERTEXT
0:QUERTEXT
1:...DIMENSIONIEREN
2:.....MAX.WORT.LAENGE*
3:.........COUNTW
4:..........WORTINLISTE*
5:.............WORTINLISTE*+
3:........MAXIMUM
3:........COUNTW+
3:........MAX.WORT.LAENGE*+
1:...MATRIXFUELLEN*
2:......DIMV
2:......WORT.IN.SPALTE
3:........FOR
3:........COUNTW+
3:........SV
4:..........EINSETZEN*
5:.............EINSETZEN*+
4:..........FEHLER
2:......MATRIXFUELLEN*+
1:...AUSGABEV
2:......FOR+
2:......DIMV+
2:......DRUCKZEILE*
3:........DIMV+
3:........LV
4:..........FEHLER+
3:........DRUCKZEILE*+
```

Die Darstellung führt hierarchisch gegliedert die einzelnen Funktionsnamen auf. Man spricht bei solchen Darstellungen auch von einer Baumstruktur. Alle Funktionen, die vom Leitprogramm (Ebene 0) aufgerufen werden, bilden die Ebene 1. Die zugehörigen Funktionen stehen auch genau in einer Kolonne linksbündig untereinander. Zusätzlich ist am Anfang vor jedem Funktionsnamen noch die Aufrufebene angegeben. ∗ kennzeichnet rekursive Funktionen, und + bedeutet, daß diese Funktion bereits oberhalb erklärt worden ist und nicht noch einmal ausführlich weiter gekennzeichnet wird.

28.4   Arraysorts: Bubblesort und Quicksort

Sortierverfahren sind ein Themenkreis der Informatik. Bereits in Kapitel 10 haben wir einen listenorientierten Sort kennengelernt. Da wir das Instrumentarium für arrayorientierte Sortierverfahren besitzen, sollen zwei Programmbeispiele vorgestellt werden, ohne daß wir uns im einzelnen mit Sortierverfahren oder deren Erklärung beschäftigen wollen. Die Programmlistings sollen Interessierte zum Experimentieren anhalten, und es soll gezeigt werden, daß Logo für alle Fragestellungen eine Lösung anbieten kann.

Die Arraysorts arbeiten mit eindimensionalen Bereichsvariablen. Somit liegt die Sonderform unserer Tabellen- oder Matrixfunktionen vor, nämlich, daß die Tabellen nur aus einer Zeile bestehen.

Zur Verdeutlichung des Bubblesorts sehen wir uns die zehnelementige Liste mit dem Namen «Probe» an. Starten wir dann den Bubblesort. Jede Veränderung der Liste lassen wir dabei ausdrucken, damit die Arbeitsweise des Bubblesorts deutlich wird.

```
?DRUCKV "PROBE
999 981 780 301 223 799 798 600 555 111

?BUBBLE.SORT "PROBE
999 981 780 301 223 799 798 600 555 111

111 999 981 780 301 223 799 798 600 555

111 223 999 981 780 301 555 799 798 600

111 223 301 999 981 780 555 600 799 798
```

```
111 223 301 555 999 981 780 600 798 799

111 223 301 555 600 999 981 780 798 799

111 223 301 555 600 780 999 981 798 799

111 223 301 555 600 780 798 999 981 799

111 223 301 555 600 780 798 799 999 981

111 223 301 555 600 780 798 799 981 999
```

Das kleinste Element wird ermittelt und nach vorne gebracht. Wie Blasen steigen die jeweils kleinsten Elemente des noch unsortierten Teils der Liste an die Oberfläche (der linke Rand in diesem Falle). Die Programme seien ohne weitere Erklärung im folgenden aufgelistet:

```
TO BUBBLE.SORT :NAME
LOCAL "I MAKE "I 0
LOCAL "ENDE MAKE "ENDE LAST DIMV :NAME
REPEAT :ENDE [MAKE "I :I + 1 KLEINSTES.NACH.VORNE
:ENDE :I]
END

TO KLEINSTES.NACH.VORNE :ENDE :ANF
LABEL "START
IF (LV :NAME 1 :ENDE - 1) > (LV :NAME 1 :ENDE)
[AUSTAUSCH] MAKE "ENDE :ENDE - 1
IF :ENDE > :ANF [GO "START]
END

TO AUSTAUSCH
LOCAL "H MAKE "H LV :NAME 1 :ENDE
SV :NAME 1 :ENDE LV :NAME 1 (:ENDE - 1)
SV :NAME 1 :ENDE - 1 :H
END
```

Die Protokollierung haben wir erreicht, indem wir einfach unsere bekannte Hilfsroutine DRUCKV in der REPEAT-Anweisungszeile eingefügt haben.
Der BUBBLE.SORT kann natürlich auch Wörter sortieren, wenn wir nur eine entsprechende Prüffunktion GREATER vorsehen und sie entsprechend in BUBBLE.SORT einbinden.

```
?BUBBLE.SORT "PROBE

?DRUCKV "PROBE
ANTON BERLIN BERTA DU EMIL FFM HH ICH LISA ZOO


?DRUCKV "PROBE
ICH DU BERLIN HH FFM EMIL LISA ANTON BERTA ZOO
```

Das Prüfwort GREATER benutzt aus Kapitel 10 die Operation W1.VOR.W2?. Das Ergebnis muß mit NOT verneint werden, da sonst nicht auf «größer» erkannt werden würde. Vergleiche hierzu die Besprechung in Kapitel 10.

```
TO GREATER :OBJ1 :OBJ2
OP NOT W1.VOR.W2? :OBJ1 :OBJ2
END


TO W1.VOR.W2? :W1 :W2
IF EMPTYP :W1 [OP "TRUE]
IF EMPTYP :W2 [OP "FALSE]
IF FIRST :W1 = FIRST :W2 [OP W1.VOR.W2? BF :W1
BF :W2] OP ASCII FIRST :W1 < ASCII FIRST :W2
END
```

Der Quicksort ist eine rekursive Funktion, die die Liste in Teillisten zerlegt und diese entsprechend weiter zerlegt und dabei sortiert.

```
TO QUICKSORT :L :R :NAME
LOCAL "A LOCAL "B
ZERLEGEN :L :R
IF :L < :B [QUICKSORT :L :B :NAME]
IF :A < :R [QUICKSORT :A :R :NAME]
END
```

```
TO ZERLEGEN :I :J
MAKE "A :I MAKE "B :J
MAKE "X.KEY LV :NAME 1 QUOTIENT ( :A + :B) 2
WIEDERHOLE [ABFRAGE IF NOT ( :A > :B ) [UMSTELLEN] [STOP]] BIS [ :A > :B]
END

TO ABFRAGE
WHILE [( NOT :A > :B )] DO [IF GREATER :X.KEY LV :NAME 1 :A
[MAKE "A :A + 1] [STOP]]
WHILE [( NOT :A > :B )] DO [IF GREATER LV :NAME 1
:B :X.KEY [MAKE "B :B - 1] [STOP]]
END

TO UMSTELLEN
MAKE "W ( LV :NAME 1 :A )
SV :NAME 1 :A ( LV :NAME 1 :B )
SV :NAME 1 :B :W
MAKE "A :A + 1 MAKE "B :B - 1
END

DRUCKV "PROBE
Z J D E P A F G W A

QUICKSORT 1 10 "PROBE

DRUCKV "PROBE
A A D E F G J P W Z
```

Das Programm sucht mit Hilfe der aufgerufenen Funktion ZERLEGEN ein willkürliches Listenelement heraus, das hier :X.KEY genannt wird. Dann wird mittels ABFRAGE die Liste durchsucht, wobei – angefangen am linken Ende – so lange die nachfolgenden Elemente untersucht werden, bis ein größeres Element als :X.KEY gefunden worden ist. Auf gleiche Weise wird vom rechten Ende ausgehend die Liste nach einem kleineren Wert durchsucht. Bei eingetretenen Bedingungen werden mit der Funktion UMSTELLEN die beiden Elemente gegeneinander ausgetauscht. Der so gekennzeichnete Vorgang wird so lange wiederholt, bis die komplette Liste durchgesucht ist. Jetzt ist die Ausgangsliste in zwei Teillisten aufgespalten. Eine Liste enthält alle Elemente, die alphabetisch nach :X.KEY kommen. Die andere Liste enthält alle Werte, die im Alphabet vor :X.KEY kommen. Jetzt werden die einzelnen Teillisten erneut mit QUICKSORT verarbeitet. Das geht so lange, bis Teillisten mit einem Element entstanden sind.

Damit der hier beschriebene Vorgang studiert werden kann, sind Testhilfen im Programm QUICKSORT eingebaut worden. Sie sollen die jeweiligen Teillisten und die jeweiligen Anfangs- und Endnummern der Werte in der Liste ausdrucken. Jeder QUICKSORT-Aufruf wird mit seiner linken und rechten Grenze protokolliert. Die veränderten Funktionen und die Hilfsroutine AUSGABE werden aufgelistet. Dann folgt ein Test, an dem man das oben Gesagte bei Interesse genauer untersuchen kann. Der hier dargestellte Algorithmus ist als Pascal-Version der Literatur entnommen: Wirth, N.: Algorithmen und Datenstrukturen. Stuttgart, 1979.

```
TO QUICKSORT :L :R :NAME
LOCAL "A LOCAL "B
(PR [QUICKSORT DER ELEMENTE:] :L "BIS :R)
ZERLEGEN :L :R
(PR [ZERLEGT IN: ] AUSGABE :NAME :L :B "UND AUSGABE :NAME :A :R)
(PR [INDEXBEREICHE: ] :L "BIS :B "UND :A "BIS :R) PR []
IF :L < :B [QUICKSORT :L :B :NAME]
IF :A < :R [QUICKSORT :A :R :NAME]
END


TO ZERLEGEN :I :J
MAKE "A :I MAKE "B :J
MAKE "X.KEY LV :NAME 1 QUOTIENT (:A + :B) 2
PR SE [X.KEY IST = = = > ] :X.KEY
WIEDERHOLE [ABFRAGE IF NOT ( :A > :B ) [UMSTELLEN] [STOP]]
BIS [:A > :B]
END


TO AUSGABE :VEKTOR :V :B
IF :B < :V [OP " ]
OP SE AUSGABE :VEKTOR :V :B - 1 LV :VEKTOR 1 :B
END



?DRUCKV "PROBE
Z J D E P A F G W A

?QUICKSORT 1 10 "PROBE
QUICKSORT DER ELEMENTE: 1 BIS 10
X.KEY IST = = = >     P
ZERLEGT IN:    A J D E G A F UND   P W Z
INDEXBEREICHE:   1 BIS 7 UND 8 BIS 10

QUICKSORT DER ELEMENTE: 1 BIS 7
X.KEY IST = = = >     E
ZERLEGT IN:    A A D UND   G J F
INDEXBEREICHE:   1 BIS 3 UND 5 BIS 7

QUICKSORT DER ELEMENTE: 1 BIS 3
X.KEY IST = = = >     A
ZERLEGT IN:    A UND   A D
INDEXBEREICHE:   1 BIS 1 UND 2 BIS 3
```

```
QUICKSORT DER ELEMENTE: 2 BIS 3
X.KEY IST = = = >   A
ZERLEGT IN:   UND  D
INDEXBEREICHE:  2 BIS 1 UND 3 BIS 3

QUICKSORT DER ELEMENTE: 5 BIS 7
X.KEY IST = = = >   J
ZERLEGT IN:   G F UND  J
INDEXBEREICHE:  5 BIS 6 UND 7 BIS 7

QUICKSORT DER ELEMENTE: 5 BIS 6
X.KEY IST = = = >   G
ZERLEGT IN:   F UND  G
INDEXBEREICHE:  5 BIS 5 UND 6 BIS 6

QUICKSORT DER ELEMENTE: 8 BIS 10
X.KEY IST = = = >   W
ZERLEGT IN:   P UND  Z
INDEXBEREICHE:  8 BIS 8 UND 10 BIS 10

?DRUCKV "PROBE
A A D E F G J P W Z
```

29
Ermitteln von Programmstrukturen

Dieses Programm ist beispielsweise in Abschnitt 28.3 benutzt worden, um die Programmstruktur zu ermitteln und ausdrucken zu lassen. Dargestellt wird die Hierarchie der verwendeten Funktionen. Auf jeder Ebene kommen eine oder mehrere Funktionen vor, die weitere Funktionen der darunterliegenden Ebene rufen können. Solch eine Baumstruktur stellen wir einmal schematisch dar, wobei wir das Leitprogramm mit LEITUNG bezeichnen und die anderen Funktionen mit einfachen Buchstaben und einer Zählnummer. Angenommen wird die folgende Struktur:

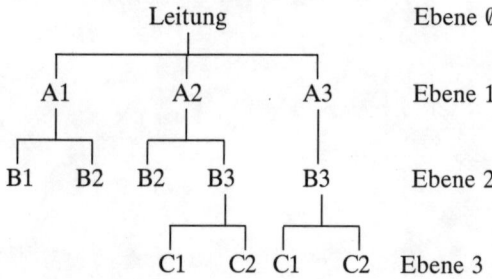

Die Funktion B3 auf Ebene 2 soll rekursiv sein und wird in unserem Programm mit einem angehängten * gekennzeichnet. Der angehängte Zusatz + kennzeichnet, daß diese Funktion bereits erklärt worden ist.

```
?PROGRAMMSTRUKTUR
WIE LAUTET<N> DIE LEITFUNKTION<EN> ?
LEITUNG
0:LEITUNG
1:...A1
2:......B1
2:......B2
1:...A2
2:......B3*
3:........C1
3:........C2
3:........B3*+
2:......B2+
1:...A3
2:......B3*+
```

Die zugehörigen Demonstrationsfunktionen lauten:

```
TO LEITUNG          ?POTS
A1                  TO LEITUNG
A2                  TO A1
A3                  TO A2
END                 TO A3
                    TO B1
TO A1               TO B2
B1                  TO B3
B2                  TO C1
END                 TO C2

TO A2
B3
B2
END

TO B3
C1
C2
B3
END


?PR TEXT "LEITUNG
[] [A1] [A2] [A3]
```

Sehen wir uns das Leitprogramm PROGRAMMSTRUKTUR mit seinen
Programmteilen an:

```
TO PROGRAMMSTRUKTUR
MAKE "ƏPROGS ƏFKTN .CONTENTS
ƏDEF :ƏPROGS
PR [WIE LAUTET(N) DIE LEITFUNKTION(EN) ?]
MAKE "ƏLTG RL
ƏDRUCK :ƏLTG 0
END
```

Allen Funktionsnamen ist das Zeichen @ vorangestellt, damit diese
speziellen Funktionen gegenüber den zu untersuchenden Funktionsnamen
unterschieden werden können.
Die Funktion @FKTN ermittelt in der Globalvariablen @PROGS alle
vorkommenden Funktionsnamen der zu untersuchenden Programme. Die
Logofunktion .CONTENTS liefert alle dem Logosystem bekannten Namen
von Variablen, Benutzerfunktionen und Systemfunktionen. Wir müssen nur
die Namen herausfischen, die weder Logofunktionen sind noch Funktionen
unseres Programmpakets PROGRAMMSTRUKTUR, aber Funktionsnamen sind. Das zugehörige Prüfwort lautet @FKT?. Tippen wir einmal am
Rechner PRINT .CONTENTS ein, um diese unbekannte Funktion kennenzulernen. Mehr als zweihundert Einträge hat diese Liste, die somit abge-
prüft werden müssen. In @PROGS müssen also anschließend die oben
genannten Funktionsnamen des zu untersuchenden Programms sein:

```
TO ƏFKTN :Ə
LOCAL "ƏƏ MAKE "ƏƏ [ ]
REPEAT COUNT :Ə [MAKE "ƏƏ SE :ƏƏ ƏFKT?
FIRST :Ə MAKE "Ə BF : Ə]
OP :ƏƏ
END

TO ƏFKT? :ƏW
IF EMPTYP :ƏW [OP [ ] ]
IF PRIMITIVEP :ƏW [OP [ ] ]
IF EQUALP FIRST :ƏW "Ə [OP [ ] ]
IF DEFINEDP :ƏW [OP :ƏW] [OP [ ] ]
END


ƏPROGS IS [PROGRAMMSTRUKTUR B3 B2 B1
C1 C2 A3 A2 A1 LEITUNG]
```

Im nächsten Teil greift die Funktion @DEF auf die Einträge dieser Liste zu. Jeder Funktionsname wird in @DEF in Verbindung mit TEXT benutzt, um den jeweiligen Funktionsinhalt zu gewinnen. @RUFT ermittelt dann mit der schon bekannten Funktion @FKT? die hierin enthaltenen Funktionsnamen. Da die Listenstruktur der zu untersuchenden Funktionen uns im einzelnen nicht bekannt ist, muß jedes einzelne Element jeder Teilliste somit untersucht werden! Die Hilfsfunktion @W wandelt eine strukturierte Liste in eine Liste um, die keine Listen mehr enthält. Sehen wir uns das Beispiel an:

```
?SHOW BF TEXT "ƏW
[[LOCAL "ƏLƏ] [MAKE "ƏLƏ []] [LABEL "ANF] [IF EMPTYP :Ə [OP :ƏLƏ []]] [IF LISTP FIRST :Ə [
MAKE "Ə SE FIRST :Ə BF :Ə GO "ANF]] [MAKE "ƏLƏ SE :ƏLƏ FIRST :Ə] [MAKE "Ə BF :Ə] [GO "ANF]
]

?SHOW ƏW BF TEXT "ƏW
[LOCAL "ƏLƏ MAKE "ƏLƏ LABEL "ANF IF EMPTYP :Ə OP :ƏLƏ IF LISTP FIRST :Ə MAKE "Ə SE FIRST :
Ə BF :Ə GO "ANF MAKE "ƏLƏ SE :ƏLƏ FIRST :Ə MAKE "Ə BF :Ə GO "ANF]
```

Als Ergebnis werden die ermittelten Funktionsnamen dem Namen der sie rufenden Funktion zugeordnet. Ergebnis sind dann die folgenden Variablen mit ihren Inhalten. Funktionen, die keine weiteren Funktionen aufrufen, haben die leere Liste zum Inhalt.

```
TO ƏDEF :ƏF
LABEL "ANF
LOCAL "ƏN MAKE "ƏN [ ]
IF EMPTYP :ƏF [STOP]
ƏRUFT ƏW BF TEXT FIRST :ƏF
MAKE FIRST :ƏF :ƏN
MAKE "ƏF BF :ƏF
GO "ANF
END

TO ƏRUFT :ƏL
LABEL "ANF
TEST EMPTYP :ƏL
IFT [MAKE "ƏN SE :ƏN [ ] STOP]
MAKE "ƏN SE :ƏN ƏFKT? FIRST :ƏL
MAKE "ƏL BF :ƏL
GO "ANF
END

TO ƏW :Ə
LOCAL "ƏLƏ
MAKE "ƏLƏ [ ]
```

```
LABEL "ANF
IF EMPTYP :Ə [OP :ƏLƏ []]
IF LISTP FIRST :Ə [MAKE "Ə SE FIRST :Ə BF
:Ə GO "ANF]
MAKE "ƏLƏ SE :ƏLƏ FIRST :Ə
MAKE "Ə BF :Ə
GO "ANF
END

TO ƏFKT? :ƏW
IF EMPTYP :ƏW [OP []]
IF PRIMITIVEP :ƏW [OP []]
IF EQUALP FIRST :ƏW "Ə [OP []]
IF DEFINEDP :ƏW [OP :ƏW] [OP []]
END

PROGRAMMSTRUKTUR IS []
B3 IS [C1 C2 B3]
B2 IS []
B1 IS []
C1 IS []
C2 IS []
A3 IS [B3]
A2 IS [B3 B2]
A1 IS [B1 B2]
LEITUNG IS [A1 A2 A3]
```

Das Druckprogramm @DRUCK greift dann in Verbindung mit dem per Anfrage an den Benutzer gewonnenen Namen der Leitfunktion auf die entsprechende Variable zu. @DRUCK erhält als Eingabe die Liste mit den Namen A1, A2 und A3. Die zweite Eingabe steuert die Punktzahl für das Druckbild und ist mit der jeweiligen Hierarchieebene gleichbedeutend. In der Ebene 0 werden keine Punkte ausgegeben.

```
TO ƏDRUCK :ƏFKTN :ƏPZAHL
IF EMPTYP :ƏFKTN [STOP]
TEST ƏERKLAERT? FIRST :ƏFKTN
ƏDRZEILE FIRST :ƏFKTN :ƏPZAHL
IFF [ƏDRUCK THING FIRST :ƏFKTN 1 + :ƏPZAHL]
ƏDRUCK BF :ƏFKTN :ƏPZAHL
END

TO ƏDRZEILE :ƏF :ƏP
(PR (WORD :ƏP ": ƏPKTE :ƏP :ƏF ƏREKURSIV
:ƏF ƏBEKANNT :ƏF))
END

TO ƏPKTE :ƏANZ
IF :ƏANZ = 0 [OP " ]
OP WORD "... ƏPKTE :ƏANZ - 1
END
```

```
TO @BEKANNT :@F
IF @ERKLAERT? :@F [OP "+] [MAKE WORD "ALT.
:@F []] OP " ]
END

TO @ERKLAERT? :@F
OP NAMEP WORD "ALT. :@F
END
```

Um zu verhindern, daß schon erklärte Funktionen erneut erklärt werden, mußten Merkhilfen künstlich erzeugt werden. Wenn eine Funktion erklärt worden ist, so wird eine Variable mit dem Zusatz "ALT zum Funktionsnamen definiert. Dies wird innerhlab @DRZEILE mit der Funktion @BEKANNT und dem Prüfwort @ERKLAERT? gesteuert. Ist die gesamte Programmstruktur ausgedruckt, müssen alle Funktionsnamen als Variable mit dem Zusatz "ALT. vorkommen:

```
ALT.A3 IS []
ALT.C2 IS []
ALT.C1 IS []
ALT.B3 IS []
ALT.A2 IS []
ALT.B2 IS []
ALT.B1 IS []
ALT.A1 IS []
ALT.LEITUNG IS []
@LTG IS [LEITUNG]
```

Abschließend einige praktische Hinweise:
Um Nebeneffekte zu vermeiden, sollte man vor jeder Dokumentation – vor allem von größeren Programmen – das System neu laden. Dann sollte unbedingt alles über STARTUP-Dateien unnötig Geladene gelöscht werden, um den Arbeitsspeicher für das zu untersuchende Programm und das Auswertungsprogramm PROGRAMMSTRUKTUR frei zu halten. (Beim LSCI-Logo also ERPS "AIDS eingeben, sofern die Originaldiskette des Herstellers benutzt wird). Nach dem Programmlauf sollte man unbedingt mit ERNS (ER NAMES) alle Globalvariablen löschen. Sinnvoll wäre auch, daß das Programmpaket PROGRAMMSTRUKTUR mit einem Paketnamen und der Eigenschaft "BURY versehen und entsprechend auf der Diskette gespeichert ist.
PROGRAMMSTRUKTUR kann sich auch selber untersuchen:

```
0:PROGRAMMSTRUKTUR
1:...∂FKTN
 2:......∂FKT?
1:...∂DEF
 2:.....∂RUFT
  3:........∂FKT?+
 2:......∂W
1:...∂DRUCK*
 2:.....∂ERKLAERT?
 2:......∂DRZEILE
  3:.........∂PKTE*
   4:...........∂PKTE*+
  3:........∂REKURSIV
  3:........∂BEKANNT
   4:..........∂ERKLAERT?+
 2:......∂DRUCK*+
 2:......∂DRUCK*+
```

```
?PONS
∂DRZEILE IS [∂PKTE ∂REKURSIV ∂BEKANNT]
∂ERKLAERT? IS []
∂BEKANNT IS [∂ERKLAERT?]
∂PKTE IS [∂PKTE]
∂REKURSIV IS []
∂RUFT IS [∂FKT?]
∂W IS []
∂FKT? IS []
∂DRUCK IS [∂ERKLAERT? ∂DRZEILE ∂DRUCK ∂DRUCK]
∂LTG IS [PROGRAMMSTRUKTUR]
∂DEF IS [∂RUFT ∂W]
∂FKTN IS [∂FKT?]
∂PROGS IS [∂DRZEILE ∂ERKLAERT? ∂BEKANNT ∂PKTE ∂REKURSIV ∂RUF
T ∂W ∂FKT? ∂DRUCK ∂DEF ∂FKTN PROGRAMMSTRUKTUR]
PROGRAMMSTRUKTUR IS [∂FKTN ∂DEF ∂DRUCK]
```

Es waren nur kleine Modifikationen notwendig. In @FKT? mußte die letzte Anweisungszeile herausgenommen werden. In der Druckroutine gab es eine Unverträglichkeit mit der Globalvariablen :@FKTN und der gleichnamigen Programmvariablen. Für die Selbstanalyse wurde das Druckprogramm bezüglich dieser Variablen mit der Variablen :@FF versehen. Um einmal die Ergebnisse von :@DEF zu zeigen, sind nachfolgend auch diese Variablen ausgedruckt worden. Um @DRUCK programmtechnisch zu untersuchen, sollte man sich einige Globalvariablen definieren und nur die Druckroutine testen.

```
TO ƏDRUCK :ƏFF :ƏPZAHL
IF EMPTYP :ƏFF [STOP]
TEST ƏERKLAERT? FIRST :ƏFF
ƏDRZEILE FIRST :ƏFF :ƏPZAHL
IFF [ƏDRUCK THING FIRST :ƏFF 1 + :ƏPZAHL]
ƏDRUCK BF :ƏFF :ƏPZAHL
END

TO ƏFKT? :ƏW
IF EMPTYP :ƏW [OP []]
IF PRIMITIVEP :ƏW [OP []]
IF EQUALP FIRST :ƏW "Ə [OP []]
END
```

Um auch umfangreiche Programme zu testen, haben wir das Programm
in drei Abschnitte zerlegt und auf der Diskette gespeichert. Leitprogramm
ist die Datei PROGTREE1 auf der Diskette. Das modifizierte Leitprogramm PROGRAMMSTRUKTUR lautet dann:

```
TO PROGRAMMSTRUKTUR
LOAD "PROGTREE2
MAKE "ƏPROGS ƏFKTN .CONTENTS.
ERPS "TREE2
LOAD "PROGTREE3
ƏDEF THING "ƏPROGS
ERPS "TREE3
BURY "TREE1
ERPS
LOAD "PROGTREE4
PR [WIE LAUTET(N) DIE LEITFUNKTION(EN) ?]
MAKE "ƏLTG RL
ƏDRUCK THING "ƏLTG 0
END


?CATALOG

DISK VOLUME 254

   T    6 STARTUP.LOGO
   T    3 PROGTREE1.LOGO
   T    3 PROGTREE2.LOGO
   T    4 PROGTREE3.LOGO
   T    4 PROGTREE4.LOGO
   T   15 MASKE.LOGO
```

30
Ablaufverfolger

Ein Ablaufverfolger bietet uns eine Kontrollmöglichkeit über die Funktionsein- und -ausgaben (Parameter) von Benutzerfunktionen. Insbesondere im Kapitel über rekursive Funktionen wurden mit dem Ablaufverfolger Rekursionen dokumentiert. Solch eine Kontrollfunktion (TRACE-Funktion im englischen Sprachraum) wird dem Benutzer von vielen Betriebssystemen bereitgestellt. Logoversionen, die so einen Ablaufverfolger nicht als Standardfunktion anbieten, ergänzen wir dann eben selbst mit einer selbstgeschriebenen TRACE-Funktion. Dieser Abschnitt zeigt somit ein größeres Programmbeispiel, wie Programme andere Programme manipulieren und neue Programme erzeugen. In Kapitel 19 sind die Grundlagen hierzu vorgestellt worden.

Unser Ablaufverfolger soll zur Verdeutlichung noch einmal unsere altbekannte Rekursion SPIEGEL verfolgen. Sehen wir uns die Handhabung des Ablaufverfolgers an:

```
?TRACE.EIN "SPIEGEL
?
?PR SPIEGEL "LISA
    EINGABEN VON SPIEGEL : LISA
      EINGABEN VON SPIEGEL : LIS
        EINGABEN VON SPIEGEL : LI
          EINGABEN VON SPIEGEL : L
            EINGABEN VON SPIEGEL :
            SPIEGEL LIEFERT MIT OUTPUT:
          SPIEGEL LIEFERT MIT OUTPUT: L
        SPIEGEL LIEFERT MIT OUTPUT: IL
      SPIEGEL LIEFERT MIT OUTPUT: SIL
    SPIEGEL LIEFERT MIT OUTPUT: ASIL
ASIL
?
?TRACE.AUS "SPIEGEL
```

Bevor wir nun in die Programmdokumentation einsteigen, sollten wir uns mit der grundlegenden Programmidee beschäftigen. Sehen wir uns SPIE-GEL inhaltlich an:

```
TO SPIEGEL :WORT
IF EMPTYP :WORT [OP " ]
OP WORD LAST :WORT SPIEGEL BL :WORT
END
```

Da mit jedem Aufruf von SPIEGEL die Funktionseingaben gedruckt worden sind, könnten wir dieses elementar durch Umdefinieren der jeweiligen Funktion realisieren. Vor der Endebedingung brauchten wir nur die entsprechende Druckanweisung vorzusehen. Die Verschachtelung der Zeilen kann über einen Zähler erfolgen, der in Verbindung mit einer Tabulatorfunktion jedesmal einige Leerzeichen mehr ausgibt. Bezüglich der Datenausgabe müßten wir nur eine neue OUTPUT-Funktion schreiben, die entsprechende Druckanweisungen enthält. Sehen wir uns ein entsprechend umgestaltetes Programm an:

```
TO SPIEGEL :WORT
MAKE "@Z :@Z + 2 TABULATOR
( PRINT [EINGABEN VON SPIEGEL :] :WORT )
IF EMPTYP :WORT [OP OP. "]
OP OP. WORD LAST :WORT SPIEGEL BL :WORT
END

TO TABULATOR
REPEAT :@Z [TYPE CHAR 32]
END

TO OP. :@
TABULATOR MAKE "@Z :@Z - 2
( PR [SPIEGEL LIEFERT MIT OUTPUT:] :@ )
OP :@
END
```

Wir finden als erste Anweisungszeile eine Tabulatorfunktion vor. Die Globalvariable "@Z wird jeweils um zwei vergrößert. Die zweite Anweisungszeile enthält die simple Druckanweisung zum Ausgeben der Parameter. Um die Ausgaben sichtbar zu machen, haben wir jeweils die Druckroutine OP. in den Anweisungszeilen mit OUTPUT dazwischengeschaltet.

Das Erstellen eines modifizierten Programms und des jeweiligen Druckprogramms OP. mit den aktuellen Namen von Programm und Variablennamen erzeugt unser Programm TRACE.EIN.

Sehen wir uns das Leitprogramm zeilenweise an:

```
TO TRACE.EIN :PROG
(LOCAL "ALTDEF "NEUDEF)
COPYDEF WORD ". :PROG :PROG
MAKE "ALTDEF TEXT :PROG
MAKE "NEUDEF (LIST FIRST :ALTDEF)
MAKE "NEUDEF LPUT [MAKE "@Z :@Z + 2 TABULATOR]
:NEUDEF
MAKE "@Z 2
MAKE "NEUDEF LPUT (SE "( "PRINT PARAMETER :PROG
FIRST :ALTDEF ")) :NEUDEF
MAKE "NEUDEF SE :NEUDEF RESTZEILEN BF :ALTDEF
DEFINE "OP. NEU.OP :PROG
DEFINE :PROG :NEUDEF
END
```

Funktionseingabe für TRACE.EIN ist der jeweilige Funktionsname der zu untersuchenden Funktion. Mit COPYDEF wird das ursprüngliche Programm sichergestellt, indem diese Funktion unter dem gleichen Namen zuzüglich eines vorangestellten Punktes «doppelt» erzeugt wird. Später wird dieser Inhalt zum Inhalt unter dem ursprünglichen Funktionsnamen. Während des Ablaufverfolgens wollen wir ja den «echten» Funktionsnamen benutzen und den Inhalt verändern. Die Variable "ALTDEF nimmt den Inhalt der ursprünglichen Funktion auf. In "NEUDEF wird zeilenweise die manipulierte Funktion aufgebaut. Die alten Funktionsparameter werden gleichlautend für die neue Funktion übernommen. Die zweite Anweisungszeile mit der Tabulatorfunktion wird mit LPUT in :NEUDEF hinzugefügt. Die Globalvariable "@Z wird hier auf einen Anfangswert gesetzt.

Es wird sozusagen ein linker Rand von zwei Stellen Breite erzeugt. In der Folgezeile wird die eigentliche Druckanweisung zum Ausgeben der Funktionsparameter zu :NEUDEF hinzugefügt. Betrachten wir hierzu die Funktionen PARAMETER und EINGABEN:

```
TO PARAMETER :NAME :LISTE
MAKE "LISTE EINGABEN :LISTE
MAKE "NAME (LIST (SE [EINGABEN VON] :NAME "":))
OP SE :NAME :LISTE
END


TO EINGABEN :LISTE
IF EMPTYP :LISTE [OP []]
OP SE WORD ": FIRST :LISTE EINGABEN BF :LISTE
END
```

Anhand der einfachen Funktion ICH wollen wir uns die Ergebnisse der
beiden Funktionen ansehen:

```
TO ICH :A :B :C
PRINT ( SE [HALLO DA] :A :B :C )
END

?
?PR TEXT "ICH
[A B C] [PRINT ( SE [HALLO DA] :A :B :C )]

?
?SHOW TEXT "ICH
[[A B C] [PRINT ( SE [HALLO DA] :A :B :C )]]
?
?SHOW PARAMETER "ICH FIRST TEXT "ICH
[[EINGABEN VON ICH :] :A :B :C]
?
?SHOW EINGABEN [A B C]
[:A :B :C]
?
```

Bis zu dieser Stelle würde das neue Programm ICH unter Benutzung des
DEFINE-Befehls (vgl. letzte Anweisungszeile in TRACE.EIN) wie folgt
aussehen:

```
?TRACE.EIN "ICH
?
?PO "ICH
TO ICH :A :B :C
MAKE "@Z :@Z + 2 TABULATOR
( PRINT [EINGABEN VON ICH :] :A :B :C )
PRINT ( SE [HALLO DA] :A :B :C )
END
```

Die drittletzte Anweisungszeile mit der Funktion RESTZEILEN untersucht den restlichen Inhalt von :ALTDEF und fügt nach jedem OUTPUT
oder OP das Wort OP. ein. Die Druckroutine OP. wird durch die Funktion
NEU.OP erzeugt und mit DEFINE dem Namen "OP. zugewiesen.

```
TO RESTZEILEN :LISTE
IF EMPTYP :LISTE [OP []]
IF LISTP FIRST :LISTE [OP SE (LIST RESTZEILEN
FIRST :LISTE) RESTZEILEN BF :LISTE]
OP SE OP? FIRST :LISTE RESTZEILEN BF :LISTE
END
```

```
TO OP? :WORT
TEST OR (:WORT = "OP) (:WORT = "OUTPUT)
IFT [OP [OP OP.]]
IFF [OP :WORT]
END

TO NEU.OP :NAME
LOCAL "REST
MAKE "REST [[@]]
MAKE "REST LPUT [TABULATOR MAKE "@Z :@Z - 2] :REST
MAKE "REST LPUT (LIST "( "PR (SE :NAME [LIEFERT
MIT OUTPUT:]) ":@ ")) :REST
MAKE "REST LPUT [OP :@] :REST
OP :REST
END
```

Die Funktion TRACE.AUS stellt den ursprünglichen Zustand wieder
her und löscht die Funktion OP., die archivierte Altfunktion und die
Globalvariable LZ:

```
          TO TRACE.AUS :PROG
          COPYDEF :PROG WORD ". :PROG
          ERASE WORD ". :PROG
          ERN "@Z
          ERASE "OP.
          END
```

Testen wir nun an mehreren Beispielen unserer TRACE-Funktion.
Nehmen wir die Übungsaufgabe 3 aus Kapitel 11 und verfolgen wir diese
Rekursion, die kein OUTPUT verwendet:

```
          ?TRACE.EIN "ANALYSE
          ?
          ?ANALYSE "LISA
             EINGABEN VON ANALYSE : LISA
              EINGABEN VON ANALYSE : ISA
               EINGABEN VON ANALYSE : SA
                EINGABEN VON ANALYSE : A
                 EINGABEN VON ANALYSE :
          ANZAHL VON A : 1
          ANZAHL VON I : 1
          ANZAHL VON L : 1
          ANZAHL VON S : 1
          ?
          ?TRACE.AUS "ANALYSE
```

Abschließend untersuchen wir einmal das Sortierprogramm SORT gemäß Aufgabe 11 in Kapitel 10.

```
?TRACE.EIN 'SORT
?
?PR SORT [ICH DU ER SIE ES WIR]
        EINGABEN VON SORT : ICH DU ER SIE ES WIR
         EINGABEN VON SORT : DU ER SIE ES WIR
          EINGABEN VON SORT : ER SIE ES WIR
           EINGABEN VON SORT : SIE ES WIR
            EINGABEN VON SORT : ES WIR
             EINGABEN VON SORT : WIR
             SORT LIEFERT MIT OUTPUT: WIR
            SORT LIEFERT MIT OUTPUT: ES WIR
           SORT LIEFERT MIT OUTPUT: ES SIE WIR
          SORT LIEFERT MIT OUTPUT: ER ES SIE WIR
         SORT LIEFERT MIT OUTPUT: DU ER ES SIE WIR
        SORT LIEFERT MIT OUTPUT: DU ER ES ICH SIE WIR
DU ER ES ICH SIE WIR
?
?TRACE.AUS 'SORT
```

Wir hätten auch für EINFUEGE den Ablaufverfolger aktivieren können. Bei gleichen Eingabedaten können wir verfolgen, was EINFUEGE leistet. EINFUEGE hat ein Wort und eine Liste als Eingabe. Sehen wir einmal weiter unten die Arbeitsweise mit dem Wort "ICH und der Liste [ER ES SIE WIR]:

```
?TRACE.EIN 'EINFUEGE
?
?PR SORT [ICH DU ER SIE ES WIR]
        EINGABEN VON EINFUEGE : ES WIR
        EINFUEGE LIEFERT MIT OUTPUT: ES WIR
        EINGABEN VON EINFUEGE : SIE ES WIR
         EINGABEN VON EINFUEGE : SIE WIR
         EINFUEGE LIEFERT MIT OUTPUT: SIE WIR
        EINFUEGE LIEFERT MIT OUTPUT: ES SIE WIR
        EINGABEN VON EINFUEGE : ER ES SIE WIR
        EINFUEGE LIEFERT MIT OUTPUT: ER ES SIE WIR
        EINGABEN VON EINFUEGE : DU ER ES SIE WIR
        EINFUEGE LIEFERT MIT OUTPUT: DU ER ES SIE WIR
        EINGABEN VON EINFUEGE : ICH DU ER ES SIE WIR
         EINGABEN VON EINFUEGE : ICH ER ES SIE WIR
          EINGABEN VON EINFUEGE : ICH ES SIE WIR
           EINGABEN VON EINFUEGE : ICH SIE WIR
           EINFUEGE LIEFERT MIT OUTPUT: ICH SIE WIR
          EINFUEGE LIEFERT MIT OUTPUT: ES ICH SIE WIR
         EINFUEGE LIEFERT MIT OUTPUT: ER ES ICH SIE WIR
        EINFUEGE LIEFERT MIT OUTPUT: DU ER ES ICH SIE WIR
DU ER ES ICH SIE WIR
?TRACE.AUS 'EINFUEGE
```

310 *Ablaufverfolger*

In gleicher Weise hätten wir auch W1.VOR.W2? mit der TRACE-Funktion verfolgen können. Wer die TRACE-Funktion für mehrere Funktionen gleichzeitig realisieren möchte, kann dies recht einfach erreichen. Die Globalvariable "@Z und die Druckroutine OP. müßten mit einem Buchstabenzusatz jeder Funktion zugeordnet werden. Der Zusatz könnte entweder der volle Funktionsname, eine Zählnummer oder ein Kennbuchstabe sein. Mit diesen Modifikationen würden lange Ablaufprotokolle entstehen, die das Aufspüren von logischen Programmfehlern erleichtern können.

Anhang

Lösungen zu Abschnitt 1

Aufgabe 1
```
?PR [KATZE MAUS [] [ICH A B]]
KATZE MAUS [] [ICH A B]
```

Aufgabe 2
```
?PR COUNT [KATZE MAUS [] [ICH A B]]
4
```

Aufgabe 3
```
?PR FIRST BF BF BF BF "COMPUTER
U
```

Aufgabe 4
```
?PR "\*\*\<\[\)\]\ \+\/\*
**<[)] +/*
```

Aufgabe 5
```
?PR SENTENCE LAST BL BL "OSTEREI [HASE]
R HASE
```

Aufgabe 6
```
?PR FIRSTESEL
I DON'T KNOW HOW TO FIRSTESEL
?
?PR FIRST
NOT ENOUGH INPUTS TO FIRST
?
?FIRST ESEL
I DON'T KNOW HOW TO ESEL
?
?FIRST "ESEL
```

```
I DON'T KNOW WHAT TO DO WITH E
?
?PR FIRST "ESEL
E
```

Aufgabe 7

```
?PR "ICH TYPE [GEHE] PR "SO TYPE [SOSO]
ICH
GEHESO
SOSO?
?
```

Aufgabe 8

```
?PR (COUNT [[1 2 3] [] [ICH DU]]) * (COUNT [A B
ZEH])9
```

Aufgabe 9

```
?PR WORD CHAR 9 "5ON REPEAT 3 [PR (COUNT [[1 2 3]
[] [ICH DU]]) * (COUNT [A B ZEH])]
9
9
9
```

Lösungen zu Abschnitt 2

Aufgabe 3

```
?PO "RAHMEN
TO RAHMEN
PR "
PR "XXXXX
PR "X    X
PR "X    X
PR "X    X
PR "X    X
PR "XXXXX
END

?RAHMEN

XXXXX
X    X
X    X
X    X
X    X
XXXXX
```

Aufgabe 4

```
?PO "OK
TO OK
PR "
PR "          XX
PR "          XX
PR "  XXX   XX XX
PR "XX XX XX XX
PR "XX XX XXXX
PR "XX XX XXXX
PR "XX XX XX XX
PR "XX XX XX XX
PR "  XXX   XX XX
END

?OK

        XX
        XX
  XXX   XX XX
XX XX XX XX
XX XX XXXX
XX XX XXXX
XX XX XX XX
XX XX XX XX
  XXX   XX XX
```

Hinweis: Die Leerzeichen in den Anweisungszeilen müssen beim Editieren mit CTRL-Q eingegeben werden!

Lösungen zu Abschnitt 3

Aufgabe 2

```
TO RAHMEN
VOLLZEILE
REPEAT 5 [ZWISCHENZEILE]
VOLLZEILE
END

TO VOLLZEILE
PR [XXXXXXXXXX]
END

TO ZWISCHENZEILE
TYPE "X
REPEAT 8 [TYPE " ]
PRINT "X
END

?RAHMEN
XXXXXXXXXX
X        X
X        X
X        X
X        X
X        X
XXXXXXXXXX
```

Lösungen zu Abschnitt 4

Aufgabe 1
Das neue Programm ADRESSE soll deutlich machen mit seiner falschen Reihenfolge innerhalb der ausgedruckten Adresse, daß ausschließlich die Reihenfolge in den Anweisungszeilen die Druckausgabe bestimmt. Die Reihenfolge der Programmvariablen in der Kopfzeile hat hierauf keinen Einfluß. Werden natürlich Programmvariable falsch bei der Eingabe mit Inhalten gefüllt, entstehen dann auch Abweichungen.

```
TO ETIKETT :ZAHL :ORT :NAME :TEL :STR
REPEAT :ZAHL [ADRESSE :NAME :ORT :TEL :STR]
END

TO ADRESSE :NAMEN :PLZ.ORT :STRASSE :TELEFON
PR :NAMEN
PR :PLZ.ORT
PR :STRASSE
PR :TELEFON
PR []
END

?ETIKETT 3 [DIEDELICH] [6056 HEUSENSTAMM] [HAUPT
STR.10] [06106/1234]
6056 HEUSENSTAMM
DIEDELICH
HAUPTSTR.10
6106 / 1234

6056 HEUSENSTAMM
DIEDELICH
HAUPTSTR.10
6106 / 1234

6056 HEUSENSTAMM
DIEDELICH
HAUPTSTR.10
6106 / 1234
```

Aufgabe 2

```
TO BRIEF :NAME :ORT :STR :DATUM :ANREDE :ANLASS
PR [] PR [] PR []
TYPE [WERBEAGENTUR 2000]
(PR [                          ] :DATUM)
PR [UMSATZGASSE 12]
PR [6000 FRANKFURT]
PR [] PR [] PR []
PR :NAME PR :STR PR :ORT
PR [] PR [] PR []
(PR "SEHR WORD "GEEHRTE :ANREDE LAST :NAME)
PR [] PR []
(PR [WIR ERLAUBEN UNS, SIE ZU UNSERER] :ANLASS
[EINZULADEN.])
PR [] PR [] PR []
(PR [                          ] "HOCHACHTUNGSVOLL)
(PR [                          ] [IHRE AGENTUR 200])
END
```

Damit die Anrede richtig wird, muß jeweils bei der Eingabe entweder "FRAU oder "R HERR eingegeben werden. Diese Zeichenkette wird dann an das Wort "SEHR GEEHRTE angehängt. Zur Zeit haben wir keine elegantere Möglichkeit, um beispielsweise über ein einbuchstabiges Kennzeichen die Anrede zu steuern.

```
?BRIEF [HANS MAIER] [6054 RODGAU] [HAUPTSTR.10]
"12.12.85 "R\ HERR [PARTY 85]


WERBEAGENTUR 2000                          12.12.85
UMSATZGASSE 12
6000 FRANKFURT



HANS MAIER
HAUPTSTR.10
6054 RODGAU



SEHR GEEHRTER HERR MAIER


WIR ERLAUBEN UNS, SIE ZU UNSERER PARTY 85 EINZULADE


                    HOCHACHTUNGSVOLL
                    IHRE AGENTUR 200
```

Aufgabe 3

```
TO KIRCHE :K :M :F
PR (WORD "    :K)
PR (WORD "    :K :K :K)
PR (WORD "    :K)
PR (WORD "    :M :M :M)
PR (WORD :M :M :M :M :M)
PR (WORD :M :M :F :M :M)
PR (WORD :M :F "    :F :M)
PR (WORD :M :F "    :F :M :M :M :M :M)
PR (WORD :M :F :F :F :M :M :M :M :M)
PR (WORD :M :M :M :M :M :M :M :M)
PR (WORD :M :M :M :M :M :M :M :M :M)
END
```

```
?KIRCHE "* "X "+              ?KIRCHE "+ "% "#
    *                            +
   ***                          +++
    *                            +
   XXX                          %%%
  XXXXX                        %%%%%
  XX+XX                        %%#%%
  X+ +X                        %# #%
  X+ +XXXXX                    %# #%%%%%%
  X+++XXXXX                    %###%%%%%%
  XXXXXXXXX                    %%%%%%%%%%
  XXXXXXXXX                    %%%%%%%%%%
```

Lösungen zu Abschnitt 5

Aufgabe 1

```
TO QUADRAT :SEITE
FD :SEITE RT 90
FD :SEITE RT 90
FD :SEITE RT 90
FD :SEITE RT 90
END

TO QUADRAT :SEITE
REPEAT 4 [FD :SEITE RT 90]
END
```

Aufgabe 2

```
TO DREIECK :SEITE
FD :SEITE RT 120
FD :SEITE RT 120
FD :SEITE RT 120
END
```

Aufgabe 3

```
TO ACHT :RADIUS
CIRCLER :RADIUS
CIRCLEL :RADIUS
END
```

Aufgabe 4

```
TO TORTE :RADIUS :WINKEL
FD :RADIUS
RT 90
ARCR :RADIUS :WINKEL
HOME
END
```

Aufgabe 5

```
TO GESICHT
CLEARSCREEN
QUADRAT 100
SETPOS [0 80] CIRCLEL 15
PU SETPOS [100 80] PD CIRCLER 15
PU SETPOS [50 25] PD ACHT 10
PU SETPOS [20 70] PD QUADRAT 10
PU SETPOS [70 70] PD QUADRAT 10
PU SETPOS [42 50] PD QUADRAT 16
PU HOME PD
END
```

Aufgabe 6

```
TO GEO
SETPOS [-50  0] DREIECK 15
SETPOS [-50 50] DREIECK 15
SETPOS [50 50] QUADRAT 15
SETPOS [50  0] CIRCLER 20
END
```

Aufgabe 7

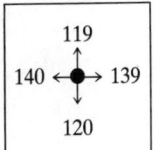

119

140 ←●→ 139

120

Aufgabe 8

```
?SETSCRUNCH 1.2 CIRCLER 40
?SETSCRUNCH 0.5 CIRCLER 40
?SETSCRUNCH 1.6 CIRCLER 40
?
?SETSCRUNCH 1.6 QUADRAT 40
?SETSCRUNCH 0.8 QUADRAT 40
?SETSCRUNCH 1.2 QUADRAT 40
?
?SETSCRUNCH  0.8 DREIECK 60
?SETSCRUNCH  1.6 DREIECK 60
?SETSCRUNCH  1.2 DREIECK 60
```

Aufgabe 9

```
TO QUADRAT :SEITE :ZUWACHS
FD :SEITE RT 90
QUADRAT :SEITE + :ZUWACHS :ZUWACHS
END


TO DREIECK :SEITE :ZUWACHS
FD :SEITE RT 120
DREIECK :SEITE + :ZUWACHS :ZUWACHS
END
```

Aufgabe 10

```
TO DREHQUADRAT :SEITE :GRAD
REPEAT 4 [FD :SEITE RT 90]
RT :GRAD
DREHQUADRAT :SEITE :GRAD
END
```

Lösungen zu Abschnitt 7

Aufgabe 1

```
TO FLAECHE :LANG :BREIT
OP :LANG * :BREIT
END

?PR FLAECHE 12.5 .67
8.375
```

Aufgabe 2

```
TO DURCHSCHNITT :Z1 :Z2
OUTPUT (:Z1 + :Z2) / 2.
END

?PR DURCHSCHNITT 11 5.6
8.3
```

Aufgabe 3

```
TO TAUSCH :SATZ
OP SENTENCE LAST :SATZ FIRST :SATZ
END

?PR TAUSCH [ICH BIN]
BIN ICH
```

Aufgabe 4

```
TO STEIGERN :ADJEKTIV
OUTPUT WORD :ADJEKTIV "ER
END

?PR STEIGERN "SCHOEN
SCHOENER
```

Aufgabe 5

```
TO LETZTENDREI :LISTE
OP (SE LAST LAST :LISTE LAST BL :LISTE LAST BL BL
:LISTE)
END

?PR LETZTENDREI [AN DER SEITE]
E DER AN
```

Aufgabe 6

```
TO LOTTOZAHL
OUTPUT 1 + RANDOM 48
END

?PR LOTTOZAHL
38
```

Aufgabe 7

```
TO 5ERZAHL
OP (WORD RANDOM 10 RANDOM 10 RANDOM 10 RANDOM 10
RANDOM 10)
END

?PR 5ERZAHL
16956
```

Aufgabe 8

```
TO POLYNOM2 :A :B :C :X
OP (SUM :A * :X * :X :B * :X :C)
END

?.PRINTER 0

?
?PR POLYNOM2 1.5 1.1 2 .5
2.925
?PR POLYNOM2 1 0 0 3
9
```

Aufgabe 9

```
TO F
OUTPUT "FRAU
END

TO H
OUTPUT "R HERR
END

?BRIEF [MAIER] [6 FFM] [WEG 7] "12.12.82
 H [PARTY 85]
```

Lösungen zu Abschnitt 8

Aufgabe 1

```
TO ZAHL.AM.ENDE? :LISTE
OUTPUT NUMBERP LAST :LISTE
END
```

Aufgabe 2

```
TO VOKAL.AM.ENDE? :LISTE
OUTPUT MEMBERP LAST :LISTE [A E I O U]
END
```

Aufgabe 3

```
TO KOPF.O.ZAHL?
OUTPUT 0 = RANDOM 2
END
```

Aufgabe 4

```
TO GERADE? :ZAHL
OUTPUT 0 = REMAINDER :ZAHL 2
END
```

Aufgabe 5

```
TO UNGERADE? :ZAHL
OUTPUT NOT GERADE? :ZAHL
END
```

Aufgabe 6

```
TO ???? :LISTE
OP (AND WORDP FIRST :LISTE EMPTYP FIRST
BF :LISTE 5 = COUNT LAST :LISTE 3 = COUN
T :LISTE)
END
```

Aufgabe 7

```
?PRINT AND "TRUE "TRUE
TRUE
?PRINT AND "TRUE "FALSE
FALSE
?PRINT AND "FALSE "TRUE
FALSE
?PRINT AND "FALSE "FALSE
FALSE
```

Lösungen zu Abschnitt 9

Aufgabe 1
```
TO MAX :Z1 :Z2
IF :Z1 > :Z2 [OP :Z1] [OP :Z2]
END
```

Aufgabe 2
```
TO MAX4 :A :B :C :D
OP MAX MAX :A :B MAX :C :D
END
```

Aufgabe 3
```
TO MAXNEU :Z1 :Z2
TEST :Z1 > :Z2
IFTRUE [OUTPUT :Z1]
IFFALSE [OUTPUT :Z2]
END
```

Aufgabe 4
```
TO MUENZEWERFEN
TEST 0 = RANDOM 2
IFTRUE [OUTPUT "KOPF]
IFFALSE [OUTPUT "ZAHL]
END
```

Aufgabe 5
```
TO POSITIV? :ZAHL
IF :ZAHL > 0 [OP "TRUE] [OP "FALSE]
END
```

Aufgabe 6
```
TO WERTETABELLE :A :B :C :X :XENDE :SCHRITT
IF :X > :XENDE [STOP]
(PRINT :X POLYNOM2 :A :B :C :X)
WERTETABELLE :A :B :C :X + :SCHRITT :XENDE :SCHRITT
END

?WERTETABELLE 1 0 0 1 10 1
1  1
2  4
3  9
4  16
5  25
6  36
7  49
8  64
9  81
10 100
```

Lösungen

Aufgabe 7

```
TO DREH :GRAD :FAKTOR :WIEOFT
IF :WIEOFT = 0 [STOP]
TURM1 1
RT :GRAD * :FAKTOR
DREH :GRAD :FAKTOR + 1 :WIEOFT - 1
END
```

Aufgabe 8

```
TO DREHFIGUR :DREHUNG :LAENGE :ANZAHL
IF :ANZAHL = 0 [STOP]
QUADRAT :LAENGE
RT :DREHUNG
DREHFIGUR :DREHUNG :LAENGE :ANZAHL - 1
END

TO QUADRAT :SEITE
REPEAT 4 [FD :SEITE RT 90]
END
```

Die Funktion DREHFIGUR kann auch allgemeingültig für jede Figur formuliert werden, indem man den RUN-Befehl benutzt. Beim Aufruf muß für die Programmvariable :FIGUR in Form einer Liste die gewünschte Figur angegeben werden, die dann später durch RUN aufgerufen wird.

```
TO DREHFIGUR :DREHUNG :ANZAHL :FIGUR
IF :ANZAHL = 0 [STOP]
RUN :FIGUR
RT :DREHUNG
DREHFIGUR :DREHUNG :ANZAHL - 1 :FIGUR
END
```

Lösungen zu Abschnitt 10

Aufgabe 1

```
TO LISTEINWORT :LISTE
IF EMPTYP :LISTE [OP " ]
OP WORD FIRST :LISTE LISTEINWORT BF :LISTE
END
?PR LISTEINWORT [A B C D E F ICH]
ABCDEFICH
```

Aufgabe 2

```
TO NTES :OBJ :STELLE
IF :STELLE = 1 [OUTPUT FIRST :OBJ]
OUTPUT NTES BF :OBJ :STELLE - 1
END
```

Aufgabe 3

```
TO RBUEND :WAS :LAENGE :ZCHN
OP WORD FUELLER :ZCHN :LAENGE - COUNTW :WAS :WAS
END
?PRINT RBUEND "GESTERN 20 "*
*************GESTERN
```

Aufgabe 4

```
TO VOKALKILLER :WORT
IF EMPTYP :WORT [OUTPUT " ]
OP WORD VOKALTAUSCH FIRST :WORT VOKALKILLER BF :WORT
END
TO VOKALTAUSCH :ZCHN
IF MEMBERP :ZCHN [A E I O U] [OP ".] [OP :ZCHN]
END
?PRINT VOKALKILLER "HALLIHALLOHIUHOAHE

H.LL.H.LL.H..H..H.
```

Aufgabe 5

```
TO DUALZAHL :ZAHL
IF :ZAHL = 0 [OP " ]
OP WORD DUALZAHL QUOTIENT :ZAHL 2 REMAINDER :ZAHL 2
END
?PRINT DUALZAHL 5
101

?PRINT DUALZAHL 15
1111

?PRINT DUALZAHL 1000
1111101000
```

326 *Lösungen*

Aufgabe 6

```
TO LBUEND :WAS :LAENGE :ZCHN
OP WORD :WAS FUELLER :ZCHN :LAENGE - COUNTW :WAS
END

TO AUSWEIS :ORT :NAME :STR
PR [XXXXXXXXXXXXXXXXXXXXXXXXXXXXX]
PR [X  MITGLIEDSAUSWEIS         X]
PR [X                           X]
PR [X          K.C.T.H.S.       X]
PR [X                           X]
PR <WORD "X  LBUEND :NAME 20 "  "  X>
PR [X                           X]
PR <WORD "X  LBUEND :STR 20 "   "  X>
PR [X                           X]
PR <WORD "X  LBUEND :ORT 20 "   "  X>
PR [X                           X]
PR [X     KOTZCLUBTHEODOR       X]
PR [XXXXXXXXXXXXXXXXXXXXXXXXXXXXX]
END

?AUSWEIS "TEST "A "BEH
XXXXXXXXXXXXXXXXXXXXXXXXXX
X  MITGLIEDSAUSWEIS       X
X                         X
X          K.C.T.H.S.     X
X                         X
X A                       X
X                         X
X BEH                     X
X                         X
X TEST                    X
X                         X
X     KOTZCLUBTHEODOR     X
XXXXXXXXXXXXXXXXXXXXXXXXXX
```

Aufgabe 7

```
TO W1.VOR.W2? :W1 :W2
IF EMPTYP :W1 [OP "TRUE]
IF EMPTYP :W2 [OP "FALSE]
IF FIRST :W1 = FIRST :W2 [OP W1.VOR.W2? BF :W1 BF
:W2] OP ASCII FIRST :W1 < ASCII FIRST :W2
END

?PRINT W1.VOR.W2? "ALPHA "BET
TRUE
?PRINT W1.VOR.W2? "Z "X
FALSE
?PRINT W1.VOR.W2? "ZEE "ZEH
TRUE
```

Aufgabe 8
```
TO KEINLEERES? :LISTE
IF EMPTYP :LISTE [OP "TRUE]
IF EMPTYP FIRST :LISTE [OP "FALSE] [OP KEINLEERES?
BF :LISTE]
END
```

Aufgabe 9
```
TO WERTETABELLE :A :B :C :X :XENDE :SCHRITT
IF :X > :XENDE [OP []]
OP FPUT SE :X POLYNOM2 :A :B :C :X WERTETABELLE
:A :B :C :X + :SCHRITT :XENDE :SCHRITT
END
?PR WERTETABELLE 1 0 0 1 1.8 .2
[1 1] [1.2 1.44] [1.4 1.96] [1.6 2.56] [1.8 3.24]
```

Aufgabe 10
```
TO AUSGABE :LISTE
IF EMPTYP :LISTE [STOP]
TYPE RBUEND FIRST FIRST :LISTE 5 "
PRINT RBUEND LAST FIRST :LISTE 10 "
AUSGABE BUTFIRST :LISTE
END
?AUSGABE [[1 1.003] [3.445 5] [2.22 5.6]]
    1      1.003
3.445          5
 2.22        5.6

?AUSGABE WERTETABELLE 1 0 0 1 1.8 .2
    1          1
  1.2       1.44
  1.4       1.96
  1.6       2.56
  1.8       3.24
```

Aufgabe 11
```
TO EINFUEGE :WORT :SATZ
IF EMPTYP :SATZ [OP SE :WORT []]
TEST W1.VOR.W2? :WORT FIRST :SATZ
IFTRUE [OP SE :WORT :SATZ]
IFFALSE [OP SE FIRST :SATZ EINFUEGE :WORT BF :SATZ]
END
?PRINT EINFUEGE "WIR [WAS WIE WO]
WAS WIE WIR WO
?PRINT EINFUEGE "J [A B C D K L X Z]
A B C D J K L X Z
?PRINT EINFUEGE "BB [A AAA B BBB]
A AAA B BB BBB
```

Aufgabe 12

```
TO SATZSORT :SATZ
IF EMPTYP BF :SATZ [OUTPUT :SATZ]
OUTPUT EINFUEGE FIRST :SATZ SATZSORT BF :SATZ
END

?PR SATZSORT [A F G T U A E C A B W Z]
AAABCEFGTUWZ

?PR SATZSORT [A F G T U A E C A B W Z]
AAABCEFGTUWZ
?PR SATZSORT [ICH GEHE HEUTE AUS]
AUS GEHE HEUTE ICH
```

Lösungen zu Abschnitt 11

Aufgabe 1

```
TO LISTEINWORT :LISTE
MAKE "WORT "
LABEL "SCHLEIFE
IF EMPTYP :LISTE [OP :WORT]
MAKE "WORT WORD :WORT FIRST :LISTE
MAKE "LISTE BF :LISTE
GO "SCHLEIFE
END

TO NTES :OBJ :STELLE
LABEL "ANFANG
IF :STELLE = 1 [OP FIRST :OBJ]
MAKE "OBJ BF :OBJ
MAKE "STELLE :STELLE - 1
GO "ANFANG
END

TO VOKALKILLER :WORT
MAKE "ERGEBNIS "
LABEL "BEGINN
IF EMPTYP :WORT [OP :ERGEBNIS]
MAKE "ERGEBNIS WORD :ERGEBNIS VOKALTAUSCH FIRST
:WORT
MAKE "WORT BF :WORT
GO "BEGINN
END

TO DUALZAHL :ZAHL
MAKE "BINAER "
LABEL "START
IF :ZAHL = 0 [OP :BINAER]
MAKE "BINAER WORD REMAINDER :ZAHL 2 :BINAER
MAKE "ZAHL QUOTIENT :ZAHL 2
GO "START
END
```

Aufgabe 2

```
TO SCHALTER :ZAHL
GO ITEM :ZAHL [PROG1 PROG2 PROG3 PROG4]
LABEL "PROG1
PROG1
STOP
LABEL "PROG2
PROG2
STOP
LABEL "PROG3
PROG3
STOP
LABEL "PROG4
PROG4
END

TO PROG2
PR [HIER IST PROG2]
END


?SCHALTER 2
HIER IST PROG2
```

Aufgabe 3

Das Programm ANALYSE benutzt das Prüfwort NAMEP. NAMEP hat ein Wort als Eingabe. Falls eine Variable unter diesem Namen definiert worden ist, liefert NAMEP "TRUE, andernfalls "FALSE.

ANALYSE arbeitet die Zeichenkette zeichenweise ab. Beim ersten Auftauchen eines noch nicht vorgekommenen Buchstabens wird unter dem Namen des Buchstabens eine Variable mit dem Inhalt 1 definiert. Bei wiederholtem Vorkommen eines Buchstabens wird jedesmal der Inhalt des entsprechenden Speichers um eins erhöht.

AUSGABE geht alfabetisch vor und druckt mittels BUCHSTABE den Variablennamen und seinen Inhalt aus, sofern diese Variable überhaupt vereinbart worden ist.

3a

```
TO ANALYSE :STRING
IF EMPTYP :STRING [AUSGABE STOP]
TEST NAMEP FIRST :STRING
IFT [MAKE FIRST :STRING SUM THING FIRST :STRING 1]
IFF [MAKE FIRST :STRING 1]
ANALYSE BUTFIRST :STRING
END

TO AUSGABE
LOCAL "DEZ
MAKE "DEZ 32
REPEAT (ASCII "Z) - 31 [BUCHSTABE CHAR :DEZ MAKE
"DEZ :DEZ + 1]
END

TO BUCHSTABE :ZCHN
IF NOT NAMEP :ZCHN [STOP]
(PR [ANZAHL VON] :ZCHN WORD "： CHAR 32 THING :ZCHN)
ERN :ZCHN
END

?ANALYSE "GESTERN\ GING\ ICH\ INS\ KINO
ANZAHL VON   ：  4
ANZAHL VON C ：  1
ANZAHL VON E ：  2
ANZAHL VON G ：  3
ANZAHL VON H ：  1
ANZAHL VON I ：  4
ANZAHL VON K ：  1
ANZAHL VON N ：  4
ANZAHL VON O ：  1
ANZAHL VON R ：  1
ANZAHL VON S ：  2
ANZAHL VON T ：  1
```

ANALYSE läßt sich einfach modifizieren, um Zeichenketten nur auf bestimmte vorgegebene Zeichen zu untersuchen.

3b

```
TO ANALYSE2 :STRING :ZCHN
IF EMPTYP :STRING [AUSGABE STOP]
TEST NAMEP FIRST :STRING
IFT [MAKE FIRST :STRING SUM THING FIRST :STRING 1]
IFF [IF GESUCHT? [MAKE FIRST :STRING 1]]
ANALYSE2 BUTFIRST :STRING :ZCHN
END

TO GESUCHT?
OP MEMBERP FIRST :STRING :ZCHN
END


?ANALYSE2 "GESTERN\ GING\ ICH \ INS\ KINO [I O Z]
I DON'T KNOW HOW TO  INS KINO

?ANALYSE2 "GESTERN\ GING\ ICH\ INS\ KINO [I O Z]
ANZAHL VON I :  4
ANZAHL VON O :  1
```

Glossar der Funktionen und reservierten Wörter in Logo

In diesem Glossar wird der Wortschatz der LCSI-Version dargestellt. Andere Logoversionen werden im Folgeabschnitt diesen Wörtern gegenübergestellt. Logofunktionen in runden Klammern bedeuten, daß diese Funktionen neben der beschriebenen Standardeingabe beliebig viele Eingaben haben können, sofern der Ausdruck in entsprechende runde Klammern gesetzt wird. Mit dem Begriff Objekt wird sowohl das Wort als auch die Liste als möglicher Datentyp bezeichnet. Der Sonderfall eines Wortes ist die Zahl.

Arithmetische Operationen

ARCTAN
Hat eine Zahl als Eingabe und liefert den Arcustangens dieser Zahl.

COS
Hat eine Zahl als Eingabe und liefert den Cosinus dieser Zahl.

INT
Hat eine Zahl (Dezimalzahl) und liefert den ganzzahligen Anteil.

PRODUCT *
Hat zwei Zahlen als Eingabe und liefert das Produkt der beiden Zahlen.

QUOTIENT
Hat zwei Zahlen als Eingaben und liefert den ganzzahligen Anteil der Division von der ersten Zahl durch die zweite Zahl.

RANDOM
Hat eine nicht negative Zahl als Eingabe und liefert eine positive ganze Zufallszahl, kleiner als die Eingabe.

REMAINDER
Hat zwei Zahlen als Eingabe und liefert den Rest der Division beider Zahlen.

RERANDOM
Läßt RANDOM die gleiche Zufallszahl wiederholen.

ROUND
Hat eine Zahl als Eingabe und liefert die Zahl gerundet auf die nächstliegende ganze Zahl ab.

SIN
Hat eine Zahl als Eingabe und liefert den Sinus.

SQRT
Hat eine positive Zahl als Eingabe und liefert die Quadratwurzel der Zahl.

SUM (SUM...)
Hat zwei Zahlen als Eingabe und liefert die Addition der Zahlen.

+
In der Infixform muß das Pluszeichen zwischen die Summanden gestellt werden.

−
Hat zwei Eingaben als Zahlen und liefert die Differenz der Zahlen.

/
Bildet die Division zweier Zahlen und liefert den Ganzzahlanteil und den Nachkommaanteil.

<
Hat zwei Zahlen als Eingabe und vergleicht, ob die erste Zahl kleiner als die zweite Zahl ist. Als Ergebnis wird "TRUE oder "FALSE geliefert.

=
Hat zwei Zahlen als Eingabe und prüft, ob sie gleich sind. Liefert als Ergebnis "TRUE oder "FALSE.

>
Hat zwei Zahlen als Eingabe und vergleicht, ob die erste Zahl kleiner als die zweite Zahl ist. Als Ergebnis wird "TRUE oder "FALSE geliefert.

Bildschirmfunktionen

CLEARTEXT
Löscht den gesamten Bildschirminhalt.

CURSOR
Liefert die Position des Cursors in Form einer zweielementigen Liste [Spalte Zeile].

FULLSCREEN
Der gesamte Schirm wird für Turtlegrafik nutzbar.

SETCURSOR
Hat eine zweielementige Liste als Eingabe [Spalte Zeile]. Positioniert den Cursor an der angegebenen Stelle.

SPLITSCREEN
Unterteilt den Bildschirm in einen oberen Grafikteil und einen unteren vierzeiligen Textteil.

TEXTSCREEN
Der gesamte Bildschirm wird für Text genutzt. Umschaltung vom Grafik- zum Textmodus.

Definieren und Editieren

EDIT ED
Hat ein Wort als Eingabe. Ruft den Logoeditor zum Editieren der mit dem Wort benannten Funktion auf.

EDNS
Hat ein Wort oder eine Liste als Eingabe. Das Wort oder die Wörter der Liste sind Namen von Paketen, deren Variablen verändert werden sollen.

TO
Hat einen Namen, gefolgt von Eingabeparametern, als Eingabe. Eine Funktion unter dem angegebenen Namen wird nachfolgend definiert. Beenden der Definition mit END.

COPYDEF
Hat zwei Wörter als Namen für Funktionen als Eingabe. Erzeugt wird eine Kopie der mit dem zweiten Namen bezeichneten Funktion, unter dem Namen des zuerst eingegebenen Wortes.

DEFINE
Hat ein Wort und eine Liste als Eingabe. Das Wort soll ein Funktionsname sein, dessen Inhalt die Anweisungen in der nachfolgenden Liste sind.

TEXT
Hat ein Wort als Eingabe. Liefert die Definition der Benutzerfunktion gemäß angeführten Namen in Form einer Liste.

Eigenschaftslisten

GPROP
Hat ein Wort (Name) und ein zweites Wort (Bezeichnung der Eigenschaft) als Eingabe. Liefert den Wert der Eigenschaft der mit Name bezeichneten Eigenschaftsliste.

PLIST
Hat ein Wort (Name) als Eingabe und liefert die mit dem Wort bezeichnete Eigenschaftsliste.

PPROP
Hat einen Namen (Wort), eine Eigenschaftsbezeichnung (Wort) und den Inhalt (Objekt) als Eingaben und trägt diese Eigenschaft in der Eigenschaftsliste ein.

PPS
Hat ein Wort oder eine Liste als Eingabe. Das Wort oder die Wörter sind Namen von Paketen, deren Eigenschaften ausgedruckt werden sollen.

REMPROP
Hat einen Namen (Wort) und eine Eigenschaftsbezeichnung (Wort) als Eingabe und löscht in der benannten Eigenschaftsliste die angeführte Eigenschaft.

Ein- und Ausgabe von Daten

BUTTONP
Vergleiche Prüfoperationen.

KEYP
Vergleiche Prüfoperationen.

PADDLE
Hat eine Ziffer als Eingabe und liefert das Ausmaß der Drehung des mit der Ziffer gekennzeichneten Paddles.

.PRINTER
Hat eine Zahl als Eingabe. Die Datenausgabe erfolgt auf dem Drucker. Die eingegebene Zahl ist die Slot-Nummer des Druckerinterfaces.

PRINT PR (PR...)
Hat ein Objekt als Eingabe und druckt das Objekt – gefolgt von einem RETURN-Zeichen – aus. Die äußeren Klammern von Listen werden nicht mit ausgegeben.

READCHAR RC
Wartet so lange, bis eine Taste der Eingabetastatur gedrückt wird, und liefert das Zeichen.

READLIST
Liefert die vom Benutzer eingetippte Zeile. Gewartet wird so lange, bis die Eingabezeile mit RETURN abgeschlossen wird.

SHOW
Wie PRINT. Druckt zusätzlich die äußeren eckigen Klammern von Listen mit aus.

TYPE (TYPE...)
Hat ein Objekt als Eingabe, das ausgedruckt wird. Die äußeren Klammern von Listen werden nicht mit ausgegeben. TYPE hat kein nachfolgendes RETURN, so daß mehrere TYPE-Befehle nur zu einer einzigen Druckzeile führen.

Funktionen auf Listen und Wörter

ASCII
Hat ein Zeichen als Eingabe. Liefert den Dezimalkode gemäß der ASCII-Kode-Tabelle.

BUTFIRST BF
Hat ein Objekt als Eingabe und liefert vom Objekt alles ohne das erste Element.

BUTLAST BL
Liefert vom eingegebenen Objekt alles ohne das letzte Element.

CHAR
Hat eine Zahl als Eingabe und liefert das Zeichen, dessen ASCII-Kode der eingegebenen Zahl entspricht.

COUNT
Liefert die Anzahl Elemente der eingegebenen Liste.

EMPTYP
Vergleiche Prüfoperartionen.

EQUALP
Vergleiche Prüfoperationen.

FIRST
Liefert das erste Element des eingegebenen Objekts.

FPUT
Hat ein Objekt und eine Liste als Eingabe und liefert eine Liste, in der das Objekt an den Anfang der Liste gesetzt wird.

ITEM
Hat eine Zahl und ein Objekt als Eingabe und liefert das n-te Elemente des Objekts gemäß der eingegebenen Zahl.

LAST
Liefert das letzte Element des eingegebenen Objekts.

LIST (LIST...)
Hat zwei Objekte als Eingabe und liefert eine Liste seiner Eingaben.

LISTP
Vergleiche Prüfoperationen.

LPUT
Vergleiche FPUT. Das Objekt wird an das Ende der Liste gesetzt.

MEMBERP
Vergleiche Prüfoperationen.

NUMBERP
Vergleiche Prüfoperationen.

SENTENCE SE (SE...)
Hat zwei Objekte als Eingabe. Liefert eine Liste seiner Eingaben.

WORD (WORD...)
Hat zwei Wörter als Eingabe. Liefert die beiden zusammengesetzten Wörter als ein Wort.

WORDP
Vergleiche Prüfoperationen.

Kontrollstrukturen

CATCH
Hat zwei Eingaben – ein Wort als Namen und eine Liste. Der Inhalt der Anweisungen in der Liste wird ausgeführt. Der Name markiert eine Einsprungstelle, die durch das entsprechende THROW mit gleichem Namen angesprochen werden kann.

CO
Steht für CONTINUE und setzt den Programmlauf nach einem mit PAUSE erzwungenen Halt fort. CO kann nur vom Bediener über die Tastatur eingegeben werden.

ERROR
Diese Operation liefert eine Liste mit der Fehlerbeschreibung, falls zuvor ein Programmfehler eingetreten ist, andernfalls liefert ERROR die leere Liste. Verwendung in Verbindung mit Fehlerausgängen.

GO
Hat ein Wort als Eingabe, das die Einsprungstelle innerhalb derselben Benutzerfunktion angibt. Die Einsprungstelle muß mit LABEL und dem gleichen Namen gekennzeichnet sein.

IF
Hat als Eingaben ein Prüfprädikat ("TRUE oder "FALSE) und nachfolgend ein oder zwei Listen mit Anweisungen. Das Prüfprädikat ist das Ergebnis von Prüfoperationen. Im TRUE-Fall wird die erste Anweisungsliste ausgeführt, im FALSE-Fall die zweite Anweisungsliste. IF ist auch mit einer Anweisungsliste möglich, die nur im TRUE-Fall ausgeführt wird.

IFFALSE IFF

Hat eine Liste mit Anweisungen als Eingabe, die dann ausgeführt wird, wenn eine vorangegangene Prüfoperation mit TEST vorgenommen worden und das Ergebnis "FALSE gewesen ist.

IFTRUE IFT

Wie IFFALSE. Die Anweisungsliste wird nur im TRUE-Fall ausgeführt.

LABEL

Hat ein Wort als Eingabe, das die Einsprungsstelle für das zugehörige GO kennzeichnet.

OUTPUT OP

Hat ein Wort oder eine Liste als Eingabe und wird innerhalb von benutzerdefinierten Operationen verwendet. Die Kontrolle wird an die rufende Funktion zurückgegeben und das Ergebnis der Operation mitgeliefert.

PAUSE

Hält eine Benutzerfunktion an. Der Programmlauf kann nur durch Eingabe von CO über die Tastatur wieder fortgesetzt werden.

REPEAT

Hat eine Zahl und nachfolgend eine Liste mit Anweisungen als Eingabe. Die Anweisungen werden so oft, wie es die Zeit vorschreibt, wiederholt.

RUN

Hat eine Liste als Eingabe. Bringt die Anweisungen in der Liste zur Ausführung und liefert ein mögliches Ergebnis ab.

STOP

Stoppt eine Benutzerfunktion und gibt die Kontrolle an die rufende Benutzerfunktion zurück.

TEST

Hat eine Prüfoperation als Eingabe und notiert intern, ob das Ergebnis "TRUE oder "FALSE gewesen ist.

THROW

Hat ein Wort als Eingabe, das das zugehörige CATCH kennzeichnet, an das zurückverzweigt werden soll.

TOPLEVEL

Spezielle Eingabe für THROW. Der Programmablauf wird unterbrochen und der Direktanweisungsmodus eingenommen. Das entspricht einem Abbruch mit CTRL-G per Tastatur.

Lesen von und Schreiben auf Disketten

CATALOG

Listet das Inhaltsverzeichnis mit allen Dateien einer Diskette auf.

DISK

Liefert Informationen über die Diskette (Laufwerksnummer, Slot des Controllers und Diskettenversionsnummer).

ERASEFILE

Hat ein Wort als Eingabe. Das Wort ist der Dateiname der zu löschenden Datei.

LOAD

Hat einen Namen als Eingabe. Der Name bezeichnet die Datei, die in den Arbeitsspeicher eingelesen werden soll. Load kann einen zweiten Namen als Eingabe haben. Dies ist der Name eines Pakets, in dem alles Eingelesene verpackt wird.

SAVE

Hat einen Namen als Eingabe. Der gesamte Speicherinhalt wird unter diesem Namen auf der Diskette abgelegt.

Als zweite Eingabe kann SAVE ein Wort oder eine Liste mit Wörtern haben. Diese Wörter sind Paketnamen, deren Inhalte selektiv aus dem Speicher genommen und auf der Diskette gespeichert werden.

SETDISK
Hat im Normalfall eine Ziffer als Eingabe, mit der das gewünschte Diskettenlaufwerk angesprochen wird. Weiterhin kann damit eine Slotnummer und die Versionsnummer der Benutzerdiskette vorgegeben werden.

Logische Verknüpfungen

AND (AND)
Hat zwei Prüfprädikate als Eingabe und liefert "TRUE, falls alle Prüfprädikate "TRUE sind.

NOT
Negiert das eingegebene Prüfwort oder Prüfprädikat.

OR (OR)
Hat zwei Prüfprädikate als Eingabe und liefert ("TRUE, falls eine der Eingaben wahr ist.

Prüfoperationen

Prüfoperationen liefern als Ergebnis "FALSE oder "TRUE und können Eingaben für IF, TEST oder logische Verknüpfungen (AND, NOT, OR) sein.

BUTTONP
Hat eine Ziffer als Eingabe. Liefert "TRUE, falls der Knopf des mit der Ziffer gekennzeichneten Paddles gedrückt worden ist.

DEFINEDP
Hat ein Wort als Eingabe und prüft, ob unter diesem Namen eine Funktion definiert worden ist.

EMPTYP
Hat ein Objekt als Eingabe und prüft, ob das Objekt das leere Wort oder die leere Liste ist.

EQUALP
Hat zwei Objekte als Eingabe und prüft, ob beide Objekte gleich sind.

KEYP
Falls eine Taste der Eingabetastatur gedrückt worden ist und/oder noch Zeichen im Eingabepuffer sind, wird "TRUE geliefert.

LISTP
Hat ein Objekt als Eingabe und prüft, ob dieses eine Liste ist.

MEMBERP
Hat ein Objekt und eine Liste als Eingabe. Prüft, ob das Objekt Element der Liste ist.

NAMEP
Hat ein Wort als Eingabe und prüft, ob das Wort Name eines Objekts ist.

NUMBERP
Prüft, ob das eingegebene Objekt eine Zahl ist.

PRIMITIVEP
Prüft, ob das eingegebene WORT Name einer Logofunktion ist.

WORDP
Prüft, ob das eingegebene Objekt ein Wort ist.

Systemfunktionen

Einzelheiten sollten im Herstellermanual nachgesehen werden.

NODES
Liefert die Anzahl freier Knoten im Arbeitsspeicher

RECYCLE
Löst einen Garbage-Collection-Lauf aus.

REPARSE
Führt einen Reparsing-Lauf aus.

.BPT
Eintritt in den Apple-Monitor.

.CONTENTS
Liefert eine Liste aller dem System bekannten Namen und Funktionen.

.DEPOSIT
Speichert unter der zuerst angegebenen Dezimalzahl (Adresse) die zweite Dezimalzahl.

.EXAMINE
Hat eine dezimale Adresse als Eingabe und liefert den dort gespeicherten Inhalt.

Turtlegrafik

BACK BK
Hat eine Zahl als Eingabe, die die Anzahl von Schritten angibt, die die Turtle rückwärts gehen soll.

BACKGROUND BG
Liefert die Hintergrundfarbe des Schirms in Form einer Kennzahl.

CLEAN
Löscht den Grafikschirm, ohne die Turtle zu beeinflussen.

CLEARSCREEN CS
Löscht den Bildschirm und positioniert die Turtle an der Stelle [0 0] und ausgerichtet nach Norden (360) Grad).

DOT
Hat eine zweielementige Liste als Eingabe [x-Koordinate y-Koordinate] und macht an der angegebenen Stelle einen Punkt.

FENCE
Die Turtle wird auf die Fläche des Schirms begrenzt.

FORWARD FD
Hat eine Zahl als Eingabe, die die Anzahl der Vorwärtsschritte angibt.

HEADING
Liefert den Kurs der Turtle als Zahl zwischen 0 und 360 Grad.

HIDETURTLE HD
Macht die Turtle unsichtbar.

HOME
Positioniert die Turtle an der Stelle [0 0] und richtet sie nach Norden aus.

LEFT LT
Hat eine Zahl als Eingabe. Dreht die Turtle um die angegebene Anzahl von Graden nach links.

PEN
Liefert eine Liste, die den Status des Zeichenstifts beschreibt (PENDOWN, PENERASE, PENUP oder PENREVERSE und eine zusätzliche Kennzahl auf die Farbe).

PENCOLOR
Liefert eine Zahl, die die Farbe des Zeichenstifts kennzeichnet.

PENDOWN PD
Setzt den Stift ab, so daß die Turtle bei Bewegungen eine Spur hinterläßt.

PENERASE PE
Die Turtle löscht auf ihrem Weg alle vorgefundenen Striche.

PENREVERSE PX
Der Zeichenstift hat Umkehrwirkung, das heißt, Negativstriche werden erzeugt (schwarz auf weiß).

PENUP
Der Stift wird abgehoben, das heißt, die Turtle hinterläßt bei Bewegungen keine Spur.

POS
Liefert die Position der Turtle in Form einer Liste [x-Koordinate, y-Koordinate].

RIGHT RT
Hat eine Zahl als Eingabe. Dreht die Turtle um die angegebene Anzahl von Graden nach rechts.

SCRUNCH
Liefert eine Zahl, die das Abbildungsverhältnis auf dem Bildschirm als das Verhältnis von Vertikalschritt zu Horizontalschritt kennzeichnet.

SETBG
Hat eine Zahl als Eingabe. Gemäß Zahl wird die Hintergrundfarbe festgelegt.

SETHEADING SETH
Hat eine Zahl als Eingabe. Die Turtle wird gemäß der Gradangabe ausgerichtet.

SETPC
Hat eine Zahl als Eingabe. Die Farbe des Zeichenstifts wird gemäß Zahl festgelegt.

SETPEN
Hat eine Liste als Eingabe. Stiftfarbe und Zustand der Turtle werden festgelegt (vgl. PEN).

SETPOS
Hat eine Liste als Eingabe. Gemäß den angegebenen Koordinaten wir die Turtle positioniert.

SETSCRUNCH
Hat eine Zahl als Eingabe. Das Abbildungsverhältnis auf dem Bildschirm wird damit festgelegt. Verzerrungsfreie Werte liegen im Bereich von .8 bis 1.2 und sind bildschirmabhängig.

SETX
Hat eine Zahl als Eingabe. Festlegen der x-Koordinate.

SETY
Hat eine Zahl als Eingabe. Festlegen der y-Koordinate.

SHOWNP
Liefert "TRUE, falls die Turtle sichtbar ist.

SHOWTURTLE ST
Macht die Turtle wieder sichtbar. Hebt die Wirkung von HIDETURTLE auf.

TOWARDS
Liefert die Kursangabe in Grad, die die Turtle einnehmen müßte, um den Punkt gemäß der eingegebenen Koordinaten zu treffen.

WINDOW
Das Feld der Turtle wird unbegrenzt. Punkte, die außerhalb des Bildschirms liegen, werden nicht abgebildet.

WRAP
Läßt das Feld der Turtle an seinen Seiten ineinander übergehen. Die vertikalen und horizontalen Bildschirmgrenzen fallen zusammen.

XCOR
Liefert die x-Koordinate der augenblicklichen Turtleposition.

YCOR
Liefert die y-Koordinate der augenblicklichen Turtleposition.

Verwalten des Arbeitsspeichers

BURY
Hat ein Wort als Eingabe. Das Wort ist der Name eines Pakets, dessen Inhalte (Funktionen und Variablen) versteckt werden, das heißt bei Verwendung von POTS und PONS nicht mit aufgelistet werden oder nicht vom SAVE-Befehl erfaßt werden.

ERALL
Hat ein Wort oder eine Liste mit Wörtern als Eingabe. Die Wörter sind die Namen von Paketen, deren Inhalte gelöscht werden sollen (Funktionen und Variablen).

ERASE ER
Hat ein Wort oder eine Liste mit Wörtern als Eingabe. Die Wörter sind Namen von Funktionen. Die angeführten Funktionen werden gelöscht.

ERN
Wie ERASE. Löscht die angeführten Namen, die Variablen sind.

ERNS
Wie ERALL. In den angeführten Paketen werden nur die Variablen gelöscht.

ERPS
Wie ERNS. In den angeführten Paketen werden alle Benutzerfunktionen gelöscht.

PACKAGE
Hat einen Paketnamen und einen Funktionsnamen als Eingabe. Die angeführte Funktion wird in das genannte Paket gepackt.

PKGALL
Hat einen Paketnamen als Eingabe und verpackt alles im Arbeitsspeicher in dem angegebenen Paket. Ausgenommen sind bereits vorhandene Paketvereinbarungen.

PO
Hat ein Wort oder eine Liste mit Wörtern als Eingaben, die die Namen von Funktionen sind. Die angegebenen Funktionen werden aufgelistet.

POALL
Hat ein Wort oder eine Liste mit Wörtern als Eingabe, die die Namen von Paketen sind. Aufgelistet werden die Inhalte der Pakete (Funktionen und Variablen). Ohne eine Eingabe gilt die Funktion für den gesamten Arbeitsspeicher.

PONS
Wie POALL. Listet nur die Variablen auf.

POPS
Wie POALL. Listet nur die definierten Funktionen auf.

POTS
Wie POALL. Listet nur die Kopfzeilen der Funktionen.

UNBURY
Hebt die Wirkung von BURY auf.

Wertzuweisungen (Definieren von Variablen)

LOCAL (LOCAL...)
Hat ein Wort als Eingabe. Die so benannte Variable wird zu einer lokalen Größe.

MAKE
Hat ein Wort und ein Objekt als Eingabe. Dem Wort (Variablenname) wird

das Objekt (Inhalt der Variablen) als
Wert zugewiesen.

NAME
Wie MAKE. Umgekehrte Reihenfolge
der Eingaben.

NAMEP
Vergleiche Prüfoperationen.

THING :
Hat ein Wort als Eingabe. Liefert den
Inhalt der mit Wort bezeichneten Variablen.

Reservierte Logowörter

END
Zeigt Logo auf, daß die Definition einer
Funktion zu Ende ist (in Verbindung mit
der Funktion TO).

ERRACT
Falls diese Systemvariable "TRUE ist,
pausiert Logo bei auftretenden Fehlern.

ERROR
Einsprungmarkierung für THROW, falls
Fehler entstanden sind.

FALSE
Spezialwort in Verbindung mit AND,
IF, NOT, OR und TEST.

PROCPKG
Eigenschaft des Namens einer Benutzerfunktion, die einen Paketnamen zugewiesen erhält.

REDEFP
Falls diese Systemvariable "TRUE ist,
können Logofunktionen umdefiniert
werden.

STARTUP
Falls diese Systemvariable eine Liste ist,
wird nach dem Laden des Systems diese
Liste ausgeführt.

TOPLEVEL
Markierung für THROW, um in den Direktanweisungsmodus zu kommen.

TRUE
Spezialwort in Verbindung mit AND,
IF, NOT, OR und TEST.

VALPKG
Eigenschaft des Namens einer Variablen, die einen Paketnamen zugewiesen
erhält.

.SYSTEM
Paket, das ERRACT und REDEFP enthält.

Andere Logoversionen auf Personalcomputern

An dieser Stelle werden die LCSI-Logofunktionen aufgelistet und die entsprechenden Wörter der MIT- und TI-Version, sofern sie namentlich abweichen, danebengeschrieben. Bei Gleichheit wird ein Kreuz gemacht, bei Fehlen der Funktion ein Strich. Die Editierfunktionen sind bei den Versionen leicht unterschiedlich, und die Kontrolltasten sind verschieden belegt. Hierzu sollte man jeweils das Handbuch seiner Version konsultieren. Diese Übersicht soll ein schnelles Übertragen von LCSI-Beispielen in die genannten Logo-Varianten erlauben.

Die Abkürzung MIT steht für Massachusetts Institut of Technology, und TI steht für Texas Instruments. Im Anhang wird diesbezügliches Referenzmaterial genannt.

LCSI	MIT	TI
Arithmetische Operationen		
ARCTAN	ATAN	–
COS	×	–
INT	INTEGER	–
PRODUCT	–	×
QUOTIENT	×	×
RANDOM	×	×
REMAINDER	×	–
RERANDOM	–	–
ROUND	×	–
SIN	×	–
SQRT	×	–
SUM	–	×
+	×	–
–	×	DIFFERENCE
/	×	–
*	×	–
=	×	–
>	×	GREATER
<	×	LESS
Bildschirmfunktionen		
CLEARTXET	×	CLEARSCREEN
CURSOR	–	–
FULLSCREEN	×	–
SETCURSOR	CURSOR	–
SPLITSCREEN	×	–
TEXTSCREEN	–	–

Definieren und Editieren

EDIT	EDIT	×
EDNS	EDIT NAMES	–
TO	×	×
COPYDEF	–	–
DEFINE	×	×
TEXT	×	×

Eigenschaftslisten

GTPROP	–	–
PLIST	–	–
PPROP	–	–
PPS	–	–
REMPROP	–	–

Ein- und Ausgabe von Daten

BUTTONP	PADDLEBUTTON	–
KEYP	RC?	RC?
PADDLE	×	×
.PRINTER	OUTDEV	–
PRINT	×	×
READCHAR	×	×
READLIST	REQUEST	READLINE
SHOW	–	–
TYPE	PRINT1	×

Funktionen auf Wörter und Listen

ASCII	×	–
BUTFIRST	×	×
BUTLAST	×	×
CHAR	×	TILE
COUNT	–	–
EMPTYP	–	–
EQUALP	=	=
FIRST	×	×
FPUT	×	–
ITEM	–	–
LAST	×	×
LIST	×	–
LISTP	LIST?	–

LPUT	×	–
MEMBERP	–	–
NUMBERP	NUMBER?	NUMBER?
SENTENCE	×	×
WORD	×	×
WORDP	WORD?	–

Kontrollstrukturen

CATCH	–	–
CO	×	–
ERROR	–	–
GO	×	×
IF	×	×
IFFALSE	×	×
IFTRUE	×	×
LABEL	–	–
OUTPUT	×	××
PAUSE	×	–
REPEAT	×	×
RUN	×	×
STOP	×	×
TEST	×	×
THROW	–	–
THROW "TOPLEVEL	TOPLEVEL	–

Lesen von und Schreiben auf Disketten

CATALOG	×	–
DISK	–	–
ERASEFILE	×	–
LOAD	READ	–
SAVE	×	–
SETDISK	–	–

Die TI-Version wickelt die genannten Funktionen über Kontrolltasten und bildschirmorientierte Menütechnik ab.

Logische Verknüpfungen

AND	ALLOF	BOTH
NOT	×	×
OR	ANYOF	EITHER

Prüfoperationen

BUTTONP	PADDLEBUTTON	–
DEFINEDP	–	–
EMPTYP	–	–
EQUALP	×	×
KEYP	RC?	RC?
LISTP	LIST?	–
MEMBERP	–	–
NAMEP	THING?	–
NUMBERP	NUMBER?	NUMBER?
PRIMITIVEP	–	–
WORDP	WORD?	–

Systemfunktionen

MODES	.NODES	–
RECYCLE	.RECYCLE	–
REPARSE	–	–
.BPT	×	
.CONTENTS	–	–
.DEPOSIT	×	–
.EXAMINE	×	–

Turtlegrafik

BACK	×	×
BACKGROUND	–	–
CLEAN	–	–
CLEARSCREEN	×	×
DOT	–	–
FENCE	×	–
FORWARD	×	×
HEADING	×	×
HIDETURTLE	×	×
HOME	×	×
LEFT	×	×
PEN	–	–
PENCOLOR	–	–
PENDOWN	–	–
PENERASE	–	–
PENREVERSE	–	–
PENUP	×	×
POS	–	WHERE

RIGHT	×	×
SCRUNCH	–	–
SETBG	BACKGROUND	COLORBACKGROUND
SETHEADING	×	×
SETPC	PENCOLOR	–
SETPEN	–	–
SETPOS	–	–
SETSCRUNCH	.ASPECT	–
SETX	×	×
SETY	×	×
SHOWNP	–	–
SHOWTURTLE	×	×
TOWARDS	×	–
WINDOW	–	–
WRAP	×	–
XCOR	×	×
YCOR	×	×

Verwalten des Arbeitsspeichers

BURY	–	–
ERALL	ERASE ALL	–
ERASE	×	×
ERN	ER NAMES	–
ERNS	×	–
ERPS	ER PROCEDURES	–
PACKAGE	–	–
PKGALL	–	–
PO	×	×
POALL	PO ALL	PA
PONS	PO NAMES	PN
POPS	PO PROCEDURES	PO
POTS	PO TITLES	PP
UNBURY	–	–

Wertzuweisungen

LOCAL	–	–
MAKE	×	×
NAME	–	×
NAMEP	THING?	–
THING	×	×

Diese tabellarischen Vergleiche bedeuten nicht, daß die anderen zwei Versionen keine weiteren Funktionen hätten. Die TI-Version besitzt noch eine sehr große Anzahl von Grafikbefehlen, mit denen eine Fülle von grafischen Effekten erreicht werden kann, deren Schwerpunkt der Animation dient (Figuren und Teilmengen können bezüglich Farbe, Position, Beschleunigung und Geschwindigkeit definiert werden). Die MIT-Version bietet Hilfsroutinen und die Möglichkeit, in Assembler geschriebene Programme einzubinden. Ein Systemvergleich oder eine Wertung kann somit nicht vorliegen.

Literaturverzeichnis

Abelson, H.: *Logo for the Apple II*. BYTE Publications, 1982.
Apple Logo, Introduction to Programming through Turtle Graphics, Logo Computer Systems Inc., Canada, 1982.
Apple Logo, Reference Manual, Logo Computer Systems Inc., Canada, 1982.
TI Logo, Texas Instruments Inc., 1981.
Logo-Sonderteil in BYTE, August 1982, Vol. 7.

Verzeichnis der Benutzerfunktionen